HEART OF A LION

MEMPHIS DEPAY & SIMON ZWARTKRUIS

© 2019 Memphis Depay & Simon Zwartkruis
© 2019 A.W. Bruna Uitgevers B.V., Amsterdam

Omslagontwerp
Studio Jan de Boer
Omslagbeelden en foto's tatoeages
Closeview

ISBN 978 94 005 1185 9
NUR 491

HEART OF A LION

Bezoek www.levboeken.nl voor informatie over al onze boeken.
Volg @Levboeken op Twitter en bezoek onze Facebook-pagina:
www.facebook.com/Levboeken.

Inhoud

Voorwoord

Al op jonge leeftijd speelde de gedachte door mijn hoofd: een boek uitbrengen, vroeg in mijn carrière. Een boek dat niet alleen over voetbal zou moeten gaan. Integendeel. Mijn leven is tot nu toe, met name in de jeugdjaren, heel heftig geweest. Dat is het nog steeds. Buiten mijn kleine kringetje van vertrouwelingen kent niemand mijn levensverhaal. Dit is het moment waarop ik dat met de buitenwereld ga delen. Zo open en zo eerlijk mogelijk. Niet om mezelf in het zonlicht te plaatsen, ook niet om mezelf op de borst te kloppen.

Met mijn verhalen hoop ik mensen te inspireren. Vooral jongeren. Door te vertellen wat ik allemaal heb meegemaakt, wil ik laten zien dat er altijd licht is aan het eind van de tunnel. Hoe zwaar de omstandigheden waarin je opgroeit ook zijn, er zijn manieren om uit de ellende te komen. Dat weet ik uit eigen ervaring. Ik heb fouten gemaakt in mijn leven, heb veel klappen gehad, en uitgedeeld, en ben talloze keren op mijn bek gegaan. Telkens stond ik weer op, elke keer een levensles rijker.

Op mijn eigen manier ben ik gekomen waar ik nu ben. Dat is een ander belangrijk punt voor mij in dit boek: de durf om jezelf te zijn. Je eigen keuzes te maken. Het lef hebben om onderscheidend te zijn. Je door God gegeven talenten te ontplooien en je dromen na te jagen. Met geloof in eigen kunnen en doorzettingsvermogen, zonder je te laten weerhouden door de meningen en verwachtingspatronen van anderen. Zo heb ik het altijd gedaan, ondanks de shit die het me vaak opleverde. En zo zal ik het blijven doen. Want niets is belangrijker dan jezelf te kunnen zijn.

Er zullen mensen zijn die het te vroeg vinden voor dit boek. Dat is hun goed recht. Voor mij staat het los van mijn leeftijd of de fase waarin mijn voetbalcarrière zich bevindt. Soms heb ik het gevoel dat ik al een heel leven achter de rug heb. Hoe dat komt, staat in dit boek beschreven. Elk hoofdstuk begint met een tattoo die betrekking heeft op de beschreven periode. Het is mede tot stand gekomen dankzij de medewerking van mijn moeder en mijn beste vrienden. Zij hielpen me door de donkerste periodes in mijn leven en vormen nog steeds mijn inner circle. Daarvoor wil ik hen hartelijk bedanken.

Dit boek vertelt mijn verhaal. Dit is wie ik ben.

Memphis

1. Genesis in Ghana

In Elmina Castle komen de tranen. Memphis Depay zakt in het voormalige slavenfort door zijn knieën, staart door de tralies naar buiten en begint zachtjes te snikken. Verder is het ijzig stil in de donkere kerker. Dit is de ruimte waar, eeuwen achtereen, Afrikaanse gevangenen door *the door of no return* werden geduwd. De slavenschepen op, voor een maandenlange reis naar de plantages van de Verenigde Staten, de Caraïbische eilanden en Suriname. Memphis is niet de enige die wordt overmand door emoties. Met trillende stem vraagt de meegereisde muziekproducer Rass King of hij mag zingen. En dat doet hij: *Redemption Song*, van Bob Marley. Een lied over verlossing van de slavernij, dankzij de kracht van de geest. Als het stemgeluid van Rass is weggestorven, blijven Memphis en zijn vriendengroep nog een halfuur op de stenen vloer in de kelder zitten. Zwijgend, verdoofd bijna.

Het enige geluid dat de naargeestige kelder binnenwaait, is het opgewonden gekakel van een aanzwellende menigte, buiten het fort. Het is als een lopend vuurtje door Cape Coast gegaan dat Memphis aanwezig is. Bij de toegangspoort verzamelen zich steeds meer inwoners van de Ghanese kustplaats. Ze zullen geduld moeten hebben. Want Elmina Castle leent zich niet voor een vluchtig bezoek. Zeker niet als je voor de eerste keer in je leven op zoek bent naar je roots, zoals

Memphis, in het land van zijn vader. Met hangende schouders volgt hij de gids naar de vertrekken waar duizenden slaven wekenlang opeengepakt en vastgeketend in hun eigen uitwerpselen lagen. Naar de cel des doods, waar opstandelingen de hongerdood stierven. Via de kerk en de slavenmarkt naar het vrouwenkwartier, waar de Nederlandse gouverneurs dagelijks hun seksslaven uitkozen. Van 1637 tot 1872 was het fort in Hollandse handen, nadat de West-Indische Compagnie het samen met de vloot van Johan Maurits van Nassau-Siegen had veroverd op de Portugezen. In eerste instantie voor de handel in goud en ivoor, maar al snel werd slavenhandel de hoogste prioriteit. Plakkaten op de muren met Nederlandse opschriften herinneren aan die tijd.

De rondleiding eindigt tussen de kantelen op het dak, waar Memphis een groepsgebed voorstelt. Staand in een cirkel, hand in hand, de gesloten ogen richting de grond gericht.

Buiten volgt de ontlading. Memphis heeft de brug van het fort amper verlaten, of hij wordt ingesloten door een joelende meute. In Ghana wordt zijn officiële achternaam anders uitgesproken dan in Nederland: *Diepéee* klinkt het voortdurend, met een langgerekt slotakkoord. Al snel dreigt Memphis in het gedrang te komen. Iedereen wil hem aanraken, de grootste trofee is een gezamenlijke selfie. Het is chaos troef, de schreeuwende kluwen mensen lijkt een eigen leven te leiden. De mierenhoop verplaatst zich tergend langzaam, niemand weet waarheen. Dan grijpt de aangesnelde politie in, en niet zachtzinnig. Ze vormen een kordon rond Memphis en wie nu nog te dicht in de buurt komt krijgt een beuk, of een schok met een stroomstootwapen. 'Dit gaat ver,' mompelt Memphis en hij verzint een list om de gemoederen tot bedaren te brengen. Een voetbal wil hij hebben. Bij Afrikaanse kinderen is een bal nooit ver weg en binnen enkele seconden vliegt er eentje vanuit de menigte zijn kant op. Hij wipt de bal omhoog en begint te jongleren met voeten, schouders en hoofd. Gejuich stijgt op en weerkaatst tegen de muren van Elmina Castle. Voor het eerst sinds Memphis voet heeft gezet in het slavenfort lacht hij weer. De bal als reddingsboei en vreugdebron. Zo was het talloze keren in zijn heftige jeugdjaren en zo is het op deze beladen dag in Ghana opnieuw.

Een dag eerder. In het Schiphol VIP Centre druppelen de vrienden van Memphis binnen. In dit afgescheiden deel op de luchthaven kan de trip naar Ghana in alle rust beginnen. Dit is hoe Memphis reist. Voor de korte vluchten tussen zijn woonplaats Lyon en Rotterdam Airport maakt hij gebruik van een privéjet. Langere reizen beginnen en eindigen met vipservice op Schiphol. 'Ik kan het me veroorloven en het scheelt een hoop gedoe,' legt Memphis uit, terwijl hij zich in een riante fauteuil laat zakken en een fruitsalade bestelt.

De reis naar Ghana heeft hij *The Genesis* gedoopt. Het is een bewust gekozen naam. 'Genesis staat in de Bijbel voor het begin. Voor mij zijn dit de eerste stappen op het gebied van goede doelen. Het begin van een nieuwe fase in mijn leven. Het is de eerste keer dat ik met mijn vrienden iets dergelijks ga ondernemen. Ook de religieuze factor speelt een belangrijke rol. We willen de dove en blinde kinderen laten zien dat God van hen houdt, we gaan voor ze bidden en met ze zingen en dansen. En Genesis staat óók voor het feit dat dit niet iets eenmaligs is. We komen niet even langs, leggen wat geld neer en succes ermee. Het is het begin van een serie projecten, waarvan ik de voortgang wil blijven zien. Daarom: dit is *The Genesis*.'

Het reisgezelschap heeft hij zorgvuldig uitgekozen. Dit belooft een emotionele expeditie te worden, vandaar dat Memphis zich wil omringen met vrienden met wie hij een hechte band heeft. Jongens bij wie hij zichzelf kan zijn, met wie hij zijn ervaringen kan delen. Een dag na terugkeer uit Ghana staat opnieuw een trip gepland. Dan neemt Memphis dezelfde vriendengroep mee op vakantie, de bestemming houdt hij geheim. 'Ik verwacht dat de reis naar Ghana aangrijpend zal zijn voor iedereen,' legt hij uit. 'Het lijkt me mooi onze ervaringen samen te gaan verwerken. Vandaar die verrassingstrip er meteen achteraan. Om de overgang naar het normale leven te overbruggen. En om lol te hebben natuurlijk.'

Vanzelfsprekend zijn Gigi Vitale en Tufan Özbozkurt van de partij, zijn twee jeugdvrienden. Met Gigi trekt Memphis al op sinds zijn vijfde, toen ze samen in het jongste jeugdploegje van vv Moordrecht speelden. Tufan leerde hij op twaalfjarige leeftijd kennen bij PSV. Broers noemen de drie elkaar. Met hun eigen taaltje, omgangsvormen en vertrouwensband.

Ook de Rotterdamse rapper Winston Bergwijn reist mee, samen met zijn producer Rass King. Memphis kent ze pas kort, maar de connectie was er meteen en sindsdien heeft hij dagelijks contact met Winne, zoals Bergwijn bekend staat. Ze hebben samen een track gemaakt, met deze reis in gedachten. In Ghana gaan ze de bijbehorende videoclip opnemen.

In Accra voegt een Engelse vriend zich bij de groep, Gbolahan Adarabioyo, de oudere broer van Manchester City-verdediger Tosin Adarabioyo. Van de oorspronkelijke lijst is mental coach annex vriend Joost Leenders afgehaakt. Hij heeft het te druk met werkzaamheden in Nederland. Wat niet betekent dat het gezelschap na voorgaande opsomming al compleet is. Verre van dat zelfs. Ook Sherman reist mee, een Nederlandse beveiliger. En Leonie Hallers, die namens haar bedrijf International Sports Alliance de organisatie op zich heeft genomen. Plus een hele delegatie voor het visueel vastleggen van de trip: een Engelse filmcrew die een korte documentaire gaat maken, een Engelse fotograaf ter voeding van de social media van Memphis en een Nederlandse crew voor de opname van de videoclip. In Afrika voegen zich nog een lokale gids, een Ghanese beveiliger en zes chauffeurs bij de groep.

Maar de harde kern rond Memphis zal bestaan uit Gigi, Tufan, Winne, Rass, Gbolahan, Sherman en de ghostwriter van zijn boek. Voor hen is een apart busje geregeld in Ghana, de rest zal er in colonne achteraan rijden. Tijdens maaltijden zal dezelfde schifting worden aangebracht. 'En Memphis bepaalt te allen tijde wanneer de camera's erbij mogen,' besluit Leonie haar briefing in het VIP Centre. Het reisprogramma is besproken, de spelregels ook. *The Genesis* kan beginnen. 'Leonie vroeg vooraf wat ik wilde bereiken met deze trip,' vertelt Memphis in het vliegtuig. 'Mijn antwoord was kort: ik wil de levens van kinderen veranderen. Dat is de kern. In dit geval dove en blinde kinderen. Daarvan zijn er 24.000 in Ghana. Ik wil ze laten voelen dat ze ondanks hun handicap over unieke talenten beschikken. Ik wil ze aanmoedigen die talenten te benutten en te ontplooien. Doven en blinden zitten in een verdomhoekje. Ook van charitatieve instellingen kregen ze tot nu toe weinig aandacht. Die zijn in Afrika vaker zichtbaar bij projecten tegen hongersnood of ziektes. Ontzettend goed en belangrijk natuurlijk. Maar omdat daaraan al veel aandacht wordt geschonken, wilde ik een vergeten groep helpen. God heeft me op het spoor van de dove en blinde kinderen gezet. Ik zie het als een missie die ik moet volbrengen.'

Eén keer eerder is Memphis in Ghana geweest. Zonder dat hij daar herinneringen aan heeft. Een baby was hij nog, toen zijn ouders hem meenamen om zijn halfbroer en halfzus uit een vorig huwelijk van zijn vader op te halen. Nu is alles anders. 'Mijn vader weet niet eens dat ik naar Ghana ga,' zegt Memphis en hij wekt niet de indruk dat daar snel verandering in gaat komen. 'Ik weet niet waar hij precies is geboren, ik weet niet of hij broers of zussen heeft. Nee man, ik weet helemaal niets van mijn vader. Ik was drie jaar toen het huwelijk van mijn ouders stukliep. Tijdens een ruzie met mijn moeder sloeg hij met zijn blote vuist ons aquarium kapot. Vandaar de tekst op mijn been, in de getatoeëerde landkaart van Ghana: *the only thing he left was his blood.* Met mijn vader heb ik al heel lang nauwelijks contact. Maar ik wil weten waar een deel van mij vandaan komt. Voor mij persoonlijk is dit dus ook een ontdekkingsreis. Naar mijn Afrikaanse afkomst. Misschien dat ik er ooit nog met mijn vader over zal spreken. Misschien ook niet.'

Na aankomst op de luchthaven van Accra loodsen Ghanese beveiligers het gezelschap soepel naar de gereedstaande busjes. Daar neemt Memphis even de tijd voor zijn eerste indrukken. In de broeierige avondschemering neemt hij een diepe ademteug, snuift daarna de geuren van West-Afrika op en geeft zwijgend zijn ogen de kost. Dan schuift de deur van het busje open en nestelt Memphis zich op de plek die hij ook in de spelersbussen van zijn clubs en in die van Oranje standaard inneemt: links achterin.

De komende dagen zal het busje een belangrijke rol innemen, niet alleen op het logistieke vlak. Het is de plek waar Memphis en zijn vrienden meerdere keren per dag de hectiek en alle indrukken van Ghana verwerken. Vaak volgens dezelfde rituelen. Nadat ze zijn ingestapt, slingert Tufan de wifi aan, voorziet beveiliger Sherman iedereen van een drankje en regelt Memphis de muziek, meestal Amerikaanse hiphop. De sfeer hangt af van het voorgaande uitstapje. De ene keer staart iedereen zwijgend uit het raam, de andere keer wordt er uitgelaten gelachen en gezongen. En er geldt een erecode: alles wat in het busje wordt besproken, blijft binnen het busje. Dit is hun *safe zone*.

Na een kort nachtje in hotel Kempinski staat de eerste verplaatsing op het programma. Onder politie-escorte trekt een colonne van zes busjes en auto's richting Cape Coast, honderdvijftig kilometer ten westen van Accra. Daar, in het Chief Palace, wacht een officiële ontvangst door het districtshoofd. Pas na diens zegening hebben we officieel toestemming door het gebied te reizen. Dat klinkt plechtiger dan het in de praktijk is. De *local chief* blijkt een relaxte man, die vooral heel blij is met de komst van Memphis. 'Een beroemde zoon van Ghana is thuisgekomen,' zegt hij in het openingswoord en zijn in traditionele gewaden gestoken adviseurs knikken instemmend. 'We zijn overdonderd door je komst en door het feit dat je oog hebt voor de gehandicapte kinderen van Ghana.'

Na de toezegging van de chief dat Memphis bij een volgend bezoek volgens de lokale gebruiken gedoopt zal worden, vindt een ceremonie plaats waarin de geesten van zijn voorvaderen worden opgeroepen. Op zijn beurt spreekt Memphis een dankwoord uit, waarna hij zijn heupen losgooit met een lokale dansgroep.

Een uur later rent Memphis op een zandvlakte achter een rinkelende bal aan. Hij heeft een blinderende bril opgezet gekregen, zodat hij kan ervaren hoe het is om te voetballen met alleen een belletje als oriëntatie. We zijn aangekomen op Cape Deaf, het kloppende hart van zijn reis. Hier krijgen zevenhonderd dove en blinde kinderen onderwijs, sportles en gezonde voeding. Op de gevel van het hoofdgebouw staat het motto van de stichting geschreven, *Disability not Inability*. Vrij vertaald: een handicap betekent geen onvermogen. Kinderen leren hier te denken in mogelijkheden in plaats van onmogelijkheden.

Het is een uitgestrekt complex, maar er heersen tekorten. Aan lesmateriaal, bouwmateriaal, gespecialiseerde leerkrachten, geld, aan alles eigenlijk. Vandaar dat Memphis komt doneren. En hij schenkt een braillemachine, waarvan er in heel Ghana slechts drie in omloop waren. Sinds vandaag dus vier. Tijdens zijn toespraak voor de schoolkinderen en het personeel van Cape Deaf, terzijde gestaan door doventolken, benadrukt Memphis waarom hij is gekomen. 'Ik ben hier om Nederland en de rest van de wereld te laten zien hoe talentvol jullie zijn. Dat jullie kansen en steun verdienen. Wij hebben hetzelfde bloed, ik zal er zijn voor jullie.'

Als hij aan het eind van de dag, na het beklemmende bezoek aan Elmina Castle, in het hotel in Cape Coast is aangekomen, gaat Memphis op een muurtje bij het strand zitten. De zee is ruig aan deze kant van Afrika en hij staart naar de woeste golven. 'Ik heb geen woorden om mijn gevoel nu te omschrijven,' zegt hij bijna onverstaanbaar. 'De hele film van vandaag trekt in mijn hoofd voorbij. Ik kan alleen maar dankbaar zijn. Dat ik hier mag zijn om iets bij te dragen aan het land van mijn vader.'

De eerste avond in Cape Coast eindigt met zang en dans op het strand. Na het diner zet Memphis zijn lichtgevende speaker aan en zoekt muziek van de Ghanese zanger Bisa Kdei op. Met een glas cognac in zijn ene hand en de speaker in de andere, danst hij met ontbloot bovenlijf op de klanken van *Azonto Ghost* richting de branding. Hij lijkt in trance. Normaal gesproken dansen zijn vrienden met hem mee. Maar dit is geen normale avond. Ze laten hem.

De volgende ochtend opent Memphis de eerste nationale conferentie over sportbeleid voor dove en blinde kinderen in Ghana. Deelnemers op de Universiteit van Cape Coast zijn vertegenwoordigers van de Ghana Deaf Sports Federation, de Ghana Blind Sports Association, het Nationaal Paralympisch Comité en het ministerie van Jeugd en Sport. Ook docenten en schoolkinderen van Cape Deaf zijn aanwezig. Het congres is geïnitieerd door Memphis, als onderdeel van zijn trip. In zijn toespraak vertelt hij ditmaal over het belang van delen en verwijst hij naar zijn periode bij Manchester United. 'Met al het geld van de wereld heb ik een ongelukkige periode gehad. Ik werd pas gelukkig toen God me de juiste weg wees. Veel mensen meten hun succes af aan hun banksaldo en hun bezittingen, terwijl dat niks met geluk heeft te maken. Mijn geld is Gods geld en dus jullie geld. Ik ben hier om het te delen. Met de mensen in het land waar mijn roots zijn, die dat het hardst nodig hebben.'

Het dankwoord wordt uitgesproken door een blind meisje. Vooral haar laatste woorden beklijven: 'Jouw bezoek is een zegen, Memphis, jij geeft ons hoop.'

Daarna wacht een nieuwe dag op Cape Deaf. Er is een sporttoernooi georganiseerd, met Memphis en zijn vrienden als actieve deelnemers. In de sporthal staat *goalball* op het programma, waarbij blinde kinderen zittend op de grond een bal met een belletje in het doel van de tegenstander proberen te gooien. Memphis krijgt opnieuw een blinderend brilletje en tot hilariteit van zijn vrienden eindigt het partijspel met een bal die hard in zijn kruis belandt. 'Blindensport is geloof ik niet zo goed voor mijn vruchtbaarheid,' grapt Memphis met een van pijn vertrokken gezicht, terwijl hij een flesje water leeggiet in zijn sportbroek.

Na een voetbaltoernooi buiten in de zinderende hitte is het tijd voor een gezamenlijke lunch met de kinderen en een muzikale voorstelling. Tijdens het optreden van een kinderkoor lopen de emoties bij Memphis en zijn vrienden hoog op. Wat begint met een Ghanees lied gaat halverwege opeens over in de Nederlandse taal. Winne is de eerste die zijn oren spitst. Hoort hij het nou goed? Is het echt waar dat midden in Afrika een groepje kinderen de tekst staat te zingen die hij en Memphis samen hebben geschreven? Van een track die nog niet eens is uitgebracht. Hoe dan? Hun verbaasde blikken kruisen elkaar, waarna de tranen over hun wangen beginnen te stromen. Uit Ghanese kinderkelen klinkt: 'Laat het eind een nieuw begin zijn, intentie puur, die van een kind zijn.'

Het duurt even voordat Memphis en Winne zijn bekomen van de onverwachte wending in het optreden. Navraag leert ze dat reisorganisator Leonie de *lyrics* enkele weken eerder naar de schoolleiding van Cape Deaf heeft gemaild. Wellicht kon het geïntegreerd worden in een optreden van de kinderen, was haar achterliggende gedachte. Dan nog staan Memphis en Winne perplex dat Ghanese kinderen die nog nooit een woord Nederlands hadden gesproken, de tekst hebben leren beheersen. Puur op klank, voorgelezen door hun leraren. 'Blinde kinderen ontwikkelen hun andere zintuigen scherper,' legt een docent uit. 'Ter compensatie van hun blindheid. Ze hadden de tekst vrij snel onder de knie.'

Memphis grijpt die informatie aan door in zijn slotwoord de kinderen nogmaals te wijzen op hun talenten. Vervolgens ondertekent hij de cheque waarmee zijn financiële hulp aan Cape Deaf wordt bezegeld. Het dankwoord van het schoolhoofd past hij terug, op de stropdas: 'Jullie hoeven mij nergens voor te bedanken, laten we God danken. En ik wil alle kinderen en medewerkers hier bedanken, voor wie jullie zijn.'

Onderweg naar de volgende bestemming, Kakum National Park, regeert de stilte in het busje. Even geen muziek uit de speakers, even geen conversaties. Rust in de tent. De onbevangen vrolijkheid van de kinderen, de rondleiding langs de verweerde klaslokaaltjes, de indringende gesprekken met de leerkrachten, de muzikale en vocale omlijsting; het heeft indruk gemaakt. Zelfs Gigi, normaliter de geinponem van het stel, is in zichzelf gekeerd. 'Mooi, die stilte,' zegt Memphis na een halfuur. Niemand reageert.

Pas in Kakum National Park komt de groep weer tot leven. Tussen de boomtoppen van het laatste stukje tropisch woud in Zuid-Ghana zijn loopbruggen gespannen en dat maakt het kind in hen wakker. Het uitzicht op de groene weelde onder ons is betoverend, maar ze zijn vooral druk met elkaar het leven zuur maken op de wiebelende bruggen. Met name Rass (hoogtevrees) en Gigi (schommelvrees) hebben het zwaar, tot leedvermaak van de rest. Bij Elmina Castle zorgde de bal voor verlichting, nu is het onversneden jongenslol die de gedachten verzet.

Als na terugkeer de avond is gevallen over Coconut Grove Beach Resort, vraagt Memphis een hotelmedewerker of die een kampvuur op het strand kan ontsteken. De speakers gaan weer aan en uitgelaten danst hij met Gigi, Tufan en Rass rond het vuur. Op een aangrenzend muurtje ziet Winne het grijnzend aan. Hoofdschuddend denkt hij terug aan het moment eerder op de dag, toen hij opeens hun eigen tekst uit de monden van Ghanese kinderen had horen komen. Lachend zegt hij: 'Het is écht gebeurd, toch? Ik kan het nog steeds niet helemaal geloven.'

Eind 2017 kreeg de Nederlands-Surinaamse rapper uit het niets een bericht binnen. Als kind kende Memphis alle teksten van Winne uit zijn hoofd. Nu benadert hij zijn jeugdidool met de vraag of die een track met hem zou willen opnemen. 'Ik kende Winne niet persoonlijk, maar natuurlijk wel als rapper. De beste van Nederland, in mijn ogen. Hij durft zich te onderscheiden van veel andere rappers. Winne vind ik een bijzondere jongen, met een hart van goud. Hij spreekt wijze woorden die me tot nadenken stemmen. En Winne is positief in alles wat hij doet.

Hem moest ik hebben om dit plan op de goede manier te kunnen uitvoeren.'

Winne: 'Ik stond niet meteen te springen. Ik maak nooit muziek met mensen die ik niet ken. Dus ik wilde eerst weten of we een klik zouden hebben. Ik wil de energie voelen die iemand met zich meebrengt. Memphis is naar mijn studio in Rotterdam gekomen en daar hebben we een tijd zitten praten over muziek, over zijn intenties en over het leven. De klik was er vrijwel meteen.'

De boodschap die Memphis met zijn nummer wil overdragen, is geïnspireerd door *Hard Knock Life* van Jay-Z, een nummer dat verhaalt over de weg omhoog, van de goot in New York naar de top van de muziekscène. Memphis: 'Mijn eerste idee was met Winne een track en clip op te nemen in Rotterdam. Toen ik hem vertelde over mijn plannen in Ghana, vroeg hij waarom we het niet dáár aan zouden ophangen. Dat spookte ook bij mij al een tijdje door mijn hoofd, maar ik wilde eerst zien of Winne überhaupt met me wilde samenwerken. Toen hij over de koppeling met het Ghana-project begon, vielen de puzzelstukjes in elkaar. Alles kwam samen. Ghana als vertrekpunt. Met een boodschap van positiviteit waarmee we de jeugd in heel de wereld willen inspireren. Met muziek van hoge kwaliteit. En een mooie videoclip waarin te zien is wat we in Ghana hebben gedaan. Deze track moet in alle opzichten laten zien waar ik op dit moment sta in mijn leven.'

Hoe langer Memphis nadacht over zijn trip naar Ghana, hoe meer lijntjes hij aan elkaar probeerde te knopen. 'Mijn sponsorcontract met Under Armour voorziet in creatieve inbreng van mijn kant. Dat maakt het voor mij een bijzondere samenwerking. Toen ik hun vertelde over mijn plannen in Ghana, waren ze meteen enthousiast. We zijn een voetbalschoen gaan ontwerpen met daarin de kleuren van de vlag van Ghana verwerkt. De bedoeling was dat ik de oefeninterlands met Oranje tegen Slowakije en Italië op die schoenen zou spelen. Want vlak na die wedstrijd in Italië vertrok ik naar Ghana. Uiteindelijk waren die schoenen door de tijdsdruk niet op tijd klaar en achteraf vond ik dat wel prima. Die opvallende voetbalschoenen zouden aandacht genereren. Ik wil hier geen gedoe met media. Dat leidt af van de werkelijke reden van mijn komst. Ik weet hoe het werkt. Journalisten zeggen dan dat ze komen voor een item of artikel over het project. En na één vraag over dat onderwerp schakelen ze over naar mijn carrière of privéleven. Terwijl dit niet over mij gaat. Het gaat over Ghana en over dove en blinde kinderen. Via mijn eigen crew gaan we dat later onder de aandacht brengen, en via de videoclip met Winne. We gaan onze track op een label uitbrengen en via alle kanalen verspreiden. De opbrengst vloeit rechtstreeks terug naar Ghana, naar de projecten hier. Zo maken we de cirkel rond.'

De volgende morgen ziet Memphis na het ontwaken voor zijn hotelkamer een jongetje op het strand staan. Het ventje blijkt om zes uur 's ochtends van huis te zijn vertrokken, lopend, om zeven kilometer verderop een glimp van de voetballer op te vangen. In de loop van de ochtend melden steeds meer nieuwsgierige Ghanezen zich op het strand. De verblijfplaats van Memphis aan de Goudkust is blijkbaar bekend geraakt. Het zit de beveiligers van het hotel niet lekker en ze laten extra manschappen aanrukken. Zelf is Memphis dan al onderweg naar een volgend project: zwemles voor de dove en blinde jeugd van Cape Coast, gevolgd door een voetbalclinic. Dat laatste evenement loopt flink uit, omdat tijdens het afsluitende partijspel maar niet wordt gescoord. Het gaat er stevig aan toe op de hobbelige vlakte, ook Memphis wordt in de duels niet ontzien door de felle jongelingen. *No goals no glory*, roept Memphis naar de speaker die omroept dat de speeltijd is verstreken. Uiteindelijk maakt hij zelf een eind aan zijn verblijf in Cape Coast door raak te schieten. Het busje naar Accra staat klaar, voor de laatste etappe van The Genesis.

De slotdag in de hoofdstad staat in het teken van opnames voor de videoclip met Winne. Tussendoor brengt Memphis een bezoek aan de lokale markt. Dat heeft nogal wat voeten in de aarde. Hoe langer Memphis in Ghana verblijft, hoe chaotischer de taferelen op de plekken waar hij opduikt. Vandaar dat zijn beveiliging is opgeschroefd voor het marktbezoek. Naast de gebruikelijke bewakers gaan deze keer ook twee militairen mee. Ze dragen beiden een mitrailleur waarmee je met gemak een kudde olifanten zou kunnen omleggen. Gelukkig worden ze niet in stelling gebracht, maar hectisch is het zeker als Memphis op de markt arriveert. Uit alle hoeken en gaten komen mensen aangerend, in de wirwar van smalle steegjes vormt zich een almaar uitdijende sliert. Na een uur ontsnapt Memphis uit de rugbyscrum. In de verte heeft hij voetballende kinderen gespot en hij speelt een partijtje mee. Zijn laatste openbare wapenfeit in Ghana is een snoeihard schot in de bovenhoek van een gammel doel.

Voor vertrek naar het vliegveld roept Memphis iedereen bij elkaar in de tuin van het hotel. Er zijn cadeautjes voor de Ghanese gidsen, beveiligers en chauffeurs. En Rass brengt een rap ten gehore, geschreven tijdens de ritten in het busje. Een fragment:

Walk by faith not by sight
Share the love, be the light
Get the strength, lose the fight
Fight again, make it right
Pray together, stay together
Hoping we will find our way together.

Gejuich stijgt op uit de hoteltuin, het is tijd om te gaan. Op weg naar het vliegveld laat Memphis een berichtje van zijn moeder zien, een reactie op de filmpjes die hij haar had gestuurd. Er staat: 'Weet je nog dat we hierover spraken toen je klein was? Je wilde mensen in Afrika helpen als je groot was. God verhoort onze gebeden.'

Dan klinkt er gelach voor in het busje. De motoragent die het gezelschap de hele trip al escorteert, haalt een stuntje uit. Al rijdende is hij rechtop gaan staan, met zijn vingers in de oren. Het juichgebaar van Memphis. Zoals veel kinderen dat de voorbije dagen hebben gedaan, overal waar hij kwam. Memphis schatert het uit, gaat weer op zijn vaste plek achter in het busje zitten en zegt: 'Er is veel samengekomen voor mij deze dagen. Ik heb heel veel blijdschap en dankbaarheid gevoeld. Die vibe overheerst nu. Aan de andere kant gaf het feit dat mijn vader uit Ghana komt, en dat hij er amper voor mij is geweest in mijn leven, deze reis een extra lading. Dat was soms zwaar. Zwaarder dan ik had gedacht. Oude pijn uit mijn jeugd kwam omhoog. Wat betreft mijn vader heb ik na deze trip meer vraagtekens dan antwoorden. Dat geeft niet, alles op zijn tijd. Maar ik ben heel blij dat ik deze reis niet alleen heb hoeven maken. Met mijn beste vrienden kon ik op moeilijke momenten mijn gevoelens delen en daarna mijn gedachten verzetten. Zonder hen had ik waarschijnlijk elke avond huilend op mijn hotelkamer gezeten. Nu was het een goede mix van mensen helpen, heftige gevoelens en ontladen in plezier. Ik moet het allemaal gaan verwerken. We komen er later op terug.'

Daarna schakelt hij over op rap en zingt een stukje uit zijn track met Winne voor zich uit:

Ik moest back naar mijn roots
Dit voelt zo goed
Kijk papa wat je zoon doet
Dit is walking in faith.

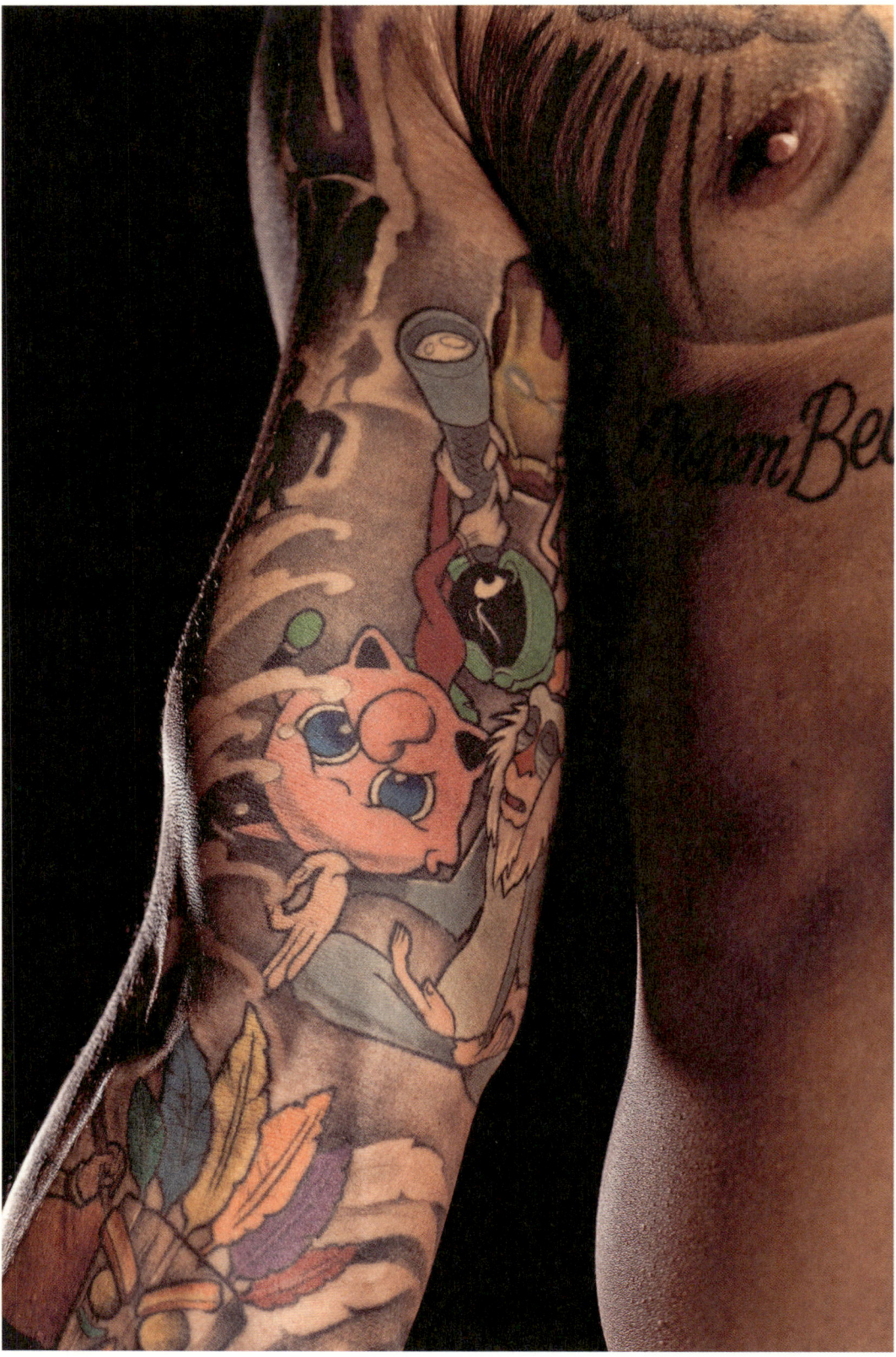

2. De jonge jaren: licht en duisternis

Op een gure herfstdag in 1986 besluit Cora Schensema de trein te pakken naar haar werk. Meestal legt ze de twintig kilometer van Moordrecht naar Rotterdam op haar racefiets af, in een klein uurtje. Cora werkt als gediplomeerd groepsleidster op een schippersinternaat in de havenstad. Als de arbeid erop zit die dag, staat ze op het perron van Rotterdam CS op de trein terug te wachten. 'Tussen al die mensen zie ik opeens een donkere man lopen,' vertelt Cora. 'Ik was drie-entwintig jaar en meteen onder de indruk. Het gekke was dat ik een lichtflits boven zijn hoofd dacht te zien. Het was alsof ik werd betoverd. Onze ogen kruisten elkaar en meteen kwam hij in één rechte lijn op me aflopen. We raakten in gesprek en maakten een afspraak. Ik voelde een grote aantrekkingskracht tussen ons ontstaan. Een tijdje later trok hij bij me in.'

Cora doet haar verhaal in een woonboerderij in Salland. Sinds enkele jaren woont ze hier, in het westen van Overijssel. Na een heftige levensfase vol agressie, zorgen en eenzaamheid had ze behoefte aan rust. Die heeft ze nu gevonden in het huis dat ze cadeau kreeg van haar zoon, Memphis. De boerderij wordt omringd door een grote tuin, een schuur en een werkruimte voor haar vriend, Raymond. In de verte strekken maisvelden zich uit tot zover het oog reikt. Een paradijsje noemt Cora deze plek en dat lijkt Simba met haar eens te zijn. De hond van Memphis scharrelt kwispelend rond op het erf. Na zijn transfer in 2015 naar Manchester United droeg Memphis zijn chowchow over aan Cora en Raymond.

Terwijl de heer en de hond des huizes de landerijen intrekken voor een wandeling draait Cora de klok terug naar de jaren tachtig. De tijd dat Dennis Depay in haar leven kwam. Hun relatie bleef niet onopgemerkt in Moordrecht. 'Dennis was illegaal in Nederland, afkomstig uit een totaal andere cultuur. Hij was de eerste Afrikaan in Moordrecht, dat maakte hem een bijzondere verschijning. Tot we gingen samenwonen verbleef hij in een vluchtelingencentrum. Vanwege onze verschillende culturele achtergronden was mijn vader benieuwd of de relatie zou gaan werken. Maar liefde laat zich niet sturen en het bloeide op een mooie manier steeds verder op. Ik vond hem knap en hij was een vrolijke man, hij lachte en zong veel. En zijn Afrikaanse afkomst gaf hem iets mysterieus. Hij was net als ik gelovig opgevoed, ook op dat vlak vonden we elkaar. Het klopte gewoon. Dennis ging aan de slag in een stroopwafelfabriek, ik was tevreden met mijn werk op het schippersinternaat. Die eerste jaren waren we intens gelukkig.'

Na zeven jaar, Dennis heeft zijn officiële verblijfsvergunning inmiddels binnen, besluiten ze te trouwen. Cora is dan dertig jaar, Dennis negenentwintig. Hun huwelijksdag trekt veel bekijks in Moordrecht, mede vanwege de kleurrijkje Afrikaanse gewaden van een deel van de gasten. Kort daarop raakt Cora in blijde verwachting. 'De eerste echo zal ik nooit vergeten. Ik zat samen met mijn moeder bij de verloskundige en op het scherm zien we een klein mensje op en neer dansen. Hij dartelde mijn hele buik door. De verloskundige deed haar werk al vijfentwintig jaar en zei dat ze in al die tijd nog nooit zoiets had gezien. Daarvoor had mijn huisarts al gezegd dat ik óf een tweeling óf een extreem sterk kind zou krijgen. Vandaar dat ze me vroeger dan normaal mijn eerste echo lieten maken.'

Op 13 februari 1994 bevalt Cora in haar Moordrechtse woning van een zoon. Ze noemen hem Memphis, naar twee gelijknamige plekken op aarde die aan een rivier zijn gelegen. Memphis in de Verenigde Staten, in de staat Tennessee, aan de Mississippi. En bovenal Memphis in Egypte, aan de Nijl. Gelegen in de regio waar volgens de Bijbel Mozes in een mandje over de rivier dreef, tot de joodse baby door een Egyptische prinses werd gevonden. 'Tijdens de bevalling werd Memphis overspoeld door vruchtwater,' vertelt Cora. 'Voor mij was dat een verwijzing naar die rivieren. Dennis tilde Memphis meteen de lucht in, hij zat nog vast aan de navelstreng, en riep in een roes: 'Je bent een ster en je wordt een nog veel grotere ster.' Heel apart, als je kijkt hoe het verder is gegaan met Memphis. Ikzelf voelde het precies zo. Een intens gevoel dat Memphis een bijzondere baby was. Vaak heb ik me verbaasd over de ontwikkeling van mijn zoontje. Memphis wilde nooit in de box, volgens mij voelde hij zich dan opgesloten. De drang naar vrijheid zat er al vroeg in bij hem. Dus legde ik een kleedje in de huiskamer, als zijn vaste plekje. Niet dat hij daar vaak op zat, want hij had energie voor tien. Altijd in de weer met een klein leren balletje dat ik voor hem had gekocht.

Van kleins af aan was Memphis een krachtig kind boordevol energie. Hij leerde al snel lopen en daar maakte hij voortdurend gebruik van. Memphis kroop niet, dat stadium heeft hij overgeslagen. Hij ging meteen op handen en voeten sprong-bewegingen maken, als een klein aapje, altijd in beweging. Memphis was nog geen twee jaar oud, toen hij opeens op zijn hoofd ging staan, tegen de deurpost aan. Dat vond ik al bijzonder. Maar nou komt het: hij begon zichzelf in die houding omhoog te drukken. Op en neer. Niemand die hem dat ooit had voorgedaan. Dat zal zijn eerste krachttraining geweest zijn. Zelf bedacht. Memphis is altijd een ongewoon sterk kind geweest. Ook in mijn werk op het kinderdagverblijf heb ik in al die jaren nooit zoiets gezien. Ik weet nog dat we een reünie hadden van zwangerschapsgymnastiek. Iedereen kwam zijn kindje laten zien, bij een van de moeders thuis. We zitten daar en Memphis houdt zich staande aan een lage tafel. Ineens trekt hij zo dat hele tafelblad omver. Alle kopjes en taart op de grond, dat dikke glazen tafelblad viel in duizend stukjes uiteen. We zijn nooit meer uitgenodigd, door geen van die moeders.

Die kracht is in het begin van zijn leven letterlijk zijn redding geweest. Een dag na zijn geboorte stikte Memphis bijna. Er bleek taai slijm uit zijn voorhoofdje naar zijn keel te zijn gezakt. De kraamhulp kwam om zes uur 's ochtends binnen en ze raakte in paniek. Memphis lag in zijn wiegje en had het erg benauwd: zijn hoofdje was helemaal rood en opgezwollen. De kraamhulp heeft meteen een arts gebeld en die heeft dat slijm uit zijn keel gezogen. Het had niet veel langer moeten duren. Hij heeft toen echt even op het randje gebalanceerd.

Anderhalf jaar later namen we Memphis mee naar Ghana. Daar gingen we de twee kinderen van Dennis uit een vorig huwelijk ophalen, Jeffrey en Georgina. Hun moeder kon niet meer voor ze zorgen, daardoor waren ze in Ghana in het familiehuis van Dennis opgenomen. In het kader van gezinshereniging kwamen ze bij ons in Moordrecht wonen. Georgina was toen acht en Jeffrey was tien jaar. Memphis liep tijdens die reis een infectie op. Hij werd doodziek, we maakten ons grote zorgen. Eenmaal terug in Nederland heeft hij twee weken in het ziekenhuis gelegen. Op een gegeven moment raakte zijn linkerbeentje verlamd, zo ernstig was het. De behandelend arts zei dat ons grote geluk was dat Memphis zo'n sterk kindje was. Anders had hij die infectie waarschijnlijk niet overleefd. We schrokken heel erg van die mededeling en dankten God voor het sterke gestel van Memphis. Daarna heeft hij nog een jaar lang ernstige darmproblemen gehad. Desondanks bleef het een vrolijk en energiek kereltje.

Al vroeg begon hij ook over voetbal te praten. Het waren nog net niet zijn eerste woorden. 'Mama, ik word voetballer,' zei Memphis vaak. Op zondag naar de protestantse kerk nam hij ook altijd een voetbal mee, vanaf zijn derde jaar. Tijdens de dienst hield hij die bal aan zijn voeten. De bal is altijd zijn houvast geweest, van jongs af aan. De rode draad door zijn leven. Hij keek altijd uit naar het eind van de kerkdienst. Stilzitten was niks voor hem. De kerkdienst was nog niet klaar of hij stoof naar buiten, meteen weer voetballen. Of hij klom in de kerk omhoog, via de pilaren die daar stonden. Zonder enige moeite en zonder enige angst. Dan lag die hele kerk dubbel van het lachen.

Al snel kregen we te horen dat Memphis zijn bal niet meer mee mocht nemen. Er waren mensen in de kerk die dat storend vonden. Dat was een keerpunt in onze kerkgang. Vanaf dat moment gingen we minder vaak naar de zondagsdienst. Op onze geloofsbeleving had het verder geen invloed. Ik las Memphis dagelijks voor uit de Bijbel. Hij was pas drie toen zijn vader en ik uit elkaar gingen. In de jaren erna zei ik vaak tegen hem: 'Je vader is weg, maar je hemelse vader is er voor altijd.'

Na de bevalling veranderde mijn relatie met Dennis. Hoewel hij dolgelukkig was met de geboorte van Memphis, was hij steeds vaker van huis. Meestal zat hij in de Bijlmer. Ik wist dat hij plannen had om ooit in Amsterdam als priester te gaan werken. Misschien had het daarmee te maken. Ik wist het niet. Op een gegeven moment zagen we elkaar amper nog. Soms een hele maand niet. Toen heb ik Dennis gezegd dat hij minimaal één keer per twee weken thuis moest komen. Voor het eerst in al die jaren voerden we pittige gesprekken, maar we kwamen er samen niet uit. Op een gegeven moment zei Dennis dat hij het gezag over Memphis wilde hebben, terwijl hij er nooit was. Daar kon wat mij betreft absoluut geen sprake van zijn. Dennis kreeg een waas voor zijn ogen en sloeg in één klap met zijn hand het aquarium dat in de kamer stond kapot. Dat was een echt grote bak, maar het knalde keihard uit elkaar. Al die spartelende vissen op de grond, het water overal; het was een tragisch beeld.

Ik begrijp nog steeds niet waarom het heeft moeten escaleren. We waren al die jaren gelukkig geweest. Memphis is echt uit liefde geboren. Ik was dol op Dennis, hij ook op mij, we waren allebei helemaal in de wolken met onze zoon. Hoe kon het nou op deze manier misgaan?'

Dan vraagt Cora een pauze. Ze moet even tot zichzelf komen, haalt diep adem en vertelt verder. 'Ik had een te idealistisch beeld van ons ouderschap. Ik dacht dat we het samen zouden gaan doen. Maar Dennis toonde zich een traditionele Afrikaanse man: hij mocht zelf bepalen wat hij deed, ik als vrouw zou voor ons zoontje en zijn twee kinderen zorgen. Daarnaast werkte ik gewoon door, terwijl Dennis bijna nooit thuis was. Als we dat op een andere manier hadden kunnen verdelen, hadden we verder gekund. Ik was na de geboorte van Memphis van baan gewisseld. De nachtdiensten op het schippersinternaat konden niet samengaan met de verzorging van mijn kind, dus ben ik in Moordrecht gaan werken, op een kinderdagverblijf. Twee minuten lopen van ons huis. Ik kon Memphis gewoon meenemen naar mijn werk. In mijn beleving hadden we er echt wel een mouw aan kunnen passen, maar Dennis zei dat hij niet aan mijn voorwaarden kon voldoen. Vanaf dat moment wist ik dat we samen geen toekomst meer hadden.'

Zelf heeft Memphis geen herinneringen aan die tijd. 'Ik was te jong en heb mijn vader te kort meegemaakt om hem te kunnen missen,' vertelt hij. 'Ik heb hem nooit echt gekend en eigenlijk is dat nog steeds het geval. Jaren na de scheiding zocht ik hem soms op. Meestal als ik ruzie met mijn moeder had. Hij was in Gouda gaan wonen, vijf minuten bij Moordrecht vandaan. Soms kwam hij bij mijn wedstrijden kijken. Het deed me allemaal niet zoveel. Als ik hem zag was het goed en als ik hem niet zag was het ook goed.

Het is meer dat ik een vaderfiguur heb gemist dan mijn vader persoonlijk. Ik had als kind geen mannelijk rolmodel. Zeker in de pubertijd heb ik dat gemist. Als je interesse krijgt in meisjes, is het prettig daarover met je vader te praten. Toen ik baardgroei kreeg, had ik graag van mijn vader geleerd hoe je jezelf moet scheren. Al dat soort dingen. Ik heb het zelf maar een beetje moeten ontdekken in het leven. Aan de ene kant koesterde ik de vrijheid die het me opleverde. Het is ook niet verkeerd om zelf dingen te ontdekken. Af en toe op je bek gaan en dan weer opkrabbelen. Maar soms miste ik de vader in mijn leven. Al heeft mijn opa dat voor een deel op zich genomen.

Een paar jaar geleden besloot ik mijn vader op te zoeken. Het was een dag waarop ik een Bijbeltekst in de praktijk wilde brengen: als je mensen niet kunt vergeven, kan God jou ook niet vergeven. Ik had mijn vader zeker vijf jaar niet gezien. Ik heb hem altijd veel verwijten gemaakt, ik ben echt boos op hem geweest. Maar ik begon de behoefte te voelen schoon schip te maken. Stel dat een van ons zou komen te overlijden, dan zouden we het nooit uitgesproken hebben. Dat is niet goed. Ik ben naar zijn werk gereden, naar de stroopwafelfabriek. Hij kwam naar buiten gelopen en we zijn in mijn auto gaan zitten. Het gekke is: als ik mijn vader zie, moet ik altijd lachen. Ik weet ook niet waarom. Toen ook weer. Het is op de een of andere manier een grappige man. Al zou je dat na de verhalen over hem misschien niet denken. Het is óók een man die geen verantwoordelijkheid neemt; dat is het probleem.

Maar goed, we gingen zitten en de sfeer was best ontspannen. Ik vertelde hem dat ik niet boos meer was. Dat hij is weggelopen voor zijn verantwoordelijkheden als vader, dat ik het bij mijn eigen kinderen later op een andere manier zal doen. Maar dat ik hem het wilde vergeven. En ik heb gezegd dat ik door mijn jeugd sterker ben geworden. Eigenlijk was het de eerste keer dat we een echt gesprek hadden. Hij is geen prater. We hebben ook nooit spetterende ruzie gehad of zo, we zagen elkaar niet vaak. Na een tijdje heb ik voor hem gebeden. Daarna heeft hij voor mij gebeden. Na een kwartiertje was het voorbij. Ik heb zijn telefoonnummer genoteerd en ben weer weggegaan, zonder dat ik er specifieke gevoelens aan overhield. Het was goed dat ik het heb gedaan, maar het is niet zo dat we sindsdien beter contact hebben. Soms stuurt hij me een berichtje. Een Bijbeltekstje met een plaatje erbij. Niet heel persoonlijk. Daar reageer ik meestal niet op. Maar het geeft niet, het is goed zo. In 2017 heb ik hem een keer uitgenodigd voor een wedstrijd van het Nederlands elftal, uit het niets. Dat vond hij mooi. Mij raakte het niet echt. Ik merk nu ook dat het me weinig moeite kost hierover te vertellen. Het is hoe het gelopen is. Ik kan ermee leven. Het is goed gekomen met mij. Met mijn moeder gaat het ook eindelijk beter. En op latere momenten in mijn jeugd hebben we veel ergere dingen meegemaakt. Ook daar zijn we bovenop gekomen. Ons krijg je niet kapot.'

Na de scheiding van Dennis neemt Cora haar meisjesnaam weer aan. 'Ik heb nog overwogen ook de naam van Memphis aan te passen. Dan had hij nu Memphis Schensema geheten. Maar dat was een lange en kostbare procedure. Toen heb ik het laten zitten. Later kwam Memphis zelf met een aanpassing, door simpelweg zijn achternaam weg te laten. Ditmaal was het Memphis zijn eigen keuze.

De scheiding hakte er behoorlijk in, maar ik moest natuurlijk gewoon door-werken nadat Dennis was vertrokken. Twee keer per week bracht ik Memphis naar een oppas. Dat vond ik moeilijk. Je moet je kind loslaten. Ik kreeg daar een schuldgevoel van. Zijn vader was al vertrokken, zijn halfbroer en halfzusje waren meegegaan en nu bracht zijn moeder hem ook nog een paar keer per week weg. Maar ja, er moest brood op de plank komen en rekeningen moesten worden be-taald. Als alleenstaande moeder loop je tegen dit soort dingen aan.

De scheiding was ook voor Memphis een zware en verdrietige periode. De impact van een vader en moeder die uit elkaar gaan is groot op een kind. Het voetballen op straat hielp hem zijn emoties een plaats te geven. Als hij maar kon voetballen was het goed. En hij was op jonge leeftijd al zó behendig met de bal, iedereen was enthousiast als ze hem bezig zagen. Als kleuter werd hij Kluivert genoemd op straat. Zo werd Memphis begroet als hij met zijn bal de straat op ging: *Hé Kluivert, ga je weer lekker voetballen*? Bij vv Moordrecht begonnen ze hem ook zo te noemen.'

Het is een relatief onbezorgde tijd in het jonge leven van Memphis, zegt hij ook zelf. 'De eerste jaren na de scheiding van mijn ouders was er weinig aan de hand. Ons leven ging weer verder. Mijn moeder voedde me op en gaf me vrijheden. Die behoefte heb ik altijd gehad. Soms was ze ook streng, hoor. Als ik brutaal was gaf ze me een tikkie. Maar alles wat ze deed kwam voort uit liefde. Als klein ventje maakte ik er al een spelletje van de grenzen zo ver mogelijk op te rekken. Voor mijn leeftijd mocht ik vaak lang op straat blijven. Uit mezelf naar huis gaan deed ik niet. Als ze me kwam halen, rende ik weg. Ik was sneller dan mijn moeder.'

Cora: 'Ik bood Memphis in zijn jeugd veel vrijheid. Natuurlijk waren er grenzen en regels, maar ik voedde hem grotendeels op binnen zijn eigen levensritme. Ik heb een pedagogische opleiding gedaan, waarin alle theoretische kennis over opvoeding voorbijkomt. Maar de praktijk met Memphis was anders. Ik zag en voelde dat hij die vrijheden nodig had. Die aanpak paste ook bij mijn eigen karakter. Ik ben een ruimdenkend persoon en hecht erg aan de eigen ontwikkeling van mensen. Het viel me wel op dat Memphis moeilijk alleen kon zijn. Het in slaap komen was vaak een probleem. Ik heb me vaak afgevraagd of dat te maken had met wat hem als baby is overkomen, toen hij bijna gestikt was. Een andere oorzaak kan zijn dat zijn energiebron nooit opdroogde. Hij was echt een onvermoeibare jongen. In zijn hoofd bleef het vaak doormalen, daardoor kon hij niet in zijn rust komen. Dan kroop hij 's nachts bij mij in bed. Dat heeft hij jarenlang gedaan.'

Memphis: 'Als ik later zelf kinderen heb, zal ik ze stimuleren hun eigen dingen te ontdekken. Ik zal er als vader voor ze zijn, maar niet te betuttelend. Kinderen die de hele dag onder de beschermende vleugels van hun ouders hangen, zullen schrikken als ze het echte leven ingaan. De kans is groter dat ze onzeker en kwetsbaar worden. Ik zal ze waarschuwen voor gevaren. En als ze niet luisteren zal ik ze niet nóg een keer waarschuwen, maar ik zal ze zelf de gevolgen daarvan laten ondervinden. Laat ze maar een keer hun handjes branden aan de kachel. En het is niet erg als ze een keer op hun gezicht vallen of vieze handjes in hun mond stoppen. Daar krijg je weerstand van.'

Enkele jaren na haar scheiding komt er een nieuwe wending in het leven van Cora en Memphis. 'Naast ons huis in Moordrecht werd in die periode een grote villa gebouwd,' vertelt Cora. 'Op een dag trok daar een heel groot gezin in, met veel kinderen. Bij mij stond de deur altijd open en steeds vaker kwamen die kinderen met Memphis spelen. Er was sprake van een problematische situatie in dat gezin, ze stonden onder toezicht van Jeugdzorg. Mijn relatie met de kinderen ontwikkelde zich zodanig, dat ik me steeds meer voor ze ging inzetten. Ik wilde zorgen voor die kinderen, dacht ook dat ik het zou aankunnen. Na twee jaar intens contact met de kinderen, ontstond er een relatie tussen mij en de vader. Uiteindelijk, na overleg met mijn familie, ben ik met Memphis bij dat gezin ingetrokken. En later, in 2002, zijn we zelfs getrouwd.

Het is de foutste inschatting in mijn leven geweest. Vanuit het licht stapten we de duisternis in. Het begin en de intenties waren goed. De kinderen waren blij dat er weer een vrouw in huis was. En ik was vol vertrouwen dat het goed zou gaan, met mijn jarenlange werkervaring op het schippersinternaat in Rotterdam. Ik had mijn latere baan bij de kinderopvang opgezegd, want de zorg voor een gezin van dertien personen was een hele dagtaak. Memphis paste aanvankelijk goed binnen het gezin, alles wees erop dat we een goede toekomst tegemoet gingen. Maar na ongeveer een halfjaar keerde de situatie en brak er een pikzwarte periode aan. Het gezin keerde zich tegen Memphis en mij. Het was alsof we in een clan zaten.

Het werd me steeds duidelijker in wat voor problematisch gezin Memphis en ik terecht waren gekomen. Geweld, zowel fysiek als verbaal, was aan de orde van de dag. De droom die ik dacht waar te kunnen maken, werd een nachtmerrie voor ons. Wat een veilig thuis had moeten zijn voor Memphis en mij, werd een huis vol horror. Constant sloeg de sfeer om van gezellig en warm naar koud en kil.

Dat was ongrijpbaar en onbegrijpelijk. En het was onmogelijk alles in de gaten te houden, in een huis met negen kamers. Steeds vaker richtten de kinderen hun pijlen op Memphis, aanvankelijk buiten mijn gezichtsveld. Het viel me op dat hij steeds stiller werd. Op een dag kwam Memphis vertellen dat hij steeds vaker klappen kreeg van die kinderen. Negen jaar was hij toen. Mijn moederhart brak.'

Net als zijn moeder wil Memphis geen namen noemen. De herinneringen aan die tijd zijn confronterend. 'Vaak hoorde je geschreeuw en gehuil in dat huis,' vertelt Memphis. 'Regelmatig vlogen de potten jam en pindakaas kapot tegen de muren. Deuren werden uit de sponningen getrapt. Op een avond zaten we aan tafel te eten. Op van die lange houten banken zonder rugleuning. Ik zei iets bijdehands en een van die jongens, vijf jaar ouder dan ik, stond op. Hij kwam op me af en sloeg me met één klap van die bank af. Zijn vader werd boos en probeerde zijn zoon te pakken te krijgen. Dat werd een achtervolging rond de tafel. Dat gebeurde vaak, dat soort achtervolgingen. Totale chaos. En het werd steeds erger. Ik heb gezien hoe mijn moeder werd aangevallen door die kinderen. Soms werden we ingesloten, zoals wolven dat bij hun prooi doen. Dan stonden ze te gillen dat we moesten oprotten. Doodeng vond ik dat.'

Cora: 'De natuurlijke liefdesband tussen Memphis en mij was heel sterk. Misschien was dat te confronterend voor deze kinderen, vanwege hun gebrek aan een liefdesband met hun moeder. Dat zou hun agressieve gedrag richting ons kunnen verklaren.'

Memphis: 'Dat angstige gevoel vrat zich een weg naar binnen bij me. Meestal ging het om vechtpartijen met de vuisten, maar ik ben ook een aantal keren met een mes bedreigd. Een andere keer klemde een jongen een nijptang op mijn oor en begon hij keihard te trekken. Ik was constant op mijn hoede. De agressie richtte zich trouwens niet alleen op mij, ook onderling gingen ze constant met elkaar op de vuist. Als er niet werd gevochten, werd er gescholden. Veel racistische taal en de hele dag door hoorde je het woord kanker door het huis galmen. Ik werd uitgescholden voor aap, kankerneger, poephoofd. De lelijkste en raarste en smerigste dingen die je kunt bedenken. Met mijn kamergenootje had ik het nog enigszins getroffen. Dat was een relaxte jongen, de enige met wie ik nooit heb gevochten in dat huis. Het wemelde er van de kinderen en toch voelde ik me vaak eenzaam. Ik had het idee dat die vader mijn moeder bij me weghield, dat ik er alleen voor stond in die vijandige omgeving. Als jongen van acht, negen jaar geeft dat een heel onveilig gevoel. We zijn bijna kapot gegaan in die periode. Verruïneerd.'

Cora: 'Onze enige rustmomenten waren de voetbaltrainingen van Memphis. Hij was inmiddels van vv Moordrecht naar Sparta gegaan en ik had één heilige regel: ik ging altijd met hem mee naar de club. Die autoritjes waren onze momentjes samen. Als we in de auto zaten, kon het twee kanten op: hij sliep of hij rapte. Er was een periode waarin Memphis zich via een rap beter kon uiten dan via gewone spraak. Hij rapte zijn eigen teksten, die bedacht hij ter plekke. Dan kwamen zijn frustraties naar boven. Het leek hem op te luchten. Ook de trainingen en wedstrijden waren goed voor ons beiden. Memphis kon zich lekker ontladen met het voetballen, ik kon langs de lijn even op adem komen. Ik heb sowieso altijd ontzettend genoten van zijn trainingen en wedstrijden. Ik was trots op hoe Memphis zich spelenderwijs ontwikkelde en vond het fijn hoeveel plezier hij uit het voetbal haalde.

Als ik dan stond te kijken was ik elke keer weer blij als ik Memphis helemaal zag opleven. In zijn jeugdteams was hij de motor van de ploeg. Niet alleen omdat hij de beste speler was, ook omdat hij zijn ploeggenootjes altijd aanvuurde. Dan was hij ineens geen stille jongen meer. Hij wilde winnen, elke keer weer, dat droeg hij over op zijn teamgenoten. Prachtig om te zien. Het plezier dat Memphis aan het voetballen beleefde, was mijn grootste rijkdom. Zijn geluk heeft voor mij altijd bovenaan gestaan. Dat was belangrijker dan mijn eigen geluk.'

Memphis: 'Volgens mij was mijn jeugd van invloed op hoe ik als jochie voetbalde. Ik knalde alle pijn eruit op het veld. Het was mijn afleiding. Mijn bevrijding, beter gezegd. Ik moest en zou de beste zijn. Iedereen opvreten op dat veld. Onbewust zal ik hebben beseft dat het mijn enige uitweg was.'

Cora: 'Uiteindelijk hebben we daar anderhalf jaar gewoond. Mensen zullen zich afvragen waarom ik niet eerder met Memphis ben gevlucht. Ik heb het geprobeerd, maar dan lukte het niet. Het was alsof we gevangen zaten, we konden geen kant uit. Het is moeilijk uit te leggen wat een dergelijke sfeer van intimidatie en angst met je doet. Fysiek en mentaal was ik volledig uitgeput. En Memphis veranderde van een levendig en vrolijk kind in een dood vogeltje. Behalve als hij buiten ging voetballen. Altijd weer die bal als zijn grote houvast. Binnen moest hij zich volledig conformeren aan de regels en het gedrag van die kinderen. Buiten was hij even vrij.'

Naast het voetballen had Memphis in die periode nog een andere manier om tot rust te komen: wegdromen bij tekenfilms. De impact daarvan weerspiegelt zich voor de rest van zijn leven in de tatoeages op zijn rechterarm. 'Als ik de gekte om me heen wilde ontvluchten, trok ik me terug voor de televisie,' vertelt Memphis. 'Vooral Disney-films boden me troost en afleiding. *The Lion King* was mijn favoriet. Daarom heb ik Simba de leeuw op mijn arm laten zetten. En Rafiki, de aap. *Aladdin* keek ik ook vaak, ook die heb ik op mijn arm. En Pokémon. Die tattoos zien er vrolijk uit, maar de herinneringen die erachter schuilen, zijn heel pijnlijk. Die cartoonfiguren waren mijn enige vriendjes in dat huis, zo voelde het voor mij. En mijn bal natuurlijk. Zodra ik de tuin instapte om te gaan voetballen, vergat ik wat er allemaal was gebeurd. Ook als ik vlak daarvoor in elkaar was geslagen. Dan wilde ik even later toch weer met diezelfde jongens voetballen. Ik ging het bijna normaal vinden dat ik klappen kreeg.

Ik heb me vaak afgevraagd waarom we zo lang in dat huis zijn gebleven. Weet je, mijn moeder heeft een hart van goud. Ik denk dat ze voor al die kinderen wilde zorgen. Zo goed en zo kwaad als dat ging. Ik had een paar manieren om de chaos te ontvluchten. De straat op, voetballen op het Vleerplein, vlak bij de kerk. Ik had mijn tekenfilms. Of ik ging bij Gigi langs, mijn beste vriendje. En soms had ik een training of wedstrijdje bij vv Moordrecht en later bij Sparta. Maar wat ik ook deed, altijd kwam dat moment dat ik weer naar huis moest. Met lood in mijn schoenen.'

Op school, in groep vier, gaat het helemaal mis dat jaar. 'We hadden dat jaar een onrustige klas, ook dat nog. In mijn beleving waren er constant vechtpartijen, waar ik vrijwel altijd bij betrokken was. Ik was getraumatiseerd door alle ellende die ik thuis meemaakte. Dat uitte zich in onrustig en agressief gedrag op school. Terwijl ik me het liefst afzijdig hield van dat soort gedoe. Het was pure machteloosheid. Ik kon niet meer nadenken, ik was echt helemaal de weg kwijt. En het ging van kwaad tot erger. Er was een periode dat ik in de klas alleen maar onder mijn schooltafel wilde zitten. Weg van alles en iedereen zat ik daar te huilen, onder dat tafeltje. Helemaal in paniek, omdat het tijdstip dichterbij kwam dat ik weer naar huis moest. De juf wist niet wat ze met me aan moest. Ik vertelde niks over wat ik allemaal meemaakte thuis, uit schaamte. Dus dat werd een steeds negatievere spiraal: ik voelde me onbegrepen, de juf kón mij niet begrijpen omdat ik niks zei. Ik was een raadsel voor haar.'

Cora: 'Ik hoorde pas achteraf dat Memphis zich in de klas onder zijn tafeltje verschool. Op een gegeven moment werd ik bij zijn lerares geroepen. Dat gebeurde vaker, maar in dit ernstige geval dus veel te laat. Zij vertelde wat er aan de hand was en dat niet alleen: het bleek al weken aan de hand te zijn. Ik was totaal verbijsterd. Waarom had ze me dat niet meteen verteld? Ze wilden me niet belasten, was haar reactie. Mijn kind verschool zich al een maand onder tafel en ik wist van niks. Dat beeld van mijn kleine jongen weggedoken onder zijn schooltafeltje, het was hartverscheurend. Nog steeds raakt het me diep als ik daaraan terugdenk. Dit zou je als moeder nooit kunnen bedenken voor je eigen kind.'

Memphis: 'Die periode heeft me emotioneel verdoofd. Ik voelde niks meer. Alsof niks of niemand me kon raken. Ik was wég man, helemaal verloren. Ik had geen vertrouwen meer in mensen. Nul procent. Of je nou lief tegen me deed of boos; het boeide me totaal niet. Het ene oor in en het andere oor uit. Mijn zelf-respect was volledig verdwenen. Hoe moet je dan anderen respecteren? Ik wist niet meer hoe dat moest. Dat heeft heel lang geduurd, het kruipt diep je systeem in. Eerlijk gezegd weet ik niet eens zeker of dat inmiddels echt weg is. Ik kan nog steeds heel hard zijn zonder dat ik het doorheb, ook tegen mijn beste vrienden en mijn moeder.'

Cora: 'Uit angst en schaamte sprak ik met niemand over wat we meemaakten. Behalve bij de Jeugdzorg, daar heb ik alles op een gegeven moment aangekaart. Er zou meer hulp vanuit hun kant komen, maar dat heb ik niet meer meegemaakt. Op een dag kwam een goede vriendin van me langs. Ze trof me geestelijk gebroken aan. Dat is een reus van een vrouw, voor niemand bang, en ze is toen als een oli-fant door een porseleinkast door het hele huis gestampt. Hierdoor creëerde ze een vluchtkans voor mij en Memphis. In een onbewaakt ogenblik heb ik onze spullen ingepakt, de paspoorten weggegrist en ik zei dat we naar de training bij Sparta gingen. We zijn nooit meer teruggekomen. We zijn door diezelfde vriendin bui-ten Moordrecht opgevangen en na twee weken heb ik Memphis bij mijn ouders gebracht. Ik was mezelf niet meer, kon alleen nog maar voor me uitstaren. Zelfs praten lukte me niet meer, ik was letterlijk mijn spraakvermogen kwijt. Ik was in shock. Kort daarna ben ik naar een herstellingsoord gegaan. Daar heb ik een half jaar doorgebracht. Ik had één voorwaarde: een extra bed op mijn kamertje, zodat Memphis kon komen logeren. Elk weekend kwamen mijn ouders hem brengen. Doordeweeks woonde Memphis bij hen in huis.'

Dan onderbreekt Cora haar verhaal en loopt naar de andere kant van haar eigen huis. Ze laat een kamer zien die ze voor zichzelf heeft ingericht. 'Dit is mijn domein. Hier zit ik vaak te bidden of te mediteren.' Er staat een klein altaartje en enkele beeldjes, die symbool staan voor de relatie tussen moeder en kind. Aan de muur hangen ingelijste foto's uit lang vervlogen tijden. Op een van de kiekjes staat Memphis naast zijn oma, een jaar of negen is hij daar, trots met een hengel en een gevangen vis in zijn handen. Op een andere kijkt hij vrolijk met een schuin oog naar zijn opa, die naast hem op de bank zit. Cora laat haar ogen langs de muren dwalen en zegt: 'In zware tijden waren mijn ouders er voor Memphis. Daar zal ik ze eeuwig dankbaar voor zijn.'

Terug aan de keukentafel vertelt ze verder. 'Het is nog steeds niet te bevatten dat een nieuwe stap in je leven zó verkeerd kan uitpakken. Ik had de scheiding van Dennis verwerkt, was blij met mijn werk, mijn leventje met Memphis samen was fijn. We hadden een prettig huis, ik had alles op orde. Memphis was een vrolijk kind in die tijd. Altijd aan het voetballen, buiten met vriendjes of binnen in de hal van ons huis. Zingend stapte hij op zijn fietsje naar de trainingen bij vv Moordrecht. Een heerlijke tijd. Mijn schuldgevoel naar Memphis over de periode daarna zit diep. Hij is mijn alles. Het is nooit mijn bedoeling geweest mijn lieve jongen in die vreselijke situatie te brengen. Dat weet Memphis ook wel. Later hebben we erover gesproken. Toen heb ik hem gezegd: *Ik heb je hierin meegenomen, maar ik heb je er óók weer uitgehaald.* Dat sterkte ons.'

Memphis: 'Het is de grootste fout in haar leven geweest. Dat heb ik mijn moeder ook gezegd en daar zijn we het over eens. Maar ik draag haar niets na. Ze dacht oprecht dat ze al die kinderen kon helpen. Volgens mij speelde dat een grotere rol dan die hele vent die daar rondliep. Het is uitgedraaid op een nachtmerrie. Achteraf bezien heb ik er misschien nog iets aan gehad: ik ben er sterker door geworden. In eerste instantie meer wantrouwend en harder naar mensen. Maar later kwam ik erachter dat het me ook extra kracht heeft gegeven. Overlevingskracht. Hetzelfde geldt voor mijn moeder. Ik heb ontzettend veel respect voor de power waarmee zij zich heeft teruggevochten na de moeilijkste periodes in ons leven.

Wat mijn moeder allemaal heeft meegemaakt is niet goed voor een hart of voor een ziel. Ze heeft heel veel pijn gekend. Pas later ben ik gaan beseffen hoe zwaar het moet zijn geweest. Mijn moeder heeft zichzelf totaal weggecijferd, uit liefde, met haar eigen welzijn op het tweede plan. Dat is opoffering in de puurste vorm. Zeker in mijn jeugd heeft mijn moeder veel met mij te stellen gehad. Terwijl ze zelf geen tijd had het verdriet te verwerken van de scheiding met mijn pa, van het overlijden van haar eigen vader, van mijn vroege vertrek uit huis. Van alle problemen die we hebben gekend. Het heeft haar er nooit van weerhouden mij volledig en liefdevol te steunen. Ze was er altijd, bij zo veel mogelijk trainingen, bij elke wedstrijd. Onverwoestbaar: dat is het woord voor haar sterke persoonlijkheid én voor onze onderlinge band. Ik hoop dat haar verhaal en veerkracht een voorbeeld kan zijn voor andere alleenstaande moeders. Ook vanuit de diepste dalen leiden er wegen naar boven: van de duisternis naar het licht.'

3. Knokken op school

Zomaar een avond in het huis van Kees en Jans Schensema in Moordrecht, aan het begin van deze eeuw. De televisie staat aan, op de bank kruipt Memphis tegen zijn opa aan. Zo ligt hij het liefst, in het jaar dat zijn moeder in het verre Twente tot rust komt en hijzelf bij zijn grootouders. 'Ik legde altijd mijn hoofd bij hem op schoot,' zegt Memphis jaren later. 'Dan voelde ik me veilig. Als opa me wilde plagen, schuurde hij met zijn eendagsbaardje over mijn wangen. Dat was echt een dingetje van ons. Nu nog steeds geeft het me een goed gevoel als ik daaraan terugdenk, zijn wang op de mijne.'

Samen kijken ze voetbal die avond. Kees weet inmiddels dat zijn negenjarige kleinzoon een talentje is en daar zelf al behoorlijk van overtuigd is. Maar zelfs opa kijkt verbaasd op als zijn kleinzoon ineens zegt: 'Later als ik groot ben, kijkt u ook naar mij op tv als ik voetbal.'

Kees is een Amsterdammer, geboren en getogen in De Pijp. 'Hij zeilde graag over de Hollandse IJssel van Amsterdam naar Rotterdam,' vertelt Cora. 'Op een dag legde hij in Moordrecht aan. Naar later bleek aan de steiger bij de achtertuin waar mijn moeder woonde. Mijn vader was zestien, mijn moeder elf. Toen hebben ze limonade gedronken en dat was het. Vijf jaar later kwamen ze elkaar opnieuw tegen. Toen is de verliefdheid ontstaan.'

Enkele jaren later trouwt het jonge stel en ze vestigen zich in Moordrecht. Kees blijkt een creatieve man en gaat aan de slag als grafisch tekenaar en muziekleraar. Eerst op een Hammond-orgel, daarna geeft hij gitaarles: klassiek en Spaans. Jans is interieurverzorgster in de kerk en huishoudster bij gegoede families in Moordrecht. Cora: 'Iedereen was gek op mijn ouders. Ze hielden van mensen en gezelligheid. Mijn vader was open en vriendelijk en had een geweldig gevoel voor humor. Ons huis zat altijd vol met mensen. Er heerste warmte.'

Het is juist die sfeer van geborgenheid en gezelligheid die Memphis nodig heeft als hij bij zijn grootouders wordt ondergebracht. 'Bij opa en oma kwam ik weer een beetje tot rust. Er hing een huiselijke sfeer. Liefdevol. We speelden spelletjes, met opa ging ik vaak vissen. Dingen die je normaal gesproken met je vader doet. Opa ging ook altijd mee naar Sparta, waar ik inmiddels voetbalde. Ze zorgden geweldig goed voor me. Opa kon ook streng zijn. Als ik een grote mond opzette tegen mijn moeder waar hij bij was, gaf hij me een trap tegen mijn kont. Net zo makkelijk. De mooiste momenten waren als we samen gingen vissen. De rust, de stilte, het gevoel van verbondenheid.

Hoe prettig het leven ook was bij mijn grootouders, ik vond het ook wel saai. Ik voelde me al snel volwassen. Wilde avonturen beleven, naar buiten, de wijde wereld in. Bij Sparta zat ik met allemaal jongens uit de Randstad in de kleedkamer. Gasten met stoere verhalen. Dat was andere koek dan het rustige leventje bij opa en oma. En ik miste de liefde van mijn moeder. Heel erg zelfs. Ook miste ik haar vrijheden. Van opa en oma moest ik vroeg binnen zijn 's avonds, terwijl ik een steeds sterkere drang naar avontuur had.'

Na ruim een halfjaar in het Pastoraal Centrum, het herstellingsoord waar ze zichzelf heeft hervonden, keert Cora terug in Moordrecht. Ook Memphis heeft dan professionele hulp gehad, bij Jeugdzorg in Gouda. Zonder effect. 'Ik moest twee keer per week met een psycholoog praten. Dat werkte niet bij mij. Ik stond er niet voor open en had er gewoon geen zin in. Ik was mijn vertrouwen in mensen totaal kwijt. Waarom zou ik dan met een wildvreemde over persoonlijke dingen gaan praten? Zo stond ik erin. Na een tijdje zijn we maar weer gestopt. Het leidde tot niks.'

Samen betrekken Cora en Memphis in 2004 een nieuw huisje in Moordrecht. 'Op mijn slaapkamertje waaide de tocht dwars door de muren heen. Erg gerieflijk was het allemaal niet. Maar we hadden in elk geval ons eigen plekje. Eindelijk konden we proberen ons leven met zijn tweeën weer op te pakken. Financieel hadden we het niet breed. Maar hoe diep mijn moeder ook in de schulden zat, ze zorgde altijd dat ze nog iets voor mij overhield. Haar laatste centen gaf ze aan mij, zodat ik naar de kermis kon of snoepjes kon kopen. Of we reden samen naar de Kruiskade in Rotterdam, daar zat een kapper die ik tof vond. Als ze een keer een meevallertje had gehad, nam ze me mee naar een sportzaak, om nieuwe Nikes te kopen. Niet de neppe, nee, de echte. Ze wist hoe mooi ik die vond. Ze vond het belangrijker mij blij te maken dan dat ze een keer iets voor zichzelf kocht. Echte moederliefde.'

Cora: 'Memphis is geboren met een goed karakter, maar alle gebeurtenissen hebben hun invloed gehad. Hij is een sterke persoonlijkheid met een eigen wil. Tegelijkertijd is het een heel gevoelige jongen. Door wat Memphis heeft meegemaakt in zijn jeugd, heeft hij uit zelfbescherming een muurtje om zich heen gebouwd. Daar was moeilijk doorheen te breken. Dat leverde communicatieproblemen op. Elke twee weken had ik wel ergens een gesprek. De ene keer met jeugdtrainers van Sparta, later bij de leiding van PSV, dan weer op een van zijn scholen. Om hem te beschermen. Ik wist hoe moeilijk hij het had gehad en waar zijn gedrag voor een groot deel vandaan kwam. In alles was hij extreem.'

Onlangs heeft Cora haar gedachten over de jeugd van Memphis en hun onderlinge band op papier gezet. De tekst gaat terug naar zijn babytijd. 'Zonder dat

Memphis het wilde of besefte, heeft hij altijd moeten vechten voor zijn bestaan en zijn waardigheid,' staat er onder meer geschreven. 'De eerste misverstanden ontstonden al toen hij nog een baby was. Hij was een mooi jongetje, dat met zijn donkerbruine ogen nieuwsgierig de wereld in keek. Een rustige en lieve baby, waar ik ontzettend trots op was, ik showde hem aan iedereen. Maar voor veel mensen was de donkere en serieuze blik in zijn ogen aanleiding hem te benoemen als een boos kind. Dat was zó vreemd om mee te maken. Ook op latere leeftijd mocht Memphis vaak zichzelf niet zijn. Altijd weer diezelfde praatjes van mensen: wat kijkt hij boos, wat is er met hem aan de hand? Terwijl hij een goudeerlijke jongen is. Het vormt je als mens, wanneer anderen negatief over je blijven oordelen. Als je altijd voor je eigen bestaan moet opkomen, voor wie je bent, op je eigen unieke manier. Als dat niet wordt geaccepteerd, leidt dat tot onzekerheid: wie ben ik, wat doe ik anders, waarom mag ik mezelf niet zijn? Memphis is zoals hij is. Voor mij is hij een godsgeschenk, een bijzonder en uniek mens, een zoon voor wie ik grote trots, dankbaarheid en liefde voel. Ik heb als een tijger voor hem gevochten en dat zal ik blijven doen. Juist ik, zijn moeder, wil dat Memphis zichzelf blijft. Iemand met een eigen persoonlijkheid die zijn eigen weg bewandelt.'

Ook op school zit die weg vol hobbels en kuilen. 'Als klein jochie was ik al anders dan anderen,' weet Memphis zelf. 'Ik had moeite met gezag. Zeker als dat werd opgelegd door iemand anders dan mijn moeder. Zij had haar handen al vol aan mij: ik luisterde slecht en kreeg regelmatig op mijn flikker. Dus hoe dat ging met leraressen laat zich raden. In de klas was ik een drukke jongen die zich weinig liet vertellen. Vaak bezig met geintjes uithalen, de juffrouw treiteren, een grote mond opzetten.'

In groep 3 van De Rank barst de bom voor het eerst. 'We hadden een knutsel-middag en niemand mocht vooraf het klaslokaal in. Ik zag een meisje toch naar binnen lopen en ging erachteraan, om te zeggen dat ze daar niet mocht zijn. Op dat moment komt de juf binnen, ze ziet ons staan en flipt volledig. Eerder die dag was ik weer eens bij een vechtpartijtje betrokken geweest, misschien speelde dat ook mee. Ze sleurde me schreeuwend de hele gang door. Aan het eind van de gang kwam er een meester bij. Die tilde me op, gooide me tegen de muur en begon knietjes te geven. Hij was echt alle controle over zichzelf kwijt, sloeg me zelfs met mijn hoofd tegen de muur. Ze waren me helemaal zat. Toen ze klaar waren stuurden ze me naar groep 8. Daar moest ik strafwerk gaan maken, bij die strenge meester.'

Na het incident met zijn leerkrachten haalt Cora haar zoon meteen van school en die zomer stapt Memphis over naar de Sjaloomschool. Die ligt vijfhonderd meter verderop in Moordrecht, meer richting het huis van zijn grootouders. Al op de eerste schooldag gaat het mis. 'Op die school kende ik veel jongens, van vv Moordrecht onder andere, en Molukse jongens uit de buurt. En je had Augusto, een Argentijnse gozer. Een Nederlandse jongen viel Augusto lastig en daar ben ik meteen op afgevlogen. Ik heb die gozer een flink pak rammel gegeven. Ik had hem in een houdgreep en bleef maar op hem inbeuken, tot hij op de grond lag te huilen. Een heftige uitbarsting was dat. Ik zat nog vol met frustraties over wat ik het jaar daarvoor allemaal had meegemaakt. Ik zat vast. Muurvast. Gevangen in mijn eigen frustraties.

Mijn juf waarschuwde dat ik het niet zou gaan redden in de voetbalwereld als ik me zo agressief bleef gedragen. Ik schrok me kapot. Voetbal was mijn redding, het enige waaraan ik plezier beleefde. Zonder voetbal had het leven niet zoveel zin voor mij. Zo voelde ik dat echt. Maar dat dreigende perspectief had weinig invloed op mijn gedrag op school. Kijk, op straat kon ik me meten met jongens die vijf jaar ouder waren. Het was niet eens zo dat ik een bewijsdrang had ten opzichte van de oudere gasten. Ik wilde eigenlijk vooral voetballen, laten zien hoe goed ik dat kon. Zo begonnen de dagen vaak: lekker voetballen. Later op de avond ontstonden meestal de problemen. Dan ging het er soms hard aan toe. Ik was tien jaar, maar in mijn hoofd voelde ik me vijftien. Intussen sprak de juf tegen mij alsof ik een klein kind was. Daar werd ik opstandig van. Ik had altijd ruzie met haar. Ze wist echt niet wat ze met me aan moest. Na een jaar was ze mijn grote bek en de vechtpartijen zat en werd ik van school gestuurd.

Dat was een periode waarin ik me nergens op mijn plek voelde. Hoe goed mijn moeder ook haar best deed, hoe lief mijn opa en oma ook waren, nergens vond ik wat ik zocht. Ook op school niet. Alleen op straat voelde ik me goed. Daar had niemand wat over me te vertellen, daar kon ik voor mezelf opkomen. En lekker voetballen, kattenkwaad uithalen, zwemmen, spelletjes doen. Vrij als een vogel. Ook de wereld van het uitgaan trok me al vroeg aan. Op tienjarige leeftijd wilde ik al naar de kinderdisco. Dan zeurde ik net zolang bij mijn moeder tot ze toegaf. Dan was ik verreweg de jongste in die disco, ook al moest ik de volgende dag voetballen bij Sparta. Ik wilde alles zien, alles meemaken.'

Cora: 'Toch hebben we veel fijne momenten gehad in die tijd. Thuis voelde ik verbondenheid en we gingen ook vaak op pad. Het was een soort herstelperiode voor ons allebei. Om onze relatie weer te verstevigen zijn we samen op vakantie naar Turkije geweest. Zeventien dagen lang hebben we daar volop genoten. En het aparte was dat Memphis de eerste week van die vakantie zijn voetbal niet heeft aangeraakt. Dat was nog nooit gebeurd. We speelden spelletjes, gingen snorkelen, hebben ontzettend veel gelachen en iedere avond vielen we in elkaars armen in slaap. Prachtige herinneringen.'

Op school wacht daarna een andere realiteit. Memphis: 'Mijn volgende school, Park & Dijk in Gouda, was gericht op speciaal onderwijs. Er zaten veel aparte gevallen daar. Dat was ik zelf natuurlijk óók. Sommige kinderen waren hyperactief, andere juist heel teruggetrokken, sommigen hadden een geestelijke beperking. Veel kinderen hadden problemen thuis. De leerkrachten waren beter getraind in het omgaan met kinderen met gedragsproblemen. Niet dat het met mij ineens goed ging. School was sowieso niks voor mij. Ik ben geen domme jongen, maar het boeide me gewoon totaal niet. Als ik na schooltijd thuis kwam, zat mijn hoofd vol met van alles en nog wat, behalve de gedachte aan huiswerk maken. Ik kon het niet opbrengen. Ik heb me nooit afgevraagd wat ik zou doen als ik geen profvoetballer zou worden. Ik had geen plan B, omdat ik er heilig van overtuigd was dat het me ging lukken. School was voor mij bijzaak. Een verplichting.

Mensen vonden mij waarschijnlijk arrogant overkomen, met mijn heilige ge-loof dat ik profvoetballer ging worden. Niemand kon mij echt peilen. Ik kleedde me ook anders dan de rest. Liep als eerste met een petje achterstevoren op mijn kop, droeg kleding en schoenen in opvallende kleuren. Met klasgenootjes die daar opmerkingen over maakten, had ik meteen ruzie. Zij gingen na school naar huis en kwamen in een situatie terecht zoals ik dat alleen kende van de tijd bij mijn grootouders. Rust en regelmaat. In mijn geval was mijn moeder vaak aan het werk. Als mijn halfbroer bij ons logeerde, ging ik met hem achter zijn laptop zitten. Rapmuziek luisteren, mooie meiden zoeken op PartyPeeps. Er ging een nieuwe wereld voor me open. Een wereld die voor mijn leeftijdgenootjes nog helemaal onbekend was.

Op die basisschool heb ik best een goede tijd gehad. Al was ik ook daar betrok-ken bij vechtpartijen. De aanleidingen verschilden. De ene keer nam ik het op voor een vriendje, de andere keer werd ik vanwege mijn huidskleur uitgeschol-den. Bij racistische opmerkingen gooide ik meteen de beuk erin. Dat kon ik niet tolereren. Ik was een baasje. En als baasje kom je andere baasjes tegen, en dan gaat het soms fout.

Mijn twaalfde verjaardag eindigde ook in een vechtpartij, al kon ik daar zelf weinig aan doen. Mijn moeder was niet thuis, ze was aan het werk, en met mijn vriendjes gingen we in de vooravond de straat op. Mijn halfbroer en een vriend van hem waren er ook bij. Buiten kwamen we in aanraking met een groepje skinheads dat slecht over mijn moeder sprak. Mijn broer en zijn vriend hebben die gasten toen keihard aangepakt. Daar vielen echt rake klappen. Daarna gingen we terug naar huis. Rond middernacht, mijn moeder was inmiddels terug van haar werk, stonden diezelfde gasten met versterking voor de deur. Bivakmutsen op, honkbalknuppels in de hand, gebroken bierflesjes, alles. Ik stond te trillen op mijn benen. Mijn moeder is voor de duvel niet bang en heeft de boel weten te sussen. Het zijn geen gebruikelijke taferelen op een twaalfde verjaardag, ik weet het. Maar dit is hoe het ging.'

Drie maanden later komt het leven van Memphis op zijn kop te staan. Hij verhuist van Sparta naar PSV en daarmee van Moordrecht naar een gastgezin in het Brabantse Geldrop. Zijn nieuwe school is De Burgh, een middelbare school waarop veel jeugdspelers van PSV zitten. Daar herhaalt de geschiedenis zich. 'Ook op De Burgh stond ik meteen op de eerste dag te knokken. Waarom weet ik niet meer, maar het was een grote gozer. Het was echt zo'n eerste schooldag, waarop nieuwe jongens een beetje lopen te loeren naar elkaar. Een sfeer waarbinnen het snel kan escaleren. En dat gebeurde dus. Het duurde lang man, voordat de agressie uit mijn systeem was verdwenen. Ik wil mijn problematische jeugd niet gebruiken als rechtvaardiging van mijn agressieve gedrag in de jaren erna. Maar die speelde een belangrijke rol, dat is duidelijk voor mij. Ik wilde nooit meer over me heen laten lopen, dat was volgens mij de essentie. Mijn vuisten zag ik als het enige middel om dat te voorkomen. Mijn hele jeugd liep ik opgefokt rond. Het klinkt misschien raar na al deze verhalen, maar ik houd helemaal niet van vechten. Voor mijn gevoel zocht ik het ook nooit op. Ik heb zelf toen ik klein was heel veel pijn gekend. Waarom zou ik anderen dan hetzelfde aandoen? Maar als ik oneerlijkheid bespeurde of het gevoel had dat ik mezelf moest verdedigen, dan sloeg ik erop los. Waarbij ik me te snel uit de tent liet lokken, daar moet ik eerlijk in zijn. Ik had het vaak op een andere manier kunnen oplossen. Dat weet ik nu, achteraf. Toen reageerde ik vooral impulsief, zonder na te denken. Met alle gevolgen van dien.

Op De Burgh ging ik om met Jantje, een jongen uit Geldrop die rookte. Ik was dertien jaar en begon ook te roken. Een paar weken maar hoor, ik wilde het uitproberen. Ik vond het hartstikke smerig. Het was gewoon stoer doen. En Gigi en een paar vrienden van hem rookten ook al. Toen heb ik bewust gekozen ermee te kappen. Als zij naar buiten gingen om te paffen, bleef ik binnen zitten. Ik wist hoe ongezond het is en wilde mijn eigen keuze hierin maken. Dat voelde goed. Een keer niet meelopen met de rest om stoer te doen, maar mijn eigen pad volgen.

Met Jantje heb ik een keer iets vreemds meegemaakt. We kregen ergens woorden over en hij werd bang voor me. Dat was nergens voor nodig, maar hij ging op de vlucht en ik ging er achteraan, op mijn skelter. Hij fietste zijn woonwijk in, op zoek naar hulp denk ik. Bij de skatebaan komt er opeens een oudere gozer op me afgerend, die schreeuwend een mes op mijn keel zet. Ik verstijfde. Het was alsof alles even stilstond. Ik kon alleen maar hopen dat het goed zou aflopen. Het gekke was dat ik er geen seconde van wakker heb gelegen. Ik heb het niet eens verteld toen ik weer thuiskwam bij mijn gastgezin. Dat zal te maken hebben met mijn eerdere jeugdjaren. Ik was gewend geraakt aan dreigende situaties.

Rond diezelfde periode begon ik alcohol te drinken. Niemand van mijn leeftijd deed dat. Er was een tienerdisco in Gouda waar je vanaf je twaalfde naar binnen mocht. Daar dronk ik mijn eerste alcoholische drankje. In het begin Safari, Pisang Ambon, dat soort troep, tot ik daar vreselijk van over mijn nek ging. Toen schakelde ik over op rum-cola. Dat waren avonden waarop ik bij mijn vader in Gouda bleef slapen. Hij gaf me nooit een tijd mee en was vaak weg. Door al die vrijheid en de oudere gasten met wie ik omging, kwam ik al vroeg in aanraking met al die verleidingen. Anders dan met die sigaretten vond ik alcohol wel lekker. De roes die het opleverde ook. Dan vergat ik even wat er allemaal door mijn hoofd spookte. Het gaf me een los en vrij gevoel.

Ook raakte ik al vroeg geïnteresseerd in meisjes. Ik was net veertien jaar toen ik werd ontmaagd. Door een meisje van zestien van school. Voor mij was het heel normaal daar op die jonge leeftijd al mee bezig te zijn, omdat ik met oudere gasten omging. Die liepen al met condooms op zak, ze hadden grote verhalen over meisjes en seks. Dan ga je daarin mee. Op school in Eindhoven merkte ik al snel dat meiden het interessant vonden als je bij een topclub voetbalde. Daarbij verzorgde ik mezelf goed, ik vond het toen al belangrijk dat ik er goed uitzag. Aan de ouders in mijn gastgezin vroeg ik of het was toegestaan af en toe iemand uit te nodigen bij hen thuis. Dat mocht. Nou, dat hebben ze geweten. Er zijn heel wat meisjes bij me over de vloer geweest daar.

Op school voerde ik weinig uit. Van huiswerk kwam niks terecht. Ik kwam doodmoe thuis elke dag. Ik trainde één en soms twee keer per dag, tussendoor zat ik op school. Als ik dan thuis kwam, was de pijp leeg. Wilde ik alleen nog maar muziek luisteren op MSN, die website was cool in die tijd. Ik had bewondering voor de jongens die het trainen bij PSV op een goede manier konden combineren met school en huiswerk. Mij lukte dat niet.

In de tweede klas werd ik een keer uit de klas gestuurd, tijdens Nederlandse les. Terwijl ik wegliep, stootte ik tegen de lerares aan. Zij maakte ervan dat ik haar een duw had gegeven. Dat werd een heel ding. Ik werd overgeplaatst naar een speciaal klasje, voor jongeren met probleemgedrag. Uiteindelijk werd ik ook van De Burgh weggestuurd. Een maand voor de zomervakantie was dat. De vader van mijn gastgezin wilde niet dat ik maandenlang uit mijn neus ging eten, dus hij zette me aan het werk in zijn eigen bedrijf, een vloerenspecialist.

Ik werd op een klus in Maastricht gezet, op een school in aanbouw. Om zes uur 's ochtends stapte ik in het werkbusje en gingen we op pad. Niet te doen man. De broer van mijn gastvader ging ook mee, die zat de hele tijd zware shag te roken in dat busje. Mijn taak was het slepen en snijden van rollen zeil. Later mocht ik ook helpen leggen: zwaar werk. In de avond kwam ik helemaal kapot thuis in Eindhoven, mijn bedrijfspolootje zwaar stinkend naar shag en zweet. Dat werk was het tegenovergestelde van wat ik ambieerde. Die periode versterkte mijn gevoel dat ik absoluut moest slagen als profvoetballer.

Na de zomervakantie ging ik naar mijn laatste school, het Kempenhorst College, een vmbo in Oirschot. En je raadt het al: ook daar was ik betrokken bij vechtpartijen. Er liep een Turkse jongen rond die zich de baas van de school waande. Ik liet dat volledig langs me heen gaan, wat hem volgens mij ergerde. Hij begon me uit te dagen en te bedreigen op Hyves. Toen ik hem daarna tegenkwam op het schoolplein heb ik hem aangepakt. Het was een klein ventje en ik tilde hem bij zijn kraag omhoog, schreeuwend dat hij moest oprotten. Een tijdje later kwam ik hem opnieuw tegen, in de bus. Hij was met zijn beste vriend, een grote gozer. Ze zaten me onafgebroken aan te staren. In die tijd begon mijn agressie af te nemen. De hogere elftallen van psv lagen steeds meer in het verschiet voor mij en ik wilde mezelf niet in de problemen brengen. Ik wilde op school mijn tijd uitzingen en verder alles inzetten op het voetbal, zo zat het in mijn hoofd.

Ik probeerde mezelf rustig te houden in die bus. Terwijl die gasten maar naar me bleven staren. Opeens knakte er iets. Ik begon naar ze te schreeuwen, riep dat ze me met rust moesten laten. Bij de eerstvolgende bushalte zijn we uitgestapt. Ik kreeg een waas voor mijn ogen en heb die jongen schreeuwend over straat gesleurd. Die grote gozer stond erbij en keek ernaar. Kennelijk spatte de woede van me af en leek het hem beter zich er niet mee te bemoeien. Na die uitbarsting heb ik nooit meer last gehad van dat ventje.

Op de Kempenhorst moest ik een studierichting kiezen. De bouw trok me totaal niet, dus ik kwam uit bij verzorgende vakken. Kwam ik met alleen maar meisjes in de klas. Ik leerde koken en zelfs hoe je mensen moet wassen of hun nagels moet lakken. Ik vond het allemaal best. Ik zag het meer als een soort bezigheidstherapie. Met mijn hoofd zat ik bij het voetbal. Op een gegeven moment werd ik in een apart klasje geplaatst, met zes andere probleemgevallen, zodat we meer aandacht en toezicht zouden hebben. Ook dat stimuleerde me niet. Later hoorde ik dat de schooldirecteur diep in zijn hart ook wel in de gaten had dat ik op school weinig zou bereiken. Dat ik wilde voetballen en verder niks.

Terugkijkend was ik natuurlijk een moeilijke jongen voor mijn leerkrachten. Ik had een grote bek, was licht ontvlambaar, zat vaak te klooien in de les. Ik stond geen moment stil bij mijn eigen gedrag. Ik deed het gewoon en merkte wel wat de gevolgen zouden zijn. Het zal deels te maken hebben gehad met mijn vroege jaren. Die hebben me lange tijd gevoelloos gemaakt. Ik wist niet meer wat liefde en veiligheid betekenden. Dat maakte me egoïstisch. De pijn en de woede van anderen deden me niks. Ik wilde overleven en profvoetballer worden, de rest boeide me niet. Het enige waarmee ze me konden raken, was het dreigen met straf die met PSV te maken had. Dat ik een tijdje niet zou mogen trainen. Dat was mijn zwakke plek.

De voortdurende misverstanden en conflicten kwamen natuurlijk ook voort uit mijn zwijgzaamheid. Ik wilde begrepen worden, maar gaf niets van mezelf prijs. Leerkrachten konden uiteraard niet ruiken wat er met mij aan de hand was. En ze moesten hun aandacht verdelen over een hele klas vol kinderen. Dan kun je niet verwachten dat ze extra tijd gaan vrijmaken voor mij; terwijl ik ze toch niks ging vertellen. Het gekke is dat ik in mijn hele schooltijd maar één keer ben blijven zitten. Dat was het jaar dat ik in dat vreselijke huis woonde. Op de een of andere manier wist ik op de juiste momenten toch enige inspanning te leveren. Net genoeg voor een voldoende.'

Terwijl Memphis nog geen zestien jaar is, en dus nog steeds leerplichtig, komt zijn schooltijd tot een einde. Er worden gesprekken opgestart met een leerplicht-ambtenaar van de gemeente Gouda, waarin wordt bekeken of en hoe de juiste schoolsituatie voor Memphis gerealiseerd kan worden. Het initiatief wordt genomen door Joost Leenders, een mental coach die via PSV eerder al in zijn leven is gekomen. Na diverse gesprekken wordt in overleg met PSV, Cora, Joost en het gemeentelijk bureau Leerlingzaken de knoop doorgehakt. Bij hoge uitzondering mag Memphis op vijftienjarige leeftijd worden uitgeschreven uit het schoolsysteem, mits hij tot zijn zestiende schoolwerk verricht bij PSV-studiebegeleider Leon Smeets. Volgens de officiële verklaring moet hij zich richten op de opleiding die hem de meeste kans van slagen zal geven in de maatschappij. Vanwege de geringe kans daarop in het reguliere onderwijs, wordt bepaald dat Memphis zich beter kan richten op zijn opleiding bij PSV. Zodoende hopen alle betrokkenen dat de moeizame schoolgang zijn sportieve carrière en daarmee zijn persoonlijke leven niet langer in de weg zal zitten.

Memphis: 'Dat ik kon stoppen met school was een enorme bevrijding. Niet alleen voor mij trouwens. Ik was van het schoolsysteem verlost en het schoolsysteem was van mij verlost. Voor alle partijen was het de ideale oplossing. Eindelijk kon ik me volledig richten op mijn voetbalcarrière.'

Zijn opa maakt dat moment niet meer mee. Hij zal zijn kleinzoon nooit zien voetballen op televisie, zoals ze dat die avond op de bank in Moordrecht hadden besproken, zeven jaar eerder. Kees Schensema overlijdt op 14 februari 2009 op 74-jarige leeftijd, een dag na de vijftiende verjaardag van Memphis. 'Het overlijden van opa heeft een grote impact op me gehad,' zegt hij. 'Veel meer dan het vertrek van mijn vader. Opa heeft me veiligheid en liefde gegeven toen ik dat het meest nodig had. Het ging al een tijdje slecht met zijn gezondheid. Op het laatst, toen hij in het ziekenhuis was opgenomen, kon hij niet eens meer praten. Toen mijn moeder vertelde dat opa was overleden, raakte ik verdoofd. Ik kon simpelweg niet geloven dat ik hem nooit meer zou zien. Mijn grote, lieve, wijze vriend. Ik ontkende voor mezelf dat hij er niet meer was. Daardoor huilde ik ook niet. Tot het moment waarop we afscheid van hem gingen nemen, vlak voor de uitvaart. Ik kwam die ruimte binnen en zag hem opgebaard liggen. Ik kon alleen maar staren. Toen zei mijn moeder dat ik best mocht huilen. Ik was in de war. Bijna iedereen huilde, maar ik niet. Terwijl ik zielsveel van mijn opa hield. Dat gaf me een nóg slechter gevoel. Het leek alsof ik mezelf forceerde om tóch te gaan huilen, zodat iedereen kon zien dat ik wel degelijk diepbedroefd was. Toen kwamen eindelijk de tranen.'

Cora: 'Memphis zat voorover gebogen en na een tijdje vormden zijn tranen een plasje. Alsof iemand een gieter met water had leeggegooid op de grond. Zoiets had ik nog nooit gezien. De sluizen gingen open. Dat vergeet ik nooit meer. Daarna liep Memphis naar buiten en sloeg zijn hand kapot tegen een hek. Heftige emoties kwamen los.'

Memphis: 'Later troostte ik mezelf met de gedachte dat opa nu op een betere plek was dan op aarde. Dat hij rust heeft. In de armen van God. Als eerbetoon aan opa heb ik zijn sterfdatum op mijn armen laten tatoeëren. Met een tekst: *Though you are far away. You live on in our hearts. I love you.* Weet je nog dat ik na mijn eerste WK-goal voor Oranje, in Brazilië tegen Australië, naar de hemel wees? Ik wees naar mijn opa.'

Interlude

'Verderop in dit boek ga ik dieper in op hoe mijn christelijke geloof een nieuwe fase is ingegaan. Dat was een periode waarin mijn leven ingrijpend veranderde. Binnenkort wil ik daarin een volgende stap maken. Door me te laten dopen in Jeruzalem. Ik ben als baby gedoopt in Nederland, maar dan heb je nog geen eigen wil. Daarom wil ik het nu ook bewust en op eigen initiatief laten doen. Dan is het voor mij écht een wedergeboorte, een nieuw begin.

Het liefst word ik gedoopt door dominee T.D. Jakes, een van mijn favoriete predikanten, uit Amerika. De plek heb ik al uitgekozen: de Jordaan, de rivier waar Jezus Christus is gedoopt. Daarna gaan we mijn nieuwe begin vieren, een paar dagen, met mijn beide ouders en vrienden. Ja, ook mijn vader heb ik gevraagd mee te gaan naar Israël. Misschien dat het ook voor onze verstandhouding een nieuwe fase gaat inluiden. We zullen het zien. Na ons verblijf in Jeruzalem wil ik naar Dallas, om een dienst van T.D. Jakes in The Potters House bij te wonen. Die trip wordt *lit*. Dat vind ik belangrijk om te benadrukken, dat je dankzij het geloof ook plezier kunt hebben. Het beeld dat veel mensen van religie hebben, is dat ze altijd serieus en ernstig is. Dat hoeft niet zo te zijn. God wil ook dat je plezier hebt dankzij jouw band met Hem.

Ik ga niet beweren dat ik na mijn doop in Israël een perfect mens zonder zonden zal zijn. Volgens mij is niemand zonder zonden. En toch houdt God van iedereen. Die druk van het perfecte leven na mijn doop wil ik mezelf niet opleggen. Ik zal fouten blijven maken. Maar ik probeer steeds beter en bewuster om te gaan met de keuzes die ik maak in het leven. Dat proces is al een tijdje aan de gang. Mijn tweede doop is daarin een volgende stap. Naar een leven waarin het spirituele steeds belangrijker wordt en de wereldse verwachtingen steeds minder belangrijk worden.

Ik hoop een voorbeeld te zijn voor jongeren die worstelen met het leven en met hun identiteit. Tegen hen zou ik willen zeggen: probeer je los te koppelen van wat de wereld graag van jou wil zien. Het is belangrijker te ontdekken waar je zélf blij van wordt en wat je unieke talenten zijn. Daarmee kun je naar God gaan. Hij kan je helpen de weg te vinden naar ontplooiing op jouw interessegebieden. Omdat Hij het beste met je voorheeft. Het is niet zo dat God alles voor je regelt zodra je een relatie met Hem hebt. Hij stuurt je en inspireert je. Hoe je daarna je talenten gaat aanwenden, dat zul je zelf moeten invullen. Neem bijvoorbeeld de muziek die ik maak. Dat talent heb ik, maar ik heb er te lang te weinig mee gedaan. Omdat de buitenwereld er kritiek op had. God heeft mij gestimuleerd die kritiek naast me neer te leggen en die talenten te gebruiken. Ook de inspiratie voor dit boek is op die manier ontstaan. Opeens, midden in de nacht, voelde ik me gestimuleerd om dingen over mijn leven op te schrijven. Over mijn jeugd vooral. Dat was het beginpunt van wat nu dit boek is geworden. God kan geen muziek of lyrics of boeken voor je schrijven. Maar Hij kan je wél het gevoel geven dat het goed is daarmee aan de slag te gaan. Onafhankelijk van wat andere mensen daarvan vinden.'

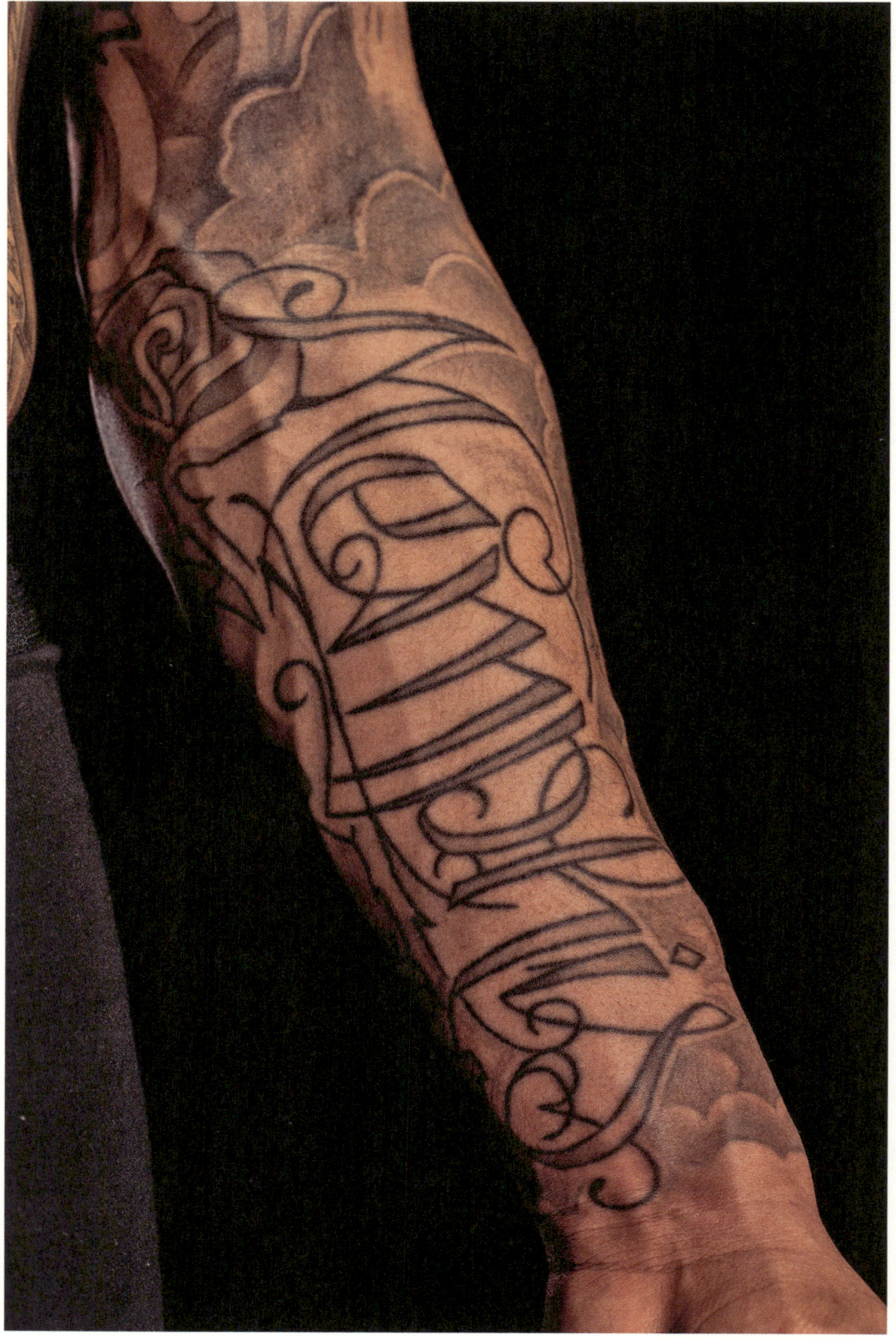

4. Het rauwe straatleven

Al in zijn peutertijd is het een dagelijks terugkerende vraag van Memphis aan zijn moeder: wanneer hij lid mag worden van een voetbalclub. Wedstrijden wil hij spelen, in een echt voetbalshirt, op een grasveld met doelen. Tevergeefs probeert Cora hem vervroegd lid te maken van de lokale club, vv Moordrecht. Ook Memphis zal tot zijn vijfde verjaardag moeten wachten. 'Meteen daarna heb ik hem aangemeld bij het jeugdbestuur,' zegt Cora. 'Dat zal ik nooit vergeten. We kwamen bij de club en daar zaten wat oudere mannen achter een tafel. Ze vroegen hem bij welke profclub hij later hoopte te gaan spelen: bij Ajax, bij Feyenoord of bij psv. Maar Memphis koos helemaal geen club. "Bij het Nederlands elftal," antwoordde hij. Die mannen vonden dat prachtig. "Dat zullen we nog weleens zien," zei een van hen lachend. Nou, we hebben het inderdaad gezien. Toen droomde hij al groot.'

In de F-junioren van vv Moordrecht raakt Memphis bevriend met zijn teamgenootje Gigi Vitale, wiens vader Mario trainer is van de jongste jeugdploeg. Na zijn eerste wedstrijden is iedereen bij de club het erover eens dat Memphis niet lang voor de dorpsclub behouden zal blijven. Hij is handiger aan de bal dan zijn leeftijdgenoten, sterker en sneller ook. Hij soleert en scoort als een dolle. Het wachten is op de eerste jeugdscout die toehapt.

Dat gebeurt in zijn derde seizoen. Memphis: 'Met vv Moordrecht deden we mee aan een talentendag bij Sparta. Daar ben ik gaan doen wat ik altijd deed zodra er een bal in de buurt was: lekker voetballen, acties maken, alles uit de kast trekken. Kort daarop kreeg ik een brief thuis met een uitnodiging voor een stageperiode bij Sparta. Dat was een formaliteit, ze wilden me meteen in hun jeugdopleiding opnemen. Zo is het allemaal begonnen.'

Op negenjarige leeftijd komt Memphis bij zijn eerste profclub terecht. Met het straffe ritme dat daarbij komt kijken. De eerste maanden wordt hij door zijn moeder naar de trainingen en wedstrijden bij de Rotterdamse club gebracht, vanuit het huis waar ze het liefst permanent zouden vertrekken. Tijdens het verblijf van Cora in het Twentse herstellingsoord nemen haar ouders de honneurs waar. Daarna neemt ze zelf het stokje weer over. Voor Memphis zijn het spannende, maar ook verwarrende tijden. In de moeilijkste periode van zijn jonge leven zet hij zijn eerste stappen op de weg die hem naar de voetbaltop moet leiden.

Bij zijn eerste jeugdtrainers bij Sparta, Romeo Wouden en Cock van Dijk, valt het meteen op hoezeer Memphis in zichzelf is gekeerd. Hij volgt zijn eigen pad, in het veld en daarbuiten. Wat hij in het gezin van zijn stiefvader allemaal meemaakt, kropt hij op. Als zijn trainers het zwijgzame en eigenwijze jongetje vragen wat er toch met hem aan de hand is, krijgen ze vaak hetzelfde antwoord: 'Ik ben boos.' En daar laat hij het dan bij. Zijn spel lijkt er niet onder te lijden. Memphis laat zijn voeten het woord doen en scoort ook bij Sparta aan de lopende band. Maar zijn onpeilbare houding blijft een punt van zorg bij zijn trainers.

'Bij Sparta en ook later bij psv heb ik vaak begrip voor Memphis proberen te kweken,' zegt Cora. 'Trainers vroegen we weleens hoe ze nou het beste met hem om konden gaan. Want zelf liet hij niet veel los, zeker in zijn jonge jaren niet. De tip die ik het vaakst heb gegeven, was: praat met Memphis. Als je alleen maar van een afstand opdrachten naar hem schreeuwt op het trainingsveld, gaat het niet werken. Leg dingen uit aan hem, wees eerlijk en direct in je communicatie. Dan stelt hij zich open. Hij is heel leergierig. De manier waarop je hem behandelt en aanspreekt, bepaalt in hoeverre je tot hem doordringt.

Ontelbaar veel mensen hebben Memphis afgeschreven in zijn jeugd. Je zult mij niet horen zeggen dat hij een makkelijke jongen is. Maar er zijn oorzaken voor zijn gedrag. Hij heeft een goed hart. Zijn vertrouwen in mensen is in zijn jonge jaren ernstig geschaad en met die emoties wist hij zich vaak geen raad. Je moet Memphis recht in de ogen kijken en zonder vooroordelen benaderen. Zodra hij het gevoel heeft dat je hem ziet als die moeilijke jongen, klapt hij dicht. En als hij denkt dat je niet eerlijk tegen hem bent, dan houdt het al helemáál op.

Memphis heeft verschillende kanten. Hij is een stoere kerel die niet met zich laat sollen. Zo is het altijd geweest. Daardoor is zijn gevoelige kant weinig zichtbaar. Dat ben ik overal blijven benadrukken als ik voor de zoveelste keer op gesprek ging over zijn gedrag. Ik zei het tegen zijn leerkrachten, bij zijn voetbalclubs: laat je niet alleen leiden door zijn stoere uiterlijk en zijn stevige karakter. Daaronder zit een kwetsbare jongen.

Bij Sparta liepen een paar mensen rond in de jeugdopleiding die echt hun best deden te begrijpen wat er met Memphis aan de hand was, door ook met mij in gesprek te gaan. Vooral het hoofd jeugdopleiding, Rob Kiebert, was oprecht geïnteresseerd. Rob begreep nooit dat hij zoveel negatieve verhalen over Memphis hoorde binnen de club. Hij zei tegen me: 'Als ik Memphis diep in zijn ogen kijk, zie ik een heel lieve jongen. Maar ik zie óók een jongen met veel verdriet.' Kiebert had niet meteen zijn oordeel klaar en was bereid onder de oppervlakte te kijken. Dat waardeerde ik enorm. Helaas is hij in 2005 veel te vroeg overleden. Op 47-jarige leeftijd kwam Rob om het leven bij een auto-ongeluk. Vreselijk. Memphis was helemaal van de kaart toen hij het hoorde. Hij was dol op Rob, voelde zich veilig en begrepen bij hem.'

De ondoorgrondelijkheid van Memphis is op zaterdagen geen item. Dan speelt hij zijn wedstrijden en leeft hij zich uit. Dan is hij in zijn element. Het zijn de momenten waarop het bij Sparta even niet gaat over zijn wispelturige gedrag, maar over zijn onmiskenbare voetbaltalent. Hij is de blikvanger van zijn jeugdploegen, de zelfbewuste topscorer. Memphis: 'Het niveau van de opleiding bij Sparta was prima. Ook al had ik regelmatig aanvaringen met trainers, het was mijn eerste ervaring met discipline en ritme. En er liep echt veel talent rond. We wonnen vaak van de topclubs. We hebben twee keer het jeugdtoernooi van Ajax gewonnen, op De Toekomst. Dat waren ze niet gewend hoor, daar in Amsterdam, dat Sparta even een beker kwam ophalen. Ik speelde onder andere met Jetro Willems samen. En met Jurgen Mattheij, die ging later naar Excelsior. Op voetbalgebied heb ik er leuke herinneringen aan.'

Toch blijft het spanningsveld tussen zijn prestaties en zijn gedrag de gemoederen bij Sparta bezighouden. Memphis wil beoordeeld worden op zijn spel; sommige trainers leggen de nadruk op zijn eigenzinnige karakter. 'In mijn laatste jaar bij Sparta had ik flinke problemen met Gerard Rutjes. Hij stuurde me vaak weg van trainingen en zette me regelmatig op de reservebank. Ik luisterde nooit naar hem, had een grote bek, dat klikte voor geen meter. Het vreemde was dat ik vaak naar hogere teams werd overgezet, waar ik dan op de reservebank zat. Wat is daar het nut van? Dan kun je een talentje beter in zijn eigen team speeltijd geven. Steeds vaker vroeg ik mezelf af of ik bij Sparta wel op de juiste plek was.'

Tijdens zijn derde seizoen op Spangen wordt het breekpunt bereikt. Na een ruzie met jeugdcoördinator Kevin Valkenburg komt Memphis volledig overstuur thuis. 'Hij huilde en schreeuwde dat hij nooit meer terug wilde naar Sparta,' vertelt Cora. 'Nou, dan heb je hem diep gekwetst. Ik ben verhaal gaan halen bij Sparta en dat gesprek liep op niks uit. Het lag allemaal aan Memphis, daar kwam het op neer. Hij was uitgescholden en beledigd, ploeggenootjes van hem bevestigden dat. Toen was ik er klaar mee. Het was inmiddels duidelijk dat Memphis bij PSV kon gaan voetballen. De keuze werd ons makkelijk gemaakt.'

Memphis: 'Bij een wedstrijd met Sparta werd mijn moeder benaderd door mensen van PSV. Of ik een proefwedstrijd in Eindhoven wilde komen spelen. Dat moest allemaal in het geheim. Ik ben naar De Herdgang gegaan, daar speelde ik met de D-junioren in een oefenpotje tegen een amateurclub. Dat ging hartstikke goed. Niemand bij Sparta wist ervan. Toen ik daar terugkwam, vertelde ik mijn ploeggenoten dat ik naar PSV ging. Ze lachten me uit, noemden me nep, zeiden dat ik moest oprotten, want bij Sparta zat ik in die tijd op de bank. In mezelf lachte ik nog veel harder. Later hoorde ik dat ook Feyenoord en Ajax me wilden hebben. Die hadden zich bij Sparta gemeld, maar dat is mij nooit verteld. Ze hebben die informatie gewoon voor me achtergehouden. In de hoop dat ik bij Sparta zou blijven, denk ik. Dat is niet netjes natuurlijk. Maar goed, zo is het gelopen. PSV was de enige topclub die zich rechtstreeks tot mijn moeder wendde.

Als ik van alle interesse op de hoogte was geweest, was het waarschijnlijk een ander verhaal geworden. Dan was ik naar Feyenoord gegaan. Als klein jochie ging ik af en toe naar De Kuip. Ik ben ook weleens met mijn moeder op de open dag van Feyenoord geweest. Kijken naar de nieuwe spelers die uit de helikopter stapten. Op de foto met Pierre van Hooijdonk. Die foto heb ik altijd bewaard.

Mijn opa had me graag naar Ajax zien gaan. Hij was een echte Amsterdammer en een echte Ajacied. Maar zelf had ik gevoelsmatig wel wat met Feyenoord. Toen ik klein was hadden die echt een goede ploeg, die ook succesvol in Europa was. Paul Bosvelt op het middenveld, de vrije trappen van Van Hooijdonk, noem maar op. Die mannen wonnen de UEFA-cup. Dat sprak tot de verbeelding. In Moordrecht was vrijwel iedereen voor Feyenoord, dus dat was een logischere keuze geweest. Maar ik wist dus niet dat ook zij me wilden hebben.

Aan het eind van mijn laatste seizoen bij Sparta speelden we op een toernooi twee keer tegen PSV. Toen was inmiddels bekend dat ik naar Eindhoven zou gaan. De eerste onderlinge wedstrijd verloren we. Ik weet nog dat mensen van Sparta tegen me zeiden dat ik bewust mijn best niet deed, omdat ik niet wilde scoren tegen mijn nieuwe club. Onzin natuurlijk. Die opmerking prikkelde me. De tweede wedstrijd tegen PSV wonnen we met 7-2. Ik scoorde vijf goals. Dat was mijn laatste wedstrijd bij Sparta.

Het contrast tussen Rotterdam en Eindhoven was groot. Bij Sparta ging ik om met jongens van de straat. Mannetjes met praatjes, net als ikzelf. Omdat ik vaak in hogere teams speelde, waren die gasten ouder dan ik. Onder de douche hadden we het over chicks. Bij PSV belandde ik in een ploeg met jongens van mijn eigen leeftijd. Dat waren echt nog kindjes. Maar goed, wat overheerste was de trots. De eerste keer dat ik dat rood-witte shirt aantrok met het clublogo erop, dat merktekentje van Nike; vanbinnen werd ik helemaal gek van trots. Alles bij PSV was mooier en groter dan ik bij Sparta gewend was.'

In eerste instantie reist Memphis op en neer. Om zes uur 's ochtends pakt hij in Moordrecht de bus naar Gouda. Daar stapt hij op de trein naar Eindhoven, via Utrecht. Elke dag kijkt hij uit naar die tussenstop. Want in Utrecht stappen nieuwe vriendjes van hem in, andere jongens uit de jeugdopleiding van PSV, onder wie Zakaria Labyad, de huidige aanvaller van Ajax. En Tufan Özbozkurt, tot op de dag van vandaag een van zijn beste vrienden. Ze zitten ook op zijn nieuwe school in Geldrop, De Burgh. Na een lange dag bij PSV en op school is Memphis via de omgekeerde route rond halfnegen 's avonds weer thuis in Moordrecht.

Memphis: 'Na een tijdje brak het ritme van reizen, trainen en school me op. Steeds meer voelde ik de kracht uit mijn lichaam vloeien, terwijl ik al mijn energie wilde aanwenden om te slagen als voetballer. Ik had ook vaak honger in die tijd, door de intensieve trainingen en de ontwikkeling van mijn lichaam. Geld had ik bijna nooit. Als ik toevallig een euro in mijn zak had, kocht ik daar een pak vruchtensap van. Samen met Tufan dronk ik dat op in de trein. Broodjes konden we niet betalen, dus die pikten we vaak in de supermarkt. Niet dat ik daar trots op ben. Maar ja, je moet toch eten. Al snel was duidelijk dat er iets moest veranderen. psv stelde voor dat ik met mijn moeder in Eindhoven zou komen wonen, maar dat wilde ik niet. Ik wilde een plek in Moordrecht houden. Zodat ik af en toe terug zou kunnen naar mijn vrienden daar. Mijn moeder begreep dat. Ook in deze keuze liet ze me vrij. De beste optie was een gastgezin.'

En zo laat Memphis Moordrecht achter zich en trekt hij in Geldrop in bij Olaf en Maureen Heijblom en hun twee zoons, Rick en Jim. Nooit eerder had psv een jeugdspeler al op twaalfjarige leeftijd in een gastgezin geplaatst. 'Voor Memphis is het goed geweest dat hij is vertrokken uit de omgeving waar zoveel nare herinneringen lagen,' zegt Cora. 'Maar als moeder had ik het er moeilijk mee dat hij naar Eindhoven vertrok. Je draagt je kind over aan een gastgezin, in de hoop dat alles goed zal gaan. Ik stelde als voorwaarde dat ik wekelijks langs kon komen. Elke woensdag logeerde ik bij Olaf en Maureen om bij Memphis te kunnen zijn. Anders had ik het niet volgehouden. Voor Memphis was het een fijne plek bij lieve mensen. Ik ben nog steeds met ze bevriend.'

Ondanks zijn nieuwe veilige thuishaven, is het bij psv niet lang wachten voordat de eerste problemen zich aandienen. Memphis: 'Het was een vreemd contrast. Aan de ene kant voelde de cultuurclash tussen de Randstad en Brabant prettig. Opeens was alles rustiger. Zachter. Als een warme deken. Dat voelde goed. Maar al snel werd ik ook bij psv onrustig. Vanwege het oude gevoel: niemand begrijpt me. Ook in Brabant vroegen mensen zich algauw af wat mij in hemelsnaam bezielde. Bij elke verkeerde opmerking die ik hoorde, was ik in staat diegene aan te vliegen. En soms gebeurde dat dan ook. Ik was nog steeds brutaal en makkelijk uit de tent te lokken. Ik kreeg regelmatig waarschuwingen bij psv. Gele kaarten noemden ze dat. Ze bedachten de gekste straffen. Soms moest ik apart van de groep trainen, in een klein vierkantje. Dan zetten ze vier pionnetjes neer en daar moest ik binnenblijven. Een soort cel zonder muren en tralies. Stond ik daar in mijn eentje trucjes te doen, terwijl de rest echt aan het trainen was.'

Met zijn eerste jeugdtrainer bij psv, Pepijn Lijnders, de latere assistent-coach van Liverpool, botst Memphis voortdurend. Na nog geen drie maanden besluit de clubleiding dat er hulp van buitenaf nodig is. Hoofd jeugdscouting Rini de Groot besluit Joost Leenders te bellen, een prestatiecoach uit Vught. Het is een telefoontje dat het leven van zowel Joost als Memphis blijvend zal veranderen. 'Rini zei dat hij met me wilde praten over het grootste talent dat psv ooit heeft gehad,' blikt Joost terug. 'Uitzonderlijk talentvol én uitzonderlijk lastig. Memphis ging volledig zijn eigen gang, luisterde naar geen enkele trainer en vertoonde dominant gedrag richting zijn medespelers. Dat was het verhaal. Dan kun je een jongen straffen, maar Rini was van mening dat hulp meer effect zou hebben dan straf. Hij geloofde in Memphis en wilde per se dat hij zou slagen bij psv.'

De eerste ontmoeting vindt plaats op 18 oktober 2006, in het kantoor van de Talentenacademie in Den Bosch. Twee jaar eerder was Leenders aan de slag gegaan bij het bureau dat topsporters en artiesten begeleidt, met name op mentaal gebied. Inmiddels is hij mede-eigenaar.

Namens psv zijn Rini de Groot en Pepijn Lijnders aanwezig, gastouders Olaf en Maureen zijn erbij, plus Joost, Memphis en zijn moeder. Beduusd neemt Memphis het gezelschap in zich op en gaat zitten. Hij kijkt naar de grond en wacht af wat er komen gaat. Joost: 'Vrijwel meteen gingen ze los op Memphis. Over hoe opstandig hij was op trainingen, onhoudbaar op school en dominant tegenover ploeggenoten. Een niet te sturen jongen.'

Memphis: 'Ik sloeg dicht. Voelde me voor schut gezet.'

Joost: 'De setting klopte ook niet. Een jochie van twaalf, omringd door een hele delegatie volwassen. Het was eenrichtingsverkeer. Een spervuur aan verwijten aan de ene kant en aan de andere kant een ventje dat het gedwee zat aan te horen. Ook Cora was beduusd, zij nam het op voor Memphis. Maar ik zag hem steeds verder wegzakken.'

Om de impasse in het gesprek te doorbreken, pakt Joost een bal die hij altijd in zijn kantoor heeft liggen. Hij neemt Memphis mee naar een grote, leegstaande kantoorruimte verderop in het pand. Terwijl ze over de gang lopen, zegt Joost tegen Memphis: 'Wat een kutgesprek.' Voor het eerst die middag lichten de ogen van Memphis op, waarna hij eindelijk zijn mond opendoet: 'Ja, dat vind ik ook.'

Aangekomen in de lege kantoorruimte, zegt Joost: 'Nou, laat maar eens zien of je écht zo goed kunt voetballen.' De bal breekt het ijs. Na een kwartiertje voetballen stelt Joost voor dat ze binnenkort nog een keer afspreken. Alleen zij tweeën, bij psv op het voetbalveld, waar hij zich thuis voelt. Memphis knikt. Dat lijkt hem beter.

De Talentenacademie wordt in die periode vaker ingehuurd door psv, voor mental coaching van individuele spelers in de opleiding. Leenders en zijn collega-coaches zijn bekend met voorkomende problemen binnen de jeugdopleiding op het gebied van faalangst, heimwee en omgaan met prestatiedruk. Maar voor een talentje zo jong als Memphis zijn ze nog niet eerder ingeschakeld. 'Na de eerste ontmoeting wist ik dat Memphis niet zomaar een jongen was,' vertelt Joost. 'Ik nam de tijd om trainingen en wedstrijden te bekijken en om af en toe een los praatje te maken in de kantine zodat we een vertrouwensband konden opbouwen. Daarnaast hadden we regelmatig officiële afspraken, ingepland door psv. Op een gegeven moment wist iedereen voor wie ik zo vaak op het jeugdcomplex was. In die tijd zagen mensen bij psv me als "Joost van Memphis". Dan kwam ik bij de club en schoten allerlei mensen me aan met verhalen over wat hij nou weer had uitgevreten. Meestal bevatten die verhalen dezelfde twee aspecten: hij was opstandig en hij werd niet begrepen. Dat gold voor zijn situatie bij psv én op school.

Normaal gesproken worden alleen de ouders of de gastouders aangesproken in dit soort situaties. Maar Memphis was een uitzonderlijk geval. Zeker in het begin woog ik zorgvuldig af wat ik met alle informatie deed. Als ik Cora alles had verteld wat Memphis uitspookte, had ze waarschijnlijk geen oog meer dichtgedaan 's nachts. Als ik bij PSV alles had verteld over zijn problemen op school, had dat zijn kansen in de jeugdopleiding negatief beïnvloed. En regelmatig zei Memphis dat hetgeen hij me zelf vertelde in vertrouwen was. Enerzijds wilde iedereen invloed op hem uitoefenen. Zeker in het geval van zijn moeder was dat logisch. Gastgezin en PSV: ook logisch. Anderzijds moest Memphis mij in vertrouwen kunnen nemen. Soms was dat als lopen op een slap koord.

De meeste problemen deden zich voor op school. Spijbelen, vechtpartijen, onaangepast gedrag richting leerkrachten. Hij keek zijn leraren nooit aan, zette meteen zijn hakken in het zand als hij werd aangesproken, was vaak narrig en onpeilbaar. En hij was te overtuigd van zichzelf. Een houding waarmee hij zei: ik heb jullie niet nodig, ik kom er toch wel, via het voetbal. In die periode ontstonden er bij PSV soortgelijke problemen. Het beïnvloedde elkaar op een negatieve manier. Waardoor dus ook het belangrijkste in zijn leven, het voetbal, op de waagschaal werd gezet.'

Ook Cora probeert in die periode de vinger aan de pols te houden bij PSV. 'Als ik op het jeugdcomplex was, ging ik altijd even met de trainer van Memphis praten,' vertelt ze. 'Ik wilde weten hoe het ging, of er dingen waren die ik moest weten. Pepijn Lijnders wilde daar niks van weten, een aparte man vond ik dat. Je ziet vaak in de voetballerij dat ouders in de opleiding op afstand worden gehouden. Als je je kind komt binnenbrengen, slaat iedereen je op de schouders, zo blij als ze zijn dat ze een nieuw talent aan boord hebben. Daarna trekken ze het hek dicht. Dan ben je als ouder een stoorzender, die zich niet met de opleiding moet bemoeien. Onbegrijpelijk. En hard. Niemand kent een kind beter dan de ouders. Ik zou die er juist nauw bij betrekken, zodat je gezamenlijk tot de beste aanpak komt. Maar ze weten het allemaal zelf zo goed. Ik heb me daar nooit iets van aangetrokken. Stapte gewoon op trainers of het hoofd opleiding af. Kom op zeg, het gaat over mijn kind.

Mijn vader heb ik ook weleens meegenomen op gesprek bij PSV. Hij had veel mensenkennis, een nuchtere kijk op het leven en hij kende Memphis door en door. En mijn vader remde mij soms af. Ik ben een emotioneel mens en kon me laten meeslepen in die gesprekken. Meerdere keren per jaar riepen trainers bij PSV over Memphis dat de maat vol was. Ik ben het altijd voor hem blijven opnemen. Allereerst natuurlijk uit moederliefde. Maar ook omdat ik oprecht geloofde in het talent en het karakter van Memphis. Ik heb door de jaren heen ontelbaar veel trainingen en wedstrijden van hem gezien. Dat was puur genieten voor mij. Zijn spelplezier vond ik altijd het mooiste. Als moeder ben je natuurlijk niet objectief, maar iedereen kon zien hoe Memphis erboven uitstak. Ik wist zeker dat zijn talent en mentaliteit uiteindelijk de doorslag zouden geven.'

Al snel na zijn komst naar PSV worden Lijnders en Memphis van elkaar verlost, als het talent vervroegd wordt doorgeschoven naar de C-junioren. Daar treft hij Mart van Duren, een jeugdtrainer die zich openstelt voor Memphis en zijn vertrouwen weet te winnen. Bijkomend voordeel van zijn promotie naar een hogere jeugdploeg is dat hij met zijn vriend Tufan kan gaan samenspelen. 'Ik was samen met Labyad het stoere binkie in mijn team,' vertelt Tufan. 'Memphis was eenzelfde soort type. Straatschoffies waren we. En juist wij drieën zaten elke dag samen in de trein tussen Utrecht en Eindhoven. Het klikte bijna automatisch. Memphis had altijd de meeste praatjes. Hij kon heel vervelend zijn, echt waar. Nooit tegen mij, maar er was altijd wel wat aan de hand. Hij daagde continu andere jongens uit. Beetje pesten, beetje zuigen. Weinig jongens bij PSV mochten Memphis, omdat hij die stoere jongen met de grote mond was. Hij deed wat hij wilde. Als er écht problemen ontstonden, vormden we een blok. Wij samen tegen de rest. Veel verder dan dat ging onze vriendschap toen nog niet. We maakten lol en we beschermden elkaar.

Zijn problemen met trainers en zo gingen een beetje langs me heen. Maar ik heb nooit gevreesd dat Memphis weggestuurd zou worden. Bij PSV besefte iedereen hoe groot zijn talent was. Dan ben je gek als je zo iemand wegtrapt. Uiteindelijk kwam hij overal mee weg. Memphis was echt zóveel beter dan zijn leeftijdgenoten. In alles: hij was sneller, sterker, beter aan de bal. De vraag was niet óf hij zou doorbreken bij PSV, de vraag was alleen wannéér.'

In het gastgezin lijkt intussen alles goed te gaan. De eerste weken in huize Heijblom hadden ook zijn gastouders zich afgevraagd wat er toch in het hoofd van Memphis omging. Totdat Olaf hem huilend op bed aantreft. Hortend en stotend komt het verhaal over zijn vroege jeugdjaren eruit. Het laat Olaf niet onberoerd. Eens te meer beseft hij hoe groot de behoefte van Memphis aan een warm nest is. Dat zal hij krijgen ook. Memphis: 'Ik voelde me lekker in dat gezin. Olaf en Maureen zijn ontzettend lieve mensen, met Rick en Jim was het contact goed. Ze woonden in een prachtige villa, met een grote tuin, ze hadden twee lieve honden. Ik werd echt opgenomen in het gezin. En als ik op mezelf wilde zijn, kon ik me terugtrekken op mijn slaapkamer.'

Niettemin begint er na verloop van tijd iets te broeien bij Memphis. Een combinatie van vrijheidszucht en vernieuwingsdrang. Hij herkent het gevoel van vroeger. Het jaagde hem als klein ventje al naar buiten, de straat op, avonturen tegemoet. Memphis: 'Het gekke was dat op papier alles klopte in het gastgezin. Maar op de een of andere manier bekroop me een gevoel dat ik stilstond. Ik werd onrustig. En volgens mij werden Olaf en Maureen ook onrustig van mij. We hebben nooit knallende ruzie gehad of zo. Ik weet nog wel dat ik een keer boos werd toen ik ontdekte dat ze hun laptops voor me verstopten. Ik weet niet waarom ze dat deden. Maar het voelde voor mij meteen als een motie van wantrouwen, alsof ik in de hoek werd gezet. Dan ging ik me zitten opvreten. Maar dat was geen reden om weg te willen. Het was meer een sluimerend gevoel dat het tijd werd voor iets anders. Al wist ik niet precies wat. Dat gevoel werd steeds sterker.

Tot ik op een dag tegen een van hun zoons zei: 'Jim, ik moet gaan, zeg maar tegen je ouders dat ik weg ben.' Volgens mij dacht hij dat het wel los zou lopen. Maar later die dag ben ik vanaf het balkon van zijn slaapkamer naar beneden gesprongen. De tuin in, zodat niemand me zou zien. Ik ben naar de bushalte gerend, pakte daarna de trein en ben naar mijn moeder in Moordrecht gegaan, zonder iets te zeggen tegen mijn gastouders. Al mijn spullen lagen nog in dat huis, maar ik deed het gewoon. Rennen. Wegwezen. Pas later begon ik te beseffen hoe vervelend dat voor mijn gastgezin moet zijn geweest. Toen kwam het schuldgevoel. Op het moment zelf stond ik daar niet bij stil.

Kort daarna ben ik teruggegaan naar Olaf en Maureen om mijn spullen te halen en even te praten. Het was een rare situatie. Later is het allemaal weer goed gekomen tussen ons. Het laatste wat ik wil, is dat zij denken dat ze iets verkeerds hebben gedaan. Het zat in mijn eigen hoofd, het stond los van hen. Ik dacht aan mezelf en verder aan niks. Het gevoel dat ik weg moest zat diep. Ik was vijftien jaar, maar in mijn hoofd dacht ik al twintig te zijn. Volwassen genoeg om mijn eigen beslissingen te nemen.'

Vrienden van Joost Leenders bieden uitkomst. Memphis wordt tijdelijk ondergebracht bij de familie Bertrams in Best. Hun zoons Jesse en Nigel kent hij al, zij keepen in de jeugdopleiding van psv. Tussentijds verblijft Memphis ook nog enkele weken bij Tufan en diens familie in huis. Tot er een nieuw vast gastgezin is gevonden, in Vught. Daar slaat de rusteloosheid bij Memphis beduidend sneller toe. 'Het is zo vreemd als ik erop terugkijk. Ook daar had ik het goed. Een mooi huis, altijd lekker eten, een gastmoeder die kleding voor me kocht. Joost woonde vlakbij, ik ging vaak bij hem langs. Eigenlijk klopte het gewoon, maar toch voelde ik al snel weer die onrust. Het was ook de tijd dat ik het uitgaansleven begon te verkennen. Vaak sliep ik niet thuis na het stappen. Soms crashte ik bij Labyad, die had een appartementje in Eindhoven. Of bij een meisje. Die vrijheid vond ik fantastisch. Voor mijn gastouders was dat lastig natuurlijk. Dan meldde ik me op het allerlaatste moment af voor het avondeten. Of liet ik weten dat ik niet thuis kwam slapen. Soms liet ik helemaal niets van me horen. Vooral dat laatste kan natuurlijk niet. Communicatie was niet mijn sterkste punt in die tijd.'

Al snel wordt Joost Leenders ingeseind. 'Van iedereen die met Memphis in aanraking kwam, kreeg ik dezelfde vragen,' zegt Joost. 'Het was een voortdurende zoektocht naar wie hij nou precies was. Hij had een impact op mensen en velen voelden zich ongemakkelijk. Dominant aanwezig vanwege zijn persoonlijkheid en ongrijpbaar door zijn houding. Op de een of andere manier draait het al snel om Memphis. De gastouders hadden de beste intenties, maar op Memphis was in die tijd geen grip te krijgen. Hetzelfde gebeurde met zijn jeugdtrainers bij PSV.'

Memphis: 'Voor mijn moeder was mijn houding ook niet makkelijk in die tijd. Na onze moeilijke periode in mijn jonge jaren, heeft ze geen echte herkansing gehad met mij. Ik vertrok op mijn twaalfde naar Brabant en daarmee nam haar invloed op mijn opvoeding af. Mijn moeder heeft me lange periodes niet zien opgroeien. Eerst toen ze in het tehuis zat, later toen ik in gastgezinnen zat en op mezelf ging wonen. Daar heeft ze het moeilijk mee gehad. In mijn pubertijd heb ik weinig diepe gesprekken met haar gehad. Terwijl ik haar enige kind ben, haar vlees en bloed, zoals ze dat zelf altijd noemt.

Ze had het gevoel dat we tijd moesten inhalen, maar die tijd was er weinig door de fysieke afstand tussen Moordrecht en Eindhoven. En dan was ik ook nog eens een jongen die graag zijn eigen gang ging. Als ik weer eens terug was in Moordrecht ging ik de straat op, chillen met vrienden. En als ik een tijdje niets van me liet horen, trok ze zich dat persoonlijk aan. Het maakte haar onzeker, terwijl het niets met haar te maken had. Ze is de liefste moeder die ik me kan wensen. Maar hoe ouder ik werd, hoe meer ik mijn eigen leven wilde leiden. Kijk, in principe heb je als kind niks te vertellen bij je ouders. Dat mijn moeder tóch begrip had voor mijn vrijheidsdrang terwijl ze me het liefst dicht bij zich had gehad, dat vind ik een grote kwaliteit. Weinig ouders staan open voor wat hun kind echt nodig heeft. Met de natuurlijke gezagsverhoudingen is het makkelijker een kind op te dragen wat er moet gebeuren. En verder geen gelul. Mijn moeder heeft het anders aangepakt en daar zal ik haar altijd dankbaar voor zijn.'

Kort na zijn zestiende verjaardag neemt Memphis een besluit: hij wil op zichzelf gaan wonen. Zo snel mogelijk. 'Als ik iets in mijn hoofd heb, doe ik het. Meteen. Ik was dus niet op andere gedachten te brengen. Niet door mijn moeder, niet door Joost, door niemand. Uiteindelijk heeft mijn zaakwaarnemer Kees Ploegsma me geholpen een eigen plek in Eindhoven te vinden. Ik heb geen contact meer met mijn tweede gastoudergezin. Ik zal ze altijd dankbaar blijven voor wat ze allemaal voor mij hebben gedaan. Maar het afscheid had anders gemoeten.

Ik sprak weinig in die tijd bij mijn tweede gastgezin. Dat maakte het voor mijn moeder en ook voor de gastouders extra moeilijk: ik wilde begrepen worden, maar gaf niks van mezelf prijs. Ik zat vaak op mijn kamer of ik ging de straat op. Ik ben soms echt een rare vogel. Dan bén ik niet te snappen. Zeker in die tijd. Soms denk ik niet na. Dan dóé ik alleen maar. In het veld zie je dat terug. Wie gaat er nou vanaf de middenlijn op doel schieten? Ik doe dat gewoon, zonder nadenken. Als je vooraf een kansberekening maakt, zou je zo'n actie echt niet in je hoofd halen. In het dagelijks leven was dat precies hetzelfde. Ik kan me voorstellen dat mensen dat soms beu waren.

Ik hing niet alleen in Eindhoven rond. Regelmatig ging ik terug naar Moordrecht of naar Rotterdam. Daar kwam ik in aanraking met foute gasten. Crimineeltjes. Jongens die in de drugshandel zaten. Die leerde ik via via kennen. Op een gegeven moment belandde ik op feestjes waar drugs de normaalste zaak van de wereld was. Ik wilde al snel bij de gasten horen die aanzien hadden op straat. De mannen met geld. Dat wilde ik ook.

Zelf heb ik ook korte tijd drugs verkocht. Softdrugs. Ik was een jaar of vijftien. Het was snel geld verdienen, maar het klopte niet. In die tijd vond mijn moeder een zakje weed in mijn broekzak. Ze dacht dat ik het zelf rookte, dat vond ze al heel erg. Ik heb maar niet verteld dat ik vlak daarvoor weed had verkocht. Dat duurde maar heel even, gelukkig. Ik ging er ook roekeloos mee om. Op een dag was ik bij PSV en ik graaide wat in mijn rugzak, er bleken nog zakjes weed in te zitten. Bizar man, als ik daaraan terugdenk. Ik deed maar wat. Zonder dat mijn voetbal er verder onder leed. Ik trainde zo goed ik kon, was fanatiek en eerzuchtig. Maar ik dacht niet na over de mogelijke gevolgen die dat andere wereldje waarin ik zat kon hebben. Dat had me de kop kunnen kosten. Je weet niet wat er was gebeurd, als iemand van PSV die weed in mijn rugzak had gezien. Ik ben er meteen mee gestopt. Van handel in softdrugs is de stap naar handel in harddrugs klein en daar wilde ik ver van wegblijven. En ik wilde mijn carrière niet in gevaar brengen. Maar ik zat nog steeds in een milieu waarin zwaar werd gehandeld. Kwam bij jongens over de vloer bij wie rustig een kilo cocaïne op tafel lag, een *brick*. Bizar natuurlijk. Helemaal als je bedenkt in welke periode dat was: het WK in Zuid-Afrika was aan de gang. Voetballers tegen wie ik opkeek speelden daar de WK-finale, het podium waarvan ik droomde als jonge speler. Tegelijkertijd begaf ik me in een wereld die daar mijlenver van af stond.

Op de dag van de WK-finale gebeurde er iets heftigs. De jongen die de brick cocaïne in zijn huis had, was een neef van een toenmalige vriend van me. Daar zouden we de finale van Oranje tegen Spanje gaan kijken. Op het laatste moment besloten we in de stad te gaan kijken. Die neef verstopte de klomp cocaïne in de keuken en we gingen op pad. Na de finale kwamen we weer in dat huis en de deur bleek te zijn ingetrapt. Er lag veel cash in huis, die was onaangeroerd gebleven. Maar de cocaïne was weg. Gestolen. Door gasten die kennelijk wisten waar die verstopt was. Dat zijn gevaarlijke dingen. Zoiets kan compleet uit de hand lopen. Dat is een herinnering die voor mij aan de dag van de WK-finale 2010 zal blijven kleven. Waanzin.

Ik had makkelijk in die wereld kunnen blijven hangen. Het snelle geld is verleidelijk; je denkt even dat je onaantastbaar bent tussen al die stoere gasten. De werkelijkheid is natuurlijk anders. Ik ben er op tijd uitgestapt. Mijn voetbaltalent was mijn redding. Toen ik zestien was, zat ik een keer in zo'n setting met een paar gasten op een hotelkamer. Kwam er naast de drugs opeens ook een pistool op tafel. Dat zijn dingen die je niet direct associeert met een jonge voetballer die de top wil bereiken. En toch maakte ik het mee. Zelf gebruikte ik niks, ik ben niet achterlijk. Maar in het wereldje waarin ik me begaf, keek niemand gek op als er werd gesnoven.

Ik denk dat er een engeltje op mijn schouder zat in die tijd. Ik ben in heftige situaties terechtgekomen, echt zware vechtpartijen, waarbij ikzelf met geen vinger werd aangeraakt. Er was bijna dagelijks sprake van geweld en agressie. Soms volledig willekeurig. Daar deed ik niet aan mee. Ik was zelf ook agressief in die tijd, maar daar moest dan een reden voor zijn. Als ik me bedreigd voelde.

Later in mijn PSV-tijd kwam ik een keer in de problemen in een discotheek. Dat werd echt een dreigende situatie. Toen heb ik vrienden van me gebeld. Die stonden buiten te wachten, voor het geval het uit de hand zou lopen. Later bleek een van die gasten een doorgeladen pistool bij zich te hebben. Als ik eraan terugdenk, ben ik zelf verbaasd over hoe weinig het me allemaal deed. Ik haalde mijn schouders op en leefde weer verder. Dat had niet veel langer moeten duren.'

Bij PSV weet niemand wat Memphis in zijn geboortestreek uitspookt. Voor hemzelf zijn het gescheiden werelden. Al blijft zijn gedrag op het Eindhovense jeugdcomplex voor tumult zorgen. Aan zijn voetbalcapaciteiten twijfelt niemand. 'Memphis was een talent van de buitencategorie, zelfs mijn schoonmoeder had hem kunnen ontdekken,' zegt Rini de Groot, als hoofd jeugdscouting in 2006 verantwoordelijk voor zijn komst naar PSV, later in *Voetbal International*. 'Natuurlijk heb ook ik me onderweg weleens zorgen gemaakt om zijn gedrag, maar zijn topsportmentaliteit is geweldig. Daarmee compenseerde hij vaak wat er buiten het veld misging.'

In die zin blijft voetbal dezelfde rol spelen voor Memphis, zoals dat in zijn jonge jeugdjaren het geval was. Het is wat hij het liefste doet, het is ook zijn uitlaatklep. Dagelijks schaaft hij op het trainingsveld aan zijn techniek en in het krachthonk aan zijn lijf. Die cocktail van volharding en talent voorkomt dat PSV hem vroegtijdig de deur wijst. 'Als Memphis in de problemen kwam bij PSV, ging het nooit om zijn voetbalkwaliteiten,' weet Joost. 'Altijd was zijn gedrag de aanleiding. Soms terecht. Aan de andere kant was de club destijds, in tegenstelling tot nu, nog niet ingericht om adequaat te reageren op zulke spelers. Zelf sprak Memphis zich niet uit over de oorzaken van zijn gedrag. Dus was het mijn taak begrip te kweken voor zijn ongrijpbaarheid.'

Memphis: 'Op een dag stuurde Henk Fräser me weg van de training bij de A-junioren. Ik had een grote mond tegen hem opgezet. Ik ben de Beukenlaan achter De Herdgang opgelopen en was vastberaden nooit meer terug te keren. Ik zag het echt niet meer zitten. Toen heb ik Joost gebeld. Die zat in Arnhem, voor zijn werk.'

Joost: 'Ik zat midden in een gastles op het CIOS daar. Memphis huilde toen hij belde. Ik heb die les afgebroken en ben als een speer naar Eindhoven gereden. Bij De Herdgang trof ik Memphis aan en samen zijn we bij Fräser naar binnen gestapt. Dat was een kantelpunt. Ik had en heb Henk hoog zitten, aan de andere kant zat ik met Memphis, die wilde stoppen bij PSV. Ik ben bewust bij dat gesprek gaan zitten, in de hoop dat mijn aanwezigheid de emoties wat zou bedaren. En het mooie was: ik heb in dat gesprek niets hoeven toevoegen. Daar zaten twee mensen die duidelijk samen vooruit wilden. Henk is extra kritisch op mensen die hij graag mag en op spelers in wie hij iets ziet. Die gaat hij nóg meer op de huid zitten. En als dat soort jongens hem teleurstellen, reageert hij dubbel zo heftig. Aan de andere kant durft Fräser zich kwetsbaar op te stellen in zo'n gesprek. Door toe te geven dat hij het soms ook niet meer wist. Dan opent Memphis zich. Zodra de hiërarchie wegvalt, laat hij toe dat je hem op zijn gedrag aanspreekt. En aanvaardt hij de consequenties.'

Memphis: 'Fräser noemde mij altijd "Memmie". Alleen daaruit al bleek een bepaalde band. Maar we hebben allebei een trots karakter, dan kan het gaan botsen. En dat gebeurde regelmatig. Niet alleen met mij, we hadden veel baasjes in de ploeg destijds. Henk kon enorm hard schreeuwen als hij flipte. Ik was dan zo bijdehand om terug te schreeuwen.'

Een jaar later speelt Memphis met de A-junioren in het jaarlijkse jeugdtoernooi om de Otten Cup tegen Sparta. Uitgerekend tegen zijn oude club wordt hij gewisseld. Joost: 'Ik stond te kijken en zag Memphis woest het veld aflopen. Niet naar de reservebank, maar rechtstreeks de kleedkamer in. Meteen daarna ging mijn telefoon. Memphis. Hij begon te schreeuwen en te foeteren, dat ze er bij PSV niks van begrepen, dat ze allemaal moesten opsodemieteren. En dat hij ervandoor zou gaan. Ik keur het af dat Memphis op zo'n moment wegloopt. De trainer bepaalt wie hij wisselt en wanneer. Maar als ik daar bij Memphis volle bak tegen in zou gaan, krijg je een nasleep van weken en leert hij er niks van.

Ik ben met hem aan de wandel gegaan in de bosrand achter De Herdgang. Kijk, ik wist dat zo'n reactie bij hem voortkwam uit emotie en onmacht. Voor dat gedeelte had ik begrip. Bovendien speelde Memphis tegen oude ploeggenootjes van Sparta, voor hem was het een speciale wedstrijd; en hij wilde sowieso altijd spelen. In die tijd voetbalde Memphis al in Jong psv en trainde hij mee met de A-selectie. Dan moet je hem niet behandelen als de gemiddelde juniorenspeler. Dat heb ik vaak tegen jeugdtrainers gezegd: iedere speler heeft zijn eigen karakter en vraagt dus een andere benadering. Er is een gezegde waar ik niks mee kan: behandel anderen zoals je zelf behandeld wil worden. Volgens mij moet je het omdraaien: behandel de ander zoals hij behandeld moet worden. Als je die aanpak bij Memphis gebruikt, krijg je er topprestaties voor terug.

Als je rustig op hem insprak op dat soort momenten, kwam hij vrij snel weer bij zinnen. Ik prees zijn ambitieuze karakter en toonde begrip voor het feit dat hij tegen zijn oude club niet gewisseld wilde worden. Maar ik zei óók dat hij geen verkeerde keuze moest maken. Ik stelde hem de vraag: 'Was jouw reactie de juiste?' Hij gaf meteen toe dat dit niet het geval was. Daarna vroeg ik hem of hij hier moeilijk over wilde blijven doen, met alle mogelijke consequenties. Want als hij dit hoog zou laten oplopen, zou hij daar spijt van krijgen. Dat wilde hij niet. Achteraf bleek dat hij werd gewisseld omdat psv toch al was geplaatst voor de halve finale van het toernooi en dat ze hem wilden sparen voor die belangrijkere wedstrijd.

Ik ben van mening dat je als trainer aan de voorkant vaker scenario's met spelers kan overleggen. Vooral bij een type als Memphis. Leg uit waarom je bepaalde keuzes maakt. Dan is er geen probleem. Van zijn kant moest Memphis leren de beslissingen van een trainer te accepteren. Nu dreigde hij gestraft te worden vanwege zijn reactie. Uiteindelijk werd na overleg tussen de trainer en het hoofd opleiding besloten dat Memphis mocht blijven doorvoetballen dat weekend. En daarna.'

Memphis: 'Diep in mijn hart wilde ik maar één ding: doorbreken bij psv. Ik reageerde heel heftig op alles wat me daarbij in de weg stond, zoals een wisselbeurt. Gelukkig was Joost er op dat soort momenten om me een spiegel voor te houden. Als ik me puur door mijn eigen emoties had laten leiden, waren ze me op een gegeven moment waarschijnlijk zat geweest. Zonder dat ik me ervan bewust was, speelde ik met vuur. Joost was de brandweerman.'

5. Mental coach, vaderfiguur en troubleshooter

De eerste keer dat Memphis bij Joost Leenders thuis over de vloer komt, op veertienjarige leeftijd, zal de prestatiecoach niet licht vergeten. Zijn vrouw Anke evenmin. 'Memphis liep de huiskamer binnen, ging op de bank liggen en viel meteen in slaap,' vertelt Joost. 'Mijn vrouw keek me met een verbijsterde blik aan, zo van: wat is dít voor een idioot? Onaangepaster krijg je het niet. Inmiddels kan ze smakelijk lachen om die herinnering. Mijn vrouw is dol op Memphis, juist omdat hij zo'n sterke eigen identiteit heeft. Ze moest er alleen even aan wennen. Dat ging vrij snel. Memphis was de eerste oppas van onze dochter Isa. Vijftien jaar was hij toen. Dat zegt alles over hoezeer we hem vertrouwden. Ondanks die ongebruikelijke eerste kennismaking met mijn vrouw.'

Geconfronteerd met zijn entree in huize Leenders, pulkt Memphis in eerste instantie ongemakkelijk aan zijn oor. Daarna schiet hij in de lach. 'Soms denk ik helemaal niet na bij de impact die ik heb op mensen. Vroeger deed ik echt gewoon precies wat mijn gevoel me ingaf. Zeker in die periode waarover Joost het nu heeft. Dat tafereel bij hem thuis is daarvan een goed voorbeeld: *ik ben moe dus ik ga liggen.* Dat bedoelde ik niet ongemanierd of disrespectvol. Ik dacht er gewoon niet bij na. Volgens mij moest zijn vrouw ook wel wennen aan de hechte band tussen Joost en mij. Soms belde ik hem midden in de nacht. Dan

85

hoorde ik op de achtergrond Anke mopperen, met een slaperige stem.'

Joost: 'De eerste keer dat Memphis met ons meeat, ging hij aan tafel zitten met een pet op en zijn telefoon in de hand. Anke zei meteen dat wij niet op die manier met elkaar aan tafel zitten. Memphis schrok. Hij wilde niet dwars zijn, hij had er gewoon niet bij stilgestaan. Een paar jaar later hadden we een ander interessant moment aan tafel. Memphis vertelde over zijn eerste contractje bij PSV en vroeg zich af of zijn salaris eigenlijk wel hoog genoeg was, waarop Anke opstond om haar loonstrookje te laten zien; ze werkt in het onderwijs. Toen drong het tot Memphis door dat hij als zestienjarige niks te klagen had. Je kunt het jongens die opgroeien bij een topclub niet eens kwalijk nemen. Ze raken al snel gewend aan bedragen die niets te maken hebben met het leven buiten het profvoetbal. Dan is het salarisstrookje van een leerkracht een goede realitycheck. Die verschillende werelden lopen op een mooie manier door elkaar heen als Memphis bij ons is.'

Dan pakt Joost zijn iPhone en laat een filmpje zien. We zien Memphis in het huis van het gezin Leenders op de bank liggen. Hij slaapt. Het zoontje van Joost, Cas, probeert met een plastic zwaard Memphis wakker te prikken. Hetgeen niet lukt. Op de achtergrond gaat het gezinsleven onverstoorbaar verder. Joost: 'Dit vind ik een typerend beeld. Als Memphis bij ons is, is hij gewoon onderdeel van onze dagelijkse dingen. Hij voelt zich hier vrij genoeg om een tukkie te doen op de bank, net als die eerste keer. Toen keken we er raar van op, nu is het juist een goed teken. Hier hoeft hij geen verhalen te vertellen of indruk te maken. Hier kan hij gewoon Memphis zijn.'

Na hun eerste ontmoeting, in 2006, zijn ze bijkans met elkaar vergroeid geraakt. Zeker in de eerste jaren fungeerde Joost 24/7 als vraagbaak, vertrouwenspersoon, troubleshooter, vaderfiguur en kredietbank. 'Joost bellen werd voor mij een automatisme,' zegt Memphis. 'Hij had altijd een luisterend oor, gaf me advies als ik het niet meer wist. Ik ben hem veel dank verschuldigd. Hij heeft me vaak gered.

Overal waar conflicten ontstonden, sprong Joost ertussen, om daarna met me in gesprek te gaan over mijn gedrag. Zonder hem was het waarschijnlijk de verkeerde kant opgegaan met mij. Ik heb niet voor niks een tattoo aan hem gewijd op mijn arm. Dat tekent de eeuwigheid van onze band.'

Ook in praktisch opzicht komt die band in de beginfase van pas. 'Joost heeft me vroeger vaak geld geleend. Ik wilde aankopen doen waar ik financieel nog helemaal niet aan toe was. Ik wist zeker dat ik ging slagen als profvoetballer en hem later dus zou kunnen terugbetalen.'

Joost: 'Met mijn vrouw heb ik hier vaak discussies over gehad. Maar door hem financieel bij te staan, kon ik in elk geval nog enige grip op de situatie houden. Want als Memphis iets in zijn hoofd haalde, dan moest en zou dat gebeuren, hoe dan ook. Dus als ik hem op zulke momenten geen geld had geleend, was hij naar foute manieren gaan zoeken om dat bij elkaar te krijgen.'

Joost geeft de aanschaf van een nieuwe keuken als voorbeeld. 'Ik wist dat wanneer ik Memphis zijn gang zou laten gaan, hij een keuken van enkele tonnen zou aanschaffen. Zwaar over de top. Dus nadat hij een nieuw appartement in Rotterdam had gekocht, nam ik hem mee naar Piet Klerkx in Waalwijk. Terwijl Memphis zelf zonder twijfel naar de duurste designwinkel van heel Nederland zou zijn gegaan. Hij vond het maar niks toen we naar Piet Klerkx bleken te gaan. Uiteindelijk kocht hij daar een prima keuken voor een normaal bedrag.'

Ik weet ook wel dat het helpen uitzoeken van een keuken niet in het profiel staat van een mental coach, maar ik wilde hem beschermen tegen zijn eigen kwetsbaarheden. Op sommige momenten heb ik Memphis bewust op zijn bek laten gaan, zodat hij daarvan zou leren. Op andere momenten ging ik met hem mee, om te voorkomen dat hij zijn hele bankrekening zou leegtrekken voor een impulsaankoop. Op een dag vertelde hij over een gouden Vespa die hij wilde kopen. Zelf zou ik dat nooit doen, maar hij kon het zich inmiddels veroorloven, dus waarom zou dat dan niet mogen? Vaak hadden we juist op dat soort momenten heel goede gesprekken. Over de keuzes die hij maakte en waarom hij dat deed.'

Memphis: 'Joost heeft me altijd een spiegel voorgehouden. Hij droeg me nooit op wat ik moest doen. Hij liet me juist nadenken over situaties waarin ik terechtkwam en over de keuzes die ik maakte. Hij was de eerste buitenstaander die bij mij naar binnen kon kijken. Voor die tijd liet ik dat niet toe. Niemand kon in mijn hoofd doordringen. Nu snap ik hoe lastig dat moet zijn geweest, vooral voor de mensen die van me houden. Neem alleen al de manier waarop ik communiceerde. Meteen eruit flappen wat ik op dat moment voelde. *Niemand gaat mij iets vertellen*, dat was mijn houding. *Praat allemaal maar, kom maar op, het komt toch niet bij me binnen.* Dat kwam arrogant over, maar dat boeide me niet. Ik had zoveel dingen gezien, zóveel pijn gevoeld, dat ik mijn eigen gang ging. Op zoek naar mijn eigen geluk, zonder rekening te houden met anderen. Ik heb door mijn jeugd onbewust een afweermechanisme opgebouwd. *Niemand gaat mij kapot maken*, zei ik vaak tegen mezelf. Pure zelfbescherming. In de kern voel ik dat nog steeds. Maar ik probeer er nu anders mee om te gaan. Door beter te luisteren naar mensen en minder snel te roepen wat ik op dat moment voel.

Volledig je eigen gang gaan, dat kan vóór en tégen je werken. Het heeft me geholpen te komen waar ik nu ben. Aan de andere kant heeft het tot veel onbegrip bij mensen geleid. Mensen voelden zich vaak awkward bij mij, ongemakkelijk. Door mijn gezichtsuitdrukking bijvoorbeeld. Mijn hele leven al lijk ik boos, terwijl ik dat echt niet altijd ben. Als baby schijnt dat al zo te zijn geweest. Dan vroegen mensen aan mijn moeder wat er met me aan de hand was. Die gelaatsuitdrukking en de manier waarop ik me gedroeg maakte me een mysterie voor mensen. Voor mij was dat raar, omdat ik mezelf was. Dus ging ik me ergeren aan de manier waarop mensen op mij reageerden. Dan versterkten die emoties elkaar. Ik werd steeds afstandelijker, zij werden steeds ongemakkelijker.'

Joost: 'Lange tijd accepteerde jij het niet als een trainer jou terechtwees. Of die man nou gelijk had of niet. Dat hing ook wel van de trainers in kwestie af. Een trainer die jou het gevoel gaf dat hij op zijn minst probéérde je te snappen, daar reageerde je anders op. Maar een trainer die meteen negatief op je gedrag reageerde, kreeg geen vat op je. Dan was het mis.'

Memphis: 'Dat klopt wel. Het was niet zo van: bij alles wat je tegen me zegt, krijg je stront terug. Ik wilde het gevoel hebben dat een trainer interesse in me had. Wat ook een belangrijke rol speelde: ik vond mezelf de beste voetballer van allemaal. Die waardering kreeg ik vaak niet. Vond ik zelf.'

Joost: 'Memphis is een extreem persoon. Hij heeft me veel hoofdpijn bezorgd. Heel veel hoofdpijn. Vooral in de eerste jaren toen ik op zoek was naar de beste manier om tot hem door te dringen. In de zwaarste periode van zijn jeugdjaren besloot Memphis dat hij zijn eigen spoor ging volgen. Onder het mom: jullie kunnen me voor mijn kop stompen zo vaak jullie willen, maar ik ga mijn eigen ding doen. Ik moet mezelf beschermen. Ik ga het allemaal zélf doen. De soms heftige jeugdjaren hebben hun impact gehad op het zelfbeeld van Memphis. Daarnaast is hij met regelmaat van plek naar plek gegaan. Dat doet iets met je eigen identiteit. In het begin van zijn pubertijd kreeg Memphis eindelijk het gevoel dat hij er mocht zijn op deze wereld. Zijn eerste tattoo was daar volgens mij een uiting van. Hij worstelde enorm met zijn identiteit. Met een tattoo van zijn voornaam wilde hij zeggen: *ik mag er zijn, hier ben ik, niemand krijgt mij kapot.*

In de eerste jaren ben ik veel op de intuïtie van zijn moeder afgegaan. Cora kan zijn gedrag en lichaamstaal natuurlijk als geen ander lezen. Dan belde ze me op als haar iets was opgevallen aan Memphis. Als ze het gevoel had dat er iets niet goed ging met hem. Vaak klopte dat primaire gevoel van Cora. Met die signalen kon ik dan aan de slag. Desondanks was het in die beginfase moeilijk Memphis volledig te doorgronden.

De grootste zorgen heb ik me gemaakt in de periode dat hij veel in Rotterdam rondhing, rond zijn vijftiende. Elke vrije minuut van de dag ging hij die kant op. Naar gasten die geen goede invloed op hem hadden. Hij had totaal geen rust in zijn kont, was voortdurend op zoek naar nieuwe kicks. Die vond hij bij vage vrienden in Rotterdam. Terwijl hij in een cruciale fase van zijn opleiding bij PSV zat. We hadden nauw contact, dat wel, maar het was zoeken naar de juiste aanpak. Zeker in die tijd was het zo dat als je Memphis te dicht op zijn huid ging zitten, hij je kon afstoten. Dan waren we nog verder van huis geweest. Hoe sterker je band is met Memphis, hoe groter de kans dat hij zich op zeker moment tegen je gaat afzetten.

In die periode heb ik hem een keer, midden in de nacht, uit het uitgaansleven van Rotterdam geplukt. Vijf uur later moest hij zich melden voor de voorbereiding op een interland met Oranje onder 17. Ik geloofde mijn ogen niet toen ik om vier uur 's nachts een berichtje van Memphis kreeg. Ik ben mijn bed uit gesprongen en in een joggingbroek van Vught naar Rotterdam gereden. Hij had duidelijk gedronken en viel tijdens de autorit terug meteen in slaap. In zijn appartementje heeft hij een douche genomen, daarna heb ik hem afgezet bij het spelershotel. Ik wist dat het trainingskamp zou beginnen met een paar uur rust op de kamer, dus Memphis kon zijn roes even uitslapen. Hij lag met Jetro Willems op de kamer. Ze kenden elkaar goed en Jetro begreep de situatie.

Op dat moment zelf probeerde ik de situatie in goede banen te leiden. Het serieuze gesprek hierover kwam naderhand. Ook toen zorgde ik dat ik de juiste toon aansloeg, zodat hij in ging zien dat een keertje stappen heus moest kunnen, maar niet de avond voor een trainingskamp en dan al helemáál niet met alcohol. Toen hij die leeftijd had, moest ik ook echt wel sturend zijn. Alleen liet de gebruiksaanwijzing van Memphis dat toen nog niet toe. Hoe sturender of directiever hij werd benaderd, hoe tegendraadser zijn reactie was. Ik liet de keuzes daarom vaak aan hem. Het was mijn taak hem de consequenties van die keuzes te laten inzien. Het aparte was dat dergelijke uitspattingen geen effect leken te hebben op zijn voetbalspel. Op zijn inzet en zijn trainingsniveau hadden trainers nooit iets aan te merken. Dat maakte het lastiger dit soort gedrag te veranderen. Hij kwam er op het veld mee weg.

Natuurlijk zijn er ook momenten geweest waarop ik heel direct tegen hem ben geweest. Tot boosheid aan toe. Memphis was vanwege een blessure aan zijn knie geopereerd, met een lange herstelperiode erachteraan. We spraken af dat ik hem drie keer per dag een berichtje zou sturen, zodat hij in het benodigde ritme van zijn revalidatie bleef. Desondanks kwam hij op een dag niet opdagen bij de arts voor een controleafspraak. Ik kreeg hem met geen mogelijkheid te pakken, dus ben naar zijn appartement gegaan. Ik had de sleutel, kwam binnen en zag een onbeslapen bed. Zijn krukken stonden in de hoek. Hij bleek al een paar dagen bij zijn maatje Labyad thuis te zitten. Ik ben niet vaak boos op Memphis geweest, maar toen was ik echt pislink. Daar schrok hij van. Memphis heeft altijd zijn weerwoord klaar, maar toen viel hij stil. In de lift heb ik hem nogmaals uitgekafferd. Daarna was het klaar. Vanaf het moment dat we alsnog bij de dokter naar binnenliepen, verdedigde ik hem weer. De boodschap was overgekomen. In de auto terug bood Memphis zijn excuus aan. Toen zei ik dat hij tegen zichzélf sorry moest zeggen, want met dit soort gedrag kun je je eigen carrière verkloten. Dat begreep hij. Daarna was het zaak de draad weer op te pakken en voor een zo goed mogelijk herstel van die knie te gaan; en dat is gelukt. Binnen zes weken na de operatie stond hij weer op het veld.

Er werd me weleens gevraagd hoe ik met meerdere spelers zo intensief kon omgaan. Kijk, mijn werk is in het algemeen heel anders. Dan ga ik een coachtraject in met een kop en een staart. Met Memphis wist ik niet welke kant het zou opgaan. Dus in veel opzichten had dit niks met mijn werk te maken, maar met iemand op de rails krijgen en houden. Voor mij was het vanzelfsprekend.

Omdat Memphis het nodig had. Zijn vader was uit beeld en Cora is een ontzettend lieve moeder, maar dat is iets anders dan iemand in de topsport begeleiden. En ze woonde ver weg. Er lag een gat en daar ben ik ingesprongen. Met ziel en zaligheid. Van dit soort mensen kun je er als prestatiecoach maar eentje hebben. Bij mij is dat Memphis.

Hij had het echt nodig dat iemand hem dicht op zijn huid zat. Anders was hij in de goot geëindigd. Dan had hij foute vrienden gevolgd en was zijn carrière wellicht einde verhaal geweest. En dát had weer ingrijpende effecten op zijn leven kunnen hebben. Kijk, je hebt sportpsychologen die één keer per maand een uurtje inruimen en daarna een factuur sturen. Dat had bij Memphis niet gewerkt. Bij hem was het alles of niets. Ik koos voor alles. Dan krijg je reacties. Ik ben een keer bij psv op het matje geroepen omdat ik de sporttas van Memphis had gedragen op De Herdgang. Als je dat zo hoort, zal je denken: ja, terecht, waarom draagt die jongen zijn eigen tas niet? Maar Memphis had die dag drie rolkoffers bij zich. Dan vind ik het normaal dat je even een handje helpt. Wat ik met dit voorbeeld wil zeggen: er werd op ons gelet, iedereen had een mening over hoe Memphis aangepakt zou moeten worden. Slechts een enkeling begreep waarom bepaalde keuzes gemaakt werden.

Belangrijker dan het reageren en anticiperen op situaties, was voor mij de rode draad. Hem bewust maken van bepaalde patronen in zijn gedrag, hem laten inzien wat zijn impact op het team was en welke destructieve effecten dat kon hebben. Dat kost tijd. Memphis moest alles wat ik hem aanreikte in zijn eigen tempo verwerken. Op die manier kom je uiteindelijk tot gedragsverandering.'

Memphis: 'Joost zal zich vaak hebben afgevraagd waar hij in hemelsnaam aan was begonnen. Mijn *struggles* werden ook zíjn struggles. Hij was er onvoorwaardelijk voor mij. Joost deed de dingen die een vader hoort te doen. Wie steunt je door dik en dun, ook in zware tijden? Wie stapt midden in de nacht in de auto om je op te halen? Wie haalt het in zijn hoofd zoveel geld te lenen aan een jonge gast, van wie je niet weet of hij het ooit zal kunnen terugbetalen? Joost heeft het allemaal gedaan. In de loop der jaren is onze verstandhouding uitgegroeid naar een hechte vriendschap. Van mental coach naar vaderrol naar vriendschap: hoe mooi kan het zijn?'

Joost: 'Ik ben een veel betere coach geworden door Memphis. Omdat ik continu door hem word getriggerd. Onbewust dwingt hij je bijna om jezelf te evalueren. Zeker in de eerste jaren zat ik vol vragen als we bij elkaar waren geweest. Of ik de juiste snaar had geraakt, of ik niet te kritisch of juist te begripvol was geweest. Soms heb ik dat nog steeds. Bij Memphis is het belangrijk het juiste moment te kiezen. We kennen elkaar inmiddels zó goed, dat ik aan zijn lichaamstaal kan zien hoe de vlag erbij hangt, en welke toon daarbij past.'

Na het voortdurende en intensieve contact in de eerste jaren, verandert hun band als Memphis op zichzelf gaat wonen. Hij betrekt een appartement in het hart van Eindhoven, pal achter het Stratumseind. 'Het leven in mijn eigen appartement voelde als een bevrijding,' zegt Memphis. 'Ik vond het fantastisch. Dit was waar ik al jarenlang naar verlangde. Weinig jongens of meisjes gaan op hun zestiende al op zichzelf wonen. Voor mij was het vanzelfsprekend, het voelde heel natuurlijk. Als ik het op mijn veertiende had kunnen doen, had ik waarschijnlijk toen al die stap genomen. Het gevoel dat ik als jongetje had wanneer ik op straat was, het vrije en blije, dat had ik vanaf de eerste dag in mijn appartementje. Ik wilde alleen zijn. Geen rekening hoeven houden met anderen. Weggaan zonder afspraken te maken over het tijdstip waarop je terugkomt. Eten waar je zelf trek in hebt. Mijn eigen muziek draaien wanneer ik dat wilde, op het volume waarop ik dat wilde. Bij psv vreesden mensen dat ik zou ontsporen. Maar voor mij was die vrijheid juist positief. Ik voelde me hartstikke goed en mijn sportieve doelen bleven onveranderd: zo snel mogelijk doorbreken bij psv.

In die periode heb ik ontzettend veel geleerd. Hoe ik voor mezelf moet zorgen, hoe ik verantwoordelijk moest zijn voor mijn eigen leven. In diezelfde tijd begon ik bij PSV met de belofte soms met de A-selectie mee te mogen trainen. Ik kwam in aanraking met oudere gasten die serieus met hun carrière bezig waren. Door mijn omgang met buitenlandse spelers leerde ik alsnog Engels spreken. Iets waar ik op school nooit voor te porren was. Ik ben een jongen van de praktijk. Ik leer mezelf dingen aan, meer dan schooldocenten dat konden. Dit was voor mij de juiste weg. Mijn moeder moest wennen aan het idee, zo jong op eigen benen, maar ze zag in dat ik niet op andere gedachten was te brengen. Ik vond dat ik toe was aan deze stap. Dat had ook invloed op mijn band met Joost. Ik wilde dingen steeds minder uit handen geven, wilde mijn eigen keuzes maken. Dat had niks met Joost te maken, meer met mijn eigen ontwikkeling.'

Joost: 'Bij Memphis was het heel duidelijk wat hij in welke levensfase nodig had. Van zijn twaalfde tot zijn zestiende had hij veel behoefte aan sturing. In die periode overlaadde hij me met vragen, over echt alle aspecten van het leven. In de jaren erna moest ik vaker vissen naar zijn gedachten. Hij was volwassen aan het worden, een proces dat werd versneld door zijn vroege doorbraak bij PSV. Hij stelde zichzelf de vragen die hij normaliter aan mij stelde. Dat maakte hem ook voor mij ondoorgrondelijker dan voorheen. Kijk, je moet bij Memphis weten wanneer je er dicht op gaat zitten en wanneer je los moet laten. In de periode dat hij begon door te breken bij PSV, merkte ik dat er afstand tussen ons ontstond. Hij was een tijd slecht bereikbaar, reageerde vaak kortaf. Ik weet nog precies wanneer ik besefte dat ik een stapje terug moest doen. Memphis was achttien jaar en op een dag kwam ik zijn appartement binnengelopen. Hij draaide zich om en keek me met donkere ogen aan. Die blik herkende ik: op die manier keek hij naar trainers die hij niet mocht. Zelf had ik die blik nog nooit van hem gekregen, maar toen dus wel. Dat was het signaal dat hij meer afstand wilde. Hij ging een volwassen fase in zijn leven in en moest voor zichzelf bepalen wat míjn rol daarin zou zijn.

Eerlijk gezegd vond ik dat zeker klote. Maar eigenlijk was het natuurlijk een goed teken. Dit is juist waarnaar je streeft. Toch bleef het aan me knagen. Drie dagen na die boze blik heb ik hem gebeld om te vragen wat er aan de hand was. Hij sprak zich eerlijk uit. Memphis vond dat de tijd was aangebroken om vaker zelf verantwoording te nemen voor zijn beslissingen en de consequenties van zijn gedrag. Hij voegde daaraan toe dat hij me in de toekomst nog nodig zou hebben voor advies op bepaalde momenten. Toen ik had opgehangen drong het tot me door dat dit eigenlijk een mooi compliment was.

In zijn laatste jaar bij psv en in zijn eerste jaar bij Manchester United onderhielden we nog wel contact, maar veel minder intensief. Tijdens de eindfase in Manchester veranderde dat weer. Memphis gaf aan dat hij me vaker wilde spreken. Sindsdien is het contact weer intensief. Tijdens zijn periode in Manchester bleef ik hem gewoon bezoeken, maar dan vooral als vriend. We hadden het gewoon gezellig. En vanzelf kwam het weer tot diepere gesprekken. Vaak laat in de avond. Dan heeft hij de rust om uitgebreid te praten. Meestal met muziek aan. Soms rapt hij tussendoor wat hij voelt. Zo kwam ik langzamerhand weer in mijn rol als mental coach. Bij ons loopt dat al heel lang door elkaar heen, de professionele en de vriendschappelijke band. We hebben nu een mooie traditie: één keer per jaar ga ik met mijn gezin naar Memphis toe. Gewoon, als vrienden onder mekaar. Dan rennen mijn kinderen Isa, Cas en Raf urenlang kraaiend met hem door de tuin. Op andere momenten ga ik alleen, dan wisselen we vriendschappelijke en professionele gesprekken met elkaar af, afhankelijk van zijn situatie en behoefte. Tussen zijn twaalfde en vijftiende was ik vooral opvoeder en deels mental coach. Van zijn zestiende tot zijn achttiende was ik deels opvoeder en vooral mental coach. Na zijn doorbraak bij psv ontstond er meer verwijdering. En nu is het vooral vriendschappelijk en ben ik er voor hem als hij me nodig heeft.

Van een paar mensen weet Memphis dat hij altijd op ze zal kunnen terugvallen. Dat geldt voor zijn moeder natuurlijk, voor mij, voor Gigi, Tufan en Kees. Memphis is op zoek naar onvoorwaardelijke relaties. Dat zijn ook meteen de mensen tegen wie hij hard uit de hoek kan komen. Omdat die het dichtst bij hem staan, en omdat het uiteindelijk toch wel weer goed komt. Buiten dat kringetje zal hij op minder begrip blijven stuiten.

Soms geniet Memphis van de controverses die hij in de buitenwereld veroorzaakt. Terwijl het een hoop rumoer en ruis oplevert. Ik zeg weleens: Memphis is consistent paradoxaal. Dat hoort bij hem, maar ik vind wél dat hij daar slimmer mee moet omgaan. Als hij gedrag vertoont waarvan hij weet dat journalisten daarop gaan reageren of als hij de confrontatie met hen aangaat, omdat hij vindt dat het geschetste beeld van hem niet klopt, moet hij niet iedereen over één kam scheren. En het hoeft ook niet op een chagrijnige manier te gebeuren. Benader het met een knipoog. Memphis is een innemende jongen, maar naar de buitenwereld laat hij dat niet vaak zien. De laatste tijd lukt dat beter. Maar als hij boos staat te zijn voor een tv-camera, versterkt dat voor veel mensen het beeld dat ze van hem hebben. Waardoor de kritieken feller worden en Memphis zich dat op zijn beurt weer aantrekt. Dat kun je doorbreken door ook de andere kant van jezelf wat vaker te laten zien: de Memphis zoals de mensen in zijn kleine kringetje hem kennen.'

De paradox komt ook Memphis zelf bekend voor. 'Ik weet dat ik geen doorsnee persoon ben. Maar dat hóéft toch ook niet? Het ene moment kan ik begrip hebben voor mensen die mij een rare gozer vinden, omdat ik zelf ook wel inzie dat ik mezelf anders uit en dat ik anders leef dan veel anderen. Maar eigenlijk begrijp ik niet wat nou het probleem is. Zelf vind ik het juist mooi als mensen zichzelf durven te zijn. Wanneer ze hun eigen keuzes maken in het leven en hun hart volgen. Ik hoop dat met name jongeren aan mij kunnen zien dat het volgen van je eigen weg tot mooie dingen kan leiden. Ook al ga je onderweg een paar keer hard op je bek. Opstaan en doorgaan. Weet je, ik snap niet dat mensen mij niet snappen. Als ik daar goed over nadenk, kan ik emotioneel worden. Zó'n grote mafkees ben ik toch ook weer niet?'

Leenders: 'Ik snap wél dat bijna niemand hem snapt. En dat leg ik niet alleen bij Memphis. Hij heeft een gecompliceerd karakter en als je geen moeite doet dat te doorgronden, kom je tot snelle en makkelijke conclusies. Waarbij het niet helpt dat Memphis weinig van zichzelf prijsgeeft. Ja, nu, in dit boek. Maar in de dagelijkse omgang met mensen is hij vaak gesloten. Hij zal niet op iemand afstappen om uit te leggen waarom hij doet zoals hij doet. Hij is zó overtuigd van zichzelf: alles wat hij doet, gebeurt in de overtuiging dat dat het beste is. Voor hemzelf en voor zijn omgeving. Hij doet zijn uiterste best en gaat ervan uit dat zijn omgeving dat signaleert en waardeert. In de praktijk levert dat veel misverstanden op.

Daar blijft Memphis vooral in de voetballerij tegen aanlopen: dat weinig mensen echt geïnteresseerd zijn in de laag onder zijn houding en gedrag. Terwijl hij daar sterke behoefte aan heeft. Geef hem die aandacht en dan ga je hem snappen. Dan gaat hij nóg harder voor je rennen. En dan staat hij veel meer open voor kritiek. Het moet een wisselwerking zijn. Als ik hem ergens op aanspreek, komt hij daar vaak op terug. Dan heeft hij erover nagedacht en gaat de discussie aan. En dan staat hij open voor argumenten, omdat hij weet dat ik hem ken en het beste met hem voor heb. Hij wil juist heel graag de discussie aangaan. Hij schrééuwt daarom, ook als hem dat weerstand of kritiek oplevert. Maar het moet wel gebeuren op basis van wederzijdse interesse, niet op basis van vooroordelen. Want dan ben je Memphis kwijt. En dan komt het nooit meer goed.'

Interlude

'Van alle levenslessen die ik tot nu toe heb geleerd, is het omgaan met tegenslagen een heel belangrijke. Hoe reageer je op zware periodes in je leven? Blijf je met gebogen hoofd onder in de put zitten? Of probeer je ze om te buigen in iets positiefs? De eerste optie valt te begrijpen, maar gaat je niet verder helpen. De tweede optie is moeilijker, maar uiteindelijk beter. Soms vergelijk ik het met de klasgenoot van vroeger die altijd werd gepest. Dat je die jaren later weer tegenkomt onder veel betere omstandigheden, omdat diegene succesvol en gelukkig is geworden. Ondanks alle pesterijen van vroeger; of misschien juist wel dankzij die vervelende tijd en de manier waarop hij of zij daarmee is omgegaan.

De benodigde kracht en motivatie moet je uit jezelf zien te halen. Aan het eind van de dag, als je je ogen sluit, ben je alleen. Het zijn je eigen gevoelens waarmee je moet dealen. Het managen van je gevoelswereld is niet makkelijk. Maar het kan: door dicht bij jezelf te blijven en je problemen in handen van God te geven. Je kunt niet alles op je eigen schouders dragen. Dan bezwijk je. God zit op zijn troon en ziet alles. Hij kan mensen omhoog liften uit de ellende.

Dankzij dat besef kan ik tegenslagen steeds beter een plek geven. Negatieve ervaringen komen in alle soorten en maten, in elke leeftijdsfase. Van een slecht cijfer op school tot het overlijden van een geliefde. Natuurlijk is er dan eerst pijn en boosheid, niemand is van steen. Neem de tijd om pijnlijke ervaringen te verwerken, dat is belangrijk, maar blijf er niet in hangen. Pak daarna je ritme weer op. Vertrouwend op de *blessings* die je nog te wachten staan. Laat de ervaringen je triggeren om je karakter te sterken, net zolang tot je een dikke huid hebt, met daaronder een zelfverzekerde persoonlijkheid.

Negativiteit, weet ik uit ervaring, kost heel veel energie. Terwijl de tijd die ons gegeven wordt toch al zo schaars is. Die probeer ik te gebruiken om het beste uit mezelf en het leven te halen. Werkend aan mijn *destiny*. Dominee T.D Jakes heeft daar laatst in een kerkdienst iets heel sterks over gezegd:

Everbody's got dreams, but destiny-people got an appointment.

Dat pakte me meteen. Kijk, ieder mens heeft dromen. Maar je bent gecreëerd voor een bepaalde lotsbestemming. Destiny-people laten het niet bij dromen, die grijpen hun kansen, die dóén het. Sommige dingen moet je opeisen. Veel dingen die ik heb meegemaakt in mijn leven moesten zo zijn. Een voorbeeld: voor mijn laatste contractverlenging bij PSV, zei ik pas weg te gaan als ik kampioen was geworden. Dat was geen loze tekst. Ik zei het uit volle overtuiging, omdat het mijn destiny was, waar ik op volle kracht achteraan ben gegaan. Door die vast te pakken en niet meer los te laten. Alle ingevingen die je krijgt, kunnen werkelijkheid worden. Bid ervoor, werk hard aan die droom en zorg dat je *ready* bent als de beloning tot je komt.

Het nemen van die verantwoordelijkheid voor mijn eigen geluk heb ik moeten leren. Gelukkig heb ik mensen om me heen, en fans, die van me houden om wie ik ben. Er zijn haters. Mensen die me misgunnen wat ik bereik. T.D. Jakes zegt over dat gegeven:

It's only small minded people that become haters.
They don't hate you because they hate you,

They hate you because they're scared of you.
They hate you because you remind them of what they could have been.
Had they've been working a little bit harder.

Dat is een keiharde waarheid. Haters haten je omdat jij bent wat zij óók hadden kunnen zijn, als ze dingen in hun leven anders hadden aangepakt. Het zegt dus niets over jou maar alles over hen. Haters zijn ontevreden en onzeker. Zij blijven hangen in het negatieve. Ik heb oprecht met ze te doen.'

6. Puber op eigen benen

Zijn zestiende verjaardag markeert twee belangrijke gebeurtenissen voor Memphis. Naast de verhuizing naar zijn eigen appartementje, tekent hij bij PSV zijn eerste profcontract. De aanvaller gaat twaalfhonderd euro per maand verdienen. Het merendeel daarvan, negenhonderd euro, wordt opgeslokt door de huur van zijn appartement. 'Tijdens de gesprekken over dat eerste contract bleek weer hoe overtuigd Memphis van zichzelf was,' vertelt Joost Leenders. 'Kees Ploegsma adviseerde hem gewoon akkoord te gaan met het voorstel van PSV. Het was een standaardcontract, zoals iedere talentvolle jeugdspeler van zestien jaar dat kreeg. Memphis vroeg zich af of er niet wat meer uit te halen was. Hij realiseerde zich dat hij een groter talent was dan de andere jongens met eenzelfde contract. Toen heeft Kees op zijn eergevoel ingespeeld. Hij zei: "Als jij je grote talent waarmaakt, krijg je over een jaar een veel beter contract. Met een veel hoger salaris, dan wanneer we nu moeilijk gaan doen over een paar honderd euro extra in je eerste contractje." Dat vond Memphis meteen een mooie uitdaging. Hij zei: "Oké, dan tekenen we volgend jaar een vet contract. Ik ga het jullie bewijzen."'

Aan de ondertekening van zijn eerste verbintenis is een tumultueuze periode voorafgegaan. Memphis is trots, PSV is blij, daar zit het probleem niet. Het is de jacht van de zaakwaarnemers die de verhoudingen rondom het talent op scherp heeft gezet. Officieel mag een agent jeugdvoetballers pas vanaf hun zestiende jaar begeleiden, maar bij Memphis barst het circus al veel eerder los. Zijn talent is hem vooruitgesneld, de geur van het grote geld lokt velen. 'Memphis was amper veertien jaar of de eerste zaakwaarnemers stonden bij jeugdwedstrijdjes al langs de kant voor hem,' herinnert Cora zich. 'Die kwamen dan praatjes maken met mij. Beetje slijmen over wat een geweldig talent Memphis was. Kort daarop stonden ze zelfs bij me voor de deur. Je weet echt niet wat je meemaakt. Er zat een zaakwaarnemer bij die met nieuwe voetbalschoenen voor Memphis kwam aanzetten. Alles om maar in het gevlei te komen bij hem en bij mij.'

Memphis: 'De eerste die me wilde begeleiden was U-Niq, een rapper uit Rotterdam met wie ik bevriend was geraakt. Dat zag mijn moeder niet zitten.'

Cora: 'Ik kende die hele vent niet. Ik vond het geen goed idee en ging daar tussen zitten. Wat vervolgens weer problemen opleverde tussen Memphis en mij.'

Memphis: 'In de periode erna doken steeds meer mensen op die zich met mijn begeleiding wilden bemoeien. Daar zaten onbekenden tussen, maar ook mensen uit mijn directe omgeving. Terwijl die in de moeilijkste tijd van mijn jeugd niets van zich hadden laten horen. Opeens wisten ze me weer te vinden. Omdat er geld om de hoek kwam kijken. Zelf vond ik al dat gedoe heel vervelend. Ik maakte kennis met wat er allemaal gebeurt als er geld in het spel is. Mensen gaan je opeens claimen. Betrokkenen gaan spelletjes spelen en mensen tegen elkaar uitspelen. Allerlei belangen raakten in elkaar verstrengeld. Tot in mijn eigen omgeving aan toe. Daarom was het goed dat Joost er na de eerste gesprekken met geïnteresseerde zaakwaarnemers bij kwam, om de boel in goede banen te leiden. Ik was er even helemaal klaar mee.'

Tijdens de eerste gespreksronde heeft Memphis het beste gevoel bij Kees Ploegsma. Maar ergens knaagt de twijfel nog. Vandaar dat hij een tweede gesprek met Ploegsma aanvraagt, ditmaal met Joost erbij, zodat ook zij elkaar kunnen leren kennen. Daarna hakt Memphis de knoop door: Kees moet zijn zaken gaan doen.

'Ik heb alle sentimenten losgetrokken van de discussie wie mij het beste kon gaan begeleiden,' vertelt Memphis. 'Ik koos voor Kees vanwege het vertrouwen dat hij wekte, zijn ervaring in dit werk en met Sports Entertainment Group heeft hij een groot bureau achter zich staan. Het vertrouwen gaf de doorslag. Al snel was Kees veel meer voor mij dan alleen zaakwaarnemer. We zijn vrienden geworden. Ook buiten zijn vakgebied om heeft hij veel voor me gedaan. Soms komt hij over met zijn gezin, dan maken we gewoon lol. Dat staat los van onze zakelijke banden. In mijn psv-tijd was ik vaak bij hem thuis. Gewoon even langsgaan, chillen op de bank. Ik heb het geluk dat ik een paar goede mensen om me heen heb, die ik totaal vertrouw. Naar hen toe ben ik heel loyaal.'

De zoektocht naar professionele begeleiding, en de verstoorde verhoudingen die het met zich meebrengt rond Memphis, kent lange naweeën. 'Door verkeerde communicatie zijn zelfs de familierelaties een tijd verstoord geweest,' vertelt Cora. 'De verhoudingen lagen ingewikkeld. Ik had het als moeder al moeilijk vanwege de fysieke afstand met Memphis, die bij een gastgezin in Eindhoven woonde. Daarbij kwamen zijn begeleiders en ik weleens in elkaars vaarwater terecht. Als moeder trek je bepaalde grenzen en geef je soms tegengas. Begrijp me goed: Joost is in een moeilijke periode heel belangrijk geweest voor Memphis, hij heeft goede dingen gedaan, maar ik merkte dat mijn inbreng steeds geringer werd. Mijn zwakke punt is dat ik mezelf altijd wegcijfer, terwijl iedereen een deel van Memphis claimde. Maar ík ben zijn moeder. Dat gaf wrijvingen waar ik overspannen van ben geraakt, wat ik niet aan Memphis vertelde, omdat ik hem daarmee niet wilde belasten. En ik was bang mijn zoon kwijt te raken. Hij was een tijd niet ontvankelijk voor mij. Ik wilde niet te veel doordrammen, bang als ik was dat het onze relatie zou verpesten. Dat wil je als moeder niet. Nooit.'

Joost: 'Het klopt dat er momenten van onderlinge spanning zijn geweest. Toen dat begon, zijn we bij elkaar gekomen, in een vergaderruimte in een hotel langs de A16: Memphis, Kees, Cora en ik. Dat was een pittig, maar uiteindelijk goed gesprek. Het was Memphis die besloot hoe het verder moest. Hij wilde geen privé-inmenging in zijn professionele begeleiding. Zijn moeder wilde hij vooral als zijn moeder zien, Kees wilde hij als zaakwaarnemer en mij als coach. Natuurlijk was het soms lastig voor Cora. Zij werkte hard, Memphis woonde in gastgezinnen en daarna al vroeg op zichzelf: dan kun je als moeder het gevoel krijgen dat er een zekere verwijdering ontstaat. Hoewel hun band onverwoestbaar is, is dat natuurlijk een moeilijke situatie.'

Memphis: 'Al dat gezeik over zaakwaarnemers en begeleiding had impact op onze familie. Door alles wat mijn moeder heeft meegemaakt vroeger, veranderde ze van een sterke in een onzekere vrouw. Ze was kwetsbaar, bang dat ik uit haar vingers zou glippen, omdat ik al sinds mijn twaalfde weg was uit huis. Dat speelde denk ik mee, in haar wens zelf mensen aan te dragen die konden helpen met mijn begeleiding. Maar ik wilde een professionele zaakwaarnemer bij wie ik een goed gevoel had. Het leidde zelfs een periode tot een verwijdering in de familie. Jarenlang kwam ik niet meer op verjaardagen, met Kerstmis kwam ik niet opdagen. Dat is misschien lullig, omdat mensen dan lijden onder het gedrag van anderen. Maar ik wilde er gewoon even helemaal niks meer mee te maken hebben. Geld kan veel schade aanrichten.'

Het is dus Kees Ploegsma, zoon van de gelijknamige ex-manager van PSV, die het eerste profcontract bezegelt. Boven op het maandsalaris van twaalfhonderd euro krijgt Memphis eenmalig vijfduizend euro tekengeld. In een mum van tijd is het op. De helft geeft hij aan zijn moeder, de andere helft spendeert hij aan schoenen, kleding en een Vespa-scooter. 'Mijn eerste paar dure schoenen kan ik me nog helder voor de geest halen: sneakers van Kanye West x Louis Vuitton, met een roze zool. Daar ben ik speciaal voor naar Antwerpen gegaan. Ze kostten me meer dan duizend euro. Maar hé, het was mijn eigen geld. Voor het eerst zelf verdiend. Ik was trots man, niet normaal meer. Ik was een van de eersten die op die sneakers rondliep. Bij psv werd ik uitgelachen vanwege de roze zolen. Jaren later wilden al die gasten op de club die schoenen hebben.

Een tijdje terug kwam ik Abel Tamata tegen, die speelde vroeger ook bij psv. Hij begon meteen over de opvallende kleding die ik altijd droeg, en over de zelf-bewuste houding waarmee ik rondliep. Anderen namen daar aanstoot aan. Ze dachten dat ik stoer wilde doen. Trainers spraken me aan op het feit dat ik mijn haar verfde. Ze vonden dat ik normaal moest doen. Waarom? En wie bepaalt wat normaal is? Ik vond het mooi. Daar deed ik toch niemand kwaad mee? Abel vertelde dat vooral de oudere spelers over me liepen te roddelen. Ze vonden me maar een verwaand ventje, vanwege mijn houding en uiterlijk. Ik kan me een oefenpotje herinneren met de A1-junioren tegen Jong psv. Op een gegeven moment schopte Jugos Vukovic me compleet doormidden. Puur omdat hij zich aan me ergerde. Hij was twee koppen groter en ouder dan ik, maar ik ben opgesprongen en ben neus aan neus met hem gaan staan. Ik laat niet met me sollen. Al helemáál niet als ik om de verkeerde redenen trappen krijg. Wegwezen man.'

Met de drie jaar oudere Tamata kan Memphis het goed vinden. 'Soms leende ik de auto van Abel, terwijl ik mijn rijbewijs nog helemaal niet had. Tsja, ook daarmee was ik vroeg. Ik had nog helemaal niet de leeftijd om rijles te nemen toen ik op een parkeerplaats al leerde autorijden. Dat was voor de fun. Later reed ik zonder rijbewijs naar Rotterdam en terug. Ik heb ook een paar keer de auto van mijn moeder gepakt, samen met Gigi. Een automaatje, een Toyota. Raar gedrag als je erover nadenkt. Ik nam risico's. Er kan van alles misgaan natuurlijk, met grote gevolgen. Dat je een ongeluk veroorzaakt. Zonder rijbewijs en onverzekerd. Ik stond er simpelweg niet bij stil. Ik vond dat ik goed kon autorijden, voelde me relaxt achter het stuur en in het verkeer. Bij psv wist niemand ervan. Naar het trainingscomplex nam ik natuurlijk gewoon de bus.'

Het is sportief gezien geen exceptionele lichting waarvan hij deel uitmaakt. Van zijn jongere jeugdteams in Eindhoven zal verder niemand de top bereiken. Memphis is de jongen om wie het spel draait en dat weerspiegelt zich in zijn positie: schaduwspits. In die centrale vrije rol eist hij ballen op, duikt in de ruimtes om zijn acties te maken en scoort hij veelvuldig. Het schept hoge verwachtingen, ondanks de conflictsituaties die hem blijven omringen. In de hoogste jeugdelftallen heeft trainer Henk Fräser aanvankelijk zijn handen vol aan Memphis. Fräser heeft ervaring opgedaan in de opleiding van Feyenoord, waar gedrag buiten de lijnen invloed had op de geboden speeltijd op het veld. Vanwege zijn grote mond zit Memphis de eerste weken onder Fräser, in de B-junioren, enkele keren op de bank. Daarna ontstaat een relatie die is gebaseerd op wederzijds respect. Waarin hun karakters nog steeds kunnen botsen, dat wel. Memphis: 'Zeker in mijn jonge jaren was het dubbel in mijn relatie met trainers. Aan de ene kant kon ik heel brutaal uit de hoek komen, wat andere jongens niet durfden. Aan de andere kant hield ik scherp in de gaten wat diezelfde trainers verlangden van hun spelers, zodat ik kon voldoen aan de eisen die ze op voetbalgebied stelden. Fräser was streng, ik was brutaal; dat gaf soms problemen. Maar als ik erop terugkijk, weet ik dat Henk het beste met me voorhad.'

De hoofdtrainer van psv, Fred Rutten, houdt de ontwikkeling van Memphis nauwlettend in de gaten. Zeker als de aanvaller vanuit de A-junioren doorschuift naar de belofteploeg. Fysiek en voetbalinhoudelijk levert die vervroegde overstap geen problemen op. Maar in de relatie met zijn trainer, Marco Roelofsen in dit geval, begint de schoen bij Jong psv opnieuw te knellen. Een onderlinge klik ontbreekt volledig, er zit voortdurend spanning op de lijn. Memphis: 'Ik kan me een wedstrijd met Jong psv herinneren waarin ik een strafschop versierde. Die wilde ik zelf nemen. Begint de trainer vanaf de zijkant te schreeuwen dat Jürgen Locadia de penalty moet nemen. Locadia gun ik dat, geen probleem, maar ik ben naar de zijlijn gelopen en ben demonstratief uit een bidon gaan drinken. Ondertussen onafgebroken naar Roelofsen starend; en ik zei hem dat hij zijn bek moest houden. Hij had me te kakken gezet met zijn geschreeuw om Locadia.'

Zo blijft Memphis onderwerp van gesprek binnen de clubleiding, in steeds hogere regionen. Want hoe scherper de A-selectie in beeld komt, hoe vaker hij ter sprake komt bij technisch manager Marcel Brands, hoofd opleiding Jelle Goes en hoofdtrainer Rutten. Het talent van Memphis staat buiten kijf en is leidend als Rutten begin 2011 verheugend nieuws voor hem heeft. Hij mag, op zestienjarige leeftijd, mee op trainingskamp met het eerste elftal naar Zuid-Spanje. 'Memphis maakt een uitstekende ontwikkeling door en ik wil hem graag eens van dichtbij observeren,' verklaart Rutten zijn keuze voor de A-junior.

Op de ochtend van vertrek wordt Memphis door Joost naar De Herdgang gebracht. Maar op de parkeerplaats van het trainingscomplex bedenkt Memphis zich dat hij zijn paspoort niet bij zich heeft. Problematischer nog: hij heeft zijn rugzak uitgeleend aan een vriend, die ermee op vakantie is gegaan. In die rugtas zit het paspoort. De moed zinkt Memphis prompt in de schoenen. Het zal hem toch niet gebeuren dat zijn eerste trainingskamp met psv om deze reden in rook opgaat? In de trainerskamer van Rutten en zijn assistent Erik ten Hag blijkt die angst ongegrond. 'Je gaat gewoon met ons mee, linksom of rechtsom,' stelt Rutten hem gerust. Memphis krijgt toestemming de laatste training voor vertrek over te slaan, zodat hij met Joost naar de Koninklijke Marechaussee kan gaan voor een noodpaspoort. Na hun terugkeer op De Herdgang zit de selectie al in de spelers-bus, klaar voor vertrek naar het vliegveld. Als Memphis opgelucht de bus instapt, krijgt hij van zowel Rutten als Ten Hag een amicale klap op zijn schouder. Het avontuur kan beginnen.

Het bevalt van beide kanten goed in Spanje. Memphis is trots op zijn vroege kans, al zal hij tijdens de oefenwedstrijden tegen Anderlecht en FC Cartagena nog geen speeltijd krijgen. Tijdens een afsluitend perspraatje toont Rutten zich tevreden en zegt: 'Memphis is inderdaad talentvol. Hij is niet door de ondergrens gezakt en misstond niet in deze selectie.'

Daarbij blijft het niet in de terugblik van Rutten. Meegereisde journalisten vragen de trainer in La Manga naar de activiteiten van Memphis op muziekgebied. Want enkele maanden eerder heeft hij meegewerkt aan een track van Jairzinho, medeoprichter van het urban-label Rotterdam Airlines. Ook in de videoclip van het nummer *Flexin* speelt Memphis een prominente rol, omringd door mooie meiden. 'Als topsporter kun je niet op twee paarden wedden,' reageert Rutten. 'Straks wordt hij heel goed en zegt hij: sorry, ik kan vanavond niet voetballen, want ik moet opreden in Paradiso. Dat kan natuurlijk niet. Maar misschien zeg ik over een tijdje wel: ga vooral door met rappen. Nu is het nog te vroeg voor een loopbaanadvies.'

Memphis neemt met verbazing kennis van de uitspraken van Rutten. 'Tegen mij heeft hij dit nooit zo gezegd. Ik schrok ervan, want ik wilde het allebei: voetballen en rappen. En ik wist zeker dat het te combineren viel. Rutten zag het blijkbaar anders. Dat voorbeeld over optreden in plaats van voetballen sloeg nergens op. Hallo, dat begrijp ik ook nog wel, dat voetbal altijd voorgaat. Het rappen was helemaal niet zo serieus voor mij. Het was een hobby in mijn vakantietijd. Mag een profvoetballer geen hobby's hebben?'

Vier maanden later heeft Memphis andere dingen aan zijn hoofd. Met het Nederlands elftal onder 17 vertrekt hij naar Servië voor het EK. Met een kansrijke selectie. Ook Tonny Vilhena is van de partij, net als Jetro Willems, Nathan Aké, Terence Kongolo en Karim Rekik. Naast Memphis is verdediger Menno Koch de enige andere PSV'er in de groep. Trainer is Albert Stuivenberg, die hij jaren later bij Manchester United opnieuw zal tegenkomen als assistent van Louis van Gaal. 'Stuivenberg vond ik een wijsneus,' vertelt Memphis. 'Hij gedroeg zich als Van

Gaal, maar dan zonder diens kennis en uitstraling. Ik weet nog dat we in de voorbereiding een keer trainden met de toernooibal. Die zwabberde wat meer dan de ballen waar we normaal mee trainden. Dus tijdens het oefenen op corners moest ik even de juiste *touch* zoeken. En Stuivenberg maar zeiken dat mijn corners niet goed waren. Toen schreeuwde ik tegen hem dat hij zelf maar lekker de corners moest gaan voordoen. Het werd doodstil op het trainingsveld. Niet handig van mij, dat snap ik ook wel. Maar als mensen me voor joker probeerden te zetten, beet ik van me af. Of je nou mijn trainer was of niet.'

Het weerwoord heeft geen sportieve gevolgen voor Memphis. Hij is vaste basisspeler in Servië, waar Oranje onder 17 ongeslagen blijft in een poule met Duitsland, Roemenië en Tsjechië. Nadat in de halve finale Engeland met 1-0 is verslagen, dendert de nationale jeugdploeg in de finale met 5-2 opnieuw over Duitsland heen. Vlak voor rust levert Memphis de assist bij de gelijkmaker (2-2) van Vilhena, enkele minuten later zet hij zijn ploeg op voorsprong. Voor het eerst in de Nederlandse voetbalgeschiedenis kroont Oranje onder 17 zich tot Europees kampioen. Het daaropvolgende WK in Mexico verloopt teleurstellend. Na nederlagen tegen het gastland en Congo plus een gelijkspel tegen Noord-Korea valt al in de groepsfase het doek.

Na het WK onder 17 gaat Memphis over tot de orde van de dag. Hij mag opnieuw mee op trainingskamp met de A-selectie, ditmaal naar Engeland, waar hij in een oefenduel met Middlesbrough als invaller zijn officieuze debuut maakt. Meteen na terugkeer in Eindhoven krijgt hij een verbeterd en verlengd contract van PSV, tot 2014.

Positioneel is Memphis inmiddels verhuisd van de centrale vrije rol naar de linkerflank. Als vleugelspeler traint Memphis die zomer mee met de hoofdmacht, waarbij hij als stagiair wordt aangemerkt. Officieel maakt hij deel uit van Jong PSV. 'Dat was een tijd waarin het gedrag van Memphis bepaalde hoe snel hij zijn

kans in het eerste elftal zou krijgen,' weet Joost Leenders. 'Hij werd al snel ongeduldig. Op de training merkte Memphis hoe goed hij meekon met het niveau.
Hij begreep er niks van dat hij desondanks in Jong PSV moest blijven spelen,
en ging nukkig doen. Terwijl Rutten juist positief gedrag wilde zien voordat hij
Memphis zou laten debuteren. Dan gaat dat elkaar versterken: Memphis werd
steeds chagrijniger vanwege zijn uitblijvende kans, wat zijn kans op een spoedig
debuut weer beïnvloedde.'

Memphis weet wat hem te doen staat. 'Ik moest mijn gretigheid op een positieve manier omzetten op het trainingsveld en in wedstrijden van Jong PSV. Dan
kon het nooit lang meer duren. Achteraf werd me duidelijk dat ik mentaal werd
getest. Fred Rutten is een slimme trainer, hij speelt *mind games* met zijn spelers.
De ene keer mocht ik meetrainen met het eerste elftal, dan weer niet en dan
opeens weer wel. Hij wilde weten hoe ik daarop zou reageren. Hij had natuurlijk
allang gehoord dat ik een mannetje was. Rutten nodigde me ook eens uit voor
een gesprek in zijn trainerskamer. Hij vroeg of ik mezelf al klaar vond voor het
eerste elftal. Ik gaf het antwoord dat hij waarschijnlijk wel had verwacht van mij:
ja. Ik was ongeduldig. Tijdens trainingen merkte ik dat ik meekon met de grote
jongens. Dat wilde ik op het veld óók laten zien.

Een andere keer vroeg hij of ik mijn doelstellingen wilde opschrijven. Dat was
voor mij simpel: zo snel mogelijk debuteren en een basisplaats veroveren. Hij
liet je bewust nadenken over je eigen ontwikkeling. Na wedstrijden gaf hij vaak
rapportcijfers aan iedere speler. Ook een manier om je te prikkelen of juist een
compliment te geven. En dan weer kijken hoe je daarmee omging. Ik vond Rutten
een goede trainer en een interessante man.'

Joost: 'Rutten en Ten Hag zijn heel erg bezig met de ontwikkeling van spelers.
Ze hebben een plan. En ze staan open voor verschillende inzichten. Zowel Rutten als Ten Hag nodigde me regelmatig uit om bij te praten over Memphis. Ze

legden hun keuzes uit en daardoor kon ik bepaalde dingen doortrekken in mijn gesprekken met Memphis.'

Memphis: 'In die periode kwam het "mannetje Memphis" steeds meer tot leven. Ik liep vaak met Labyad door de stad. Hij werd regelmatig herkend, dan moest ik foto's van hem en zijn fans maken. Ik bedacht me dan hoe de rollen later zouden worden omgedraaid. In mijn hoofd tekende ik uit hoe mijn toekomstige leven eruit zou zien. Als jongetje deed ik dat al, als ik ballenjongen mocht zijn bij wedstrijden van psv 1 keek ik om me heen naar die volle tribunes en probeerde me voor te stellen hoe ik daar later als speler zou rondrennen. Ik gloeide helemaal van binnen bij die gedachte. Ik had dat soort toekomstbeelden op allerlei gebieden. Op latere leeftijd keek ik vanuit mijn appartementje uit op de Vesteda Toren, bij de Vestdijk. Een hoge moderne woontoren, glimmend in het licht. Tegen mijn vrienden zei ik altijd dat mijn volgende huis daar zou zijn. Sommige spelers uit het eerste elftal van psv - Balázs Dzsudzsák, Erik Pieters, Kevin Strootman - woonden daar al. Dat wilde ik ook. Nadat ik mijn vernieuwde contract had getekend, ben ik daarnaartoe verhuisd.'

Op 21 september 2011 bereikt hij een sportieve doelstelling. Ruim vijf jaar nadat hij huis en haard en Sparta verliet voor psv, maakt Memphis zijn officiële debuut in de hoofdmacht. Dat viert hij, in het bekerduel met vvsb (8-0), met twee goals. De eerste is een hard afstandsschot in de hoek, de tweede een intikker op aangeven van zijn vriend Labyad.

Het competitiedebuut laat een tijdje op zich wachten, mede vanwege een knieblessure. Bovendien is de Belgische aankoop Dries Mertens links voorin zeker van zijn plaats. Maar op 26 februari 2012, kort na zijn achttiende verjaardag, komt Memphis tegen het einde van het thuisduel met Feyenoord (3-2) in het veld voor matchwinnaar Labyad. Zijn visitekaartje in de Eredivisie is een sprint van tachtig meter met de bal aan zijn voet. Na een weggewerkte vrije trap van Feyenoord pikt

Memphis de bal enkele meters buiten het eigen strafschopgebied op. Wat volgt is een spurt in een steeds hogere versnelling, langs Tonny Vilhena, met Kamohelo Mokotjo in de achtervolging. Zijn openingsact in het Philips Stadion eindigt bij de achterlijn met een schot in de korte hoek, waar Feyenoord-doelman Erwin Mulder redding brengt.

Bij zijn tweede invalbeurt, drie weken later, is het wél raak. Zes minuten nadat Memphis tegen sc Heerenveen in het veld is gekomen voor Dries Mertens werkt hij een voorzet van Kevin Strootman tegen de touwen. Na afloop maakt het grote publiek kennis met zijn branie. Hij wordt geïnterviewd door Omroep Brabant en dat gesprek eindigt als volgt:

Memphis: 'Ik klop aardig op de deur.'

Verslaggever: 'En deze goal is een extra harde klap op die deur.'

Memphis: 'Ja, inderdaad. Deur kapot.'

Twee invalbeurten en een doelpunt tegen vvv-Venlo later, wordt Memphis bij Phillip Cocu geroepen. Cocu is enkele weken eerder, na het ontslag van Fred Rutten, aangesteld als interim-hoofdcoach van psv. De ex-international heeft goed nieuws voor Memphis: hij wordt definitief aan de A-selectie toegevoegd. Zijn blijdschap deelt hij via Twitter. Op 9 april 2012 om 16.21 uur plaatst Memphis een bericht, met erbij een foto van zijn naambordje in de kleedkamer: *'Trainer #cocu heeft me beloond vanaf nu in de kleedkamer ben heel blij!'*

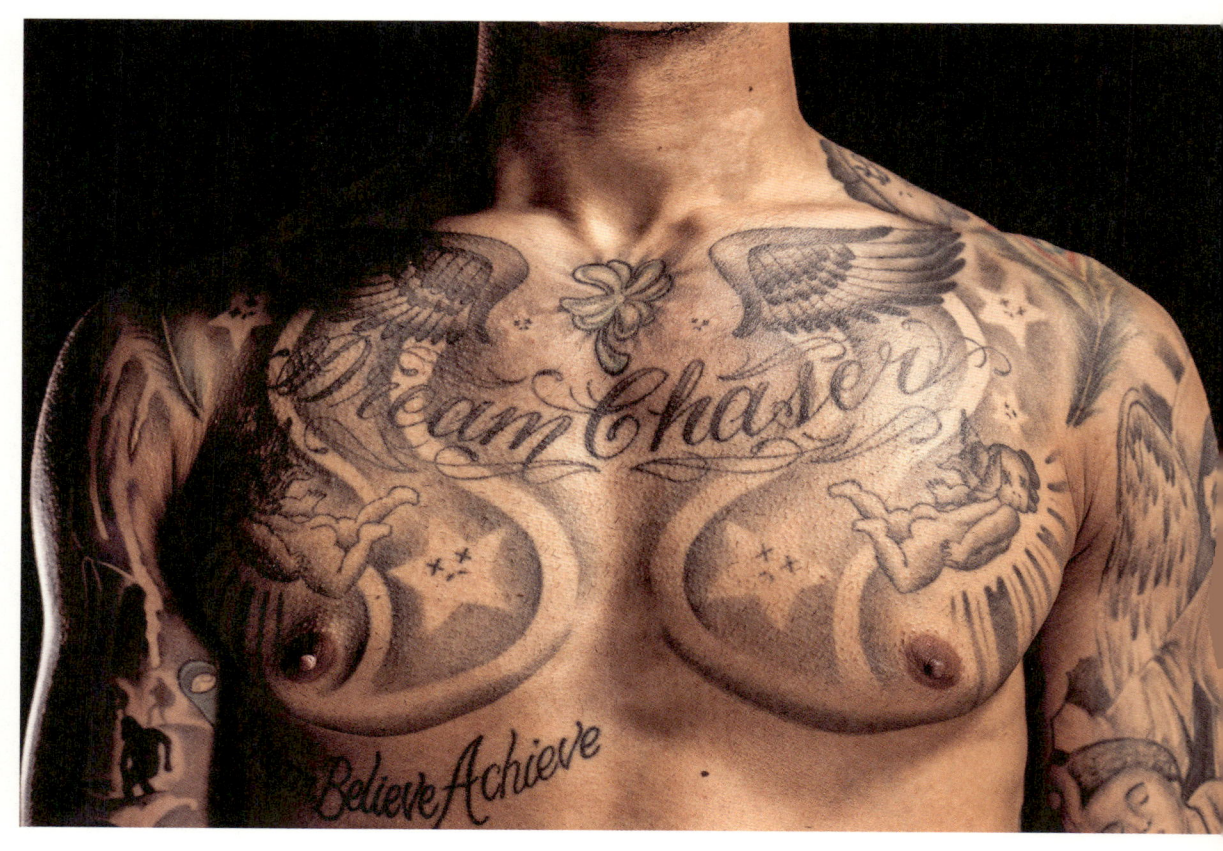

7. Doorbraak bij PSV

Nu Memphis de kleedkamer van PSV officieel tot zijn domein mag rekenen, is zijn grote droom een stap dichterbij gekomen. De jacht op een doorbraak in de top gaat een volgende fase in. Dat gegeven vereeuwigt hij in de zomer van 2012. Op zijn borstkas laat Memphis een tattoo zetten, waarin met grote sierlijke letters de tekst *Dream Chaser* centraal staat. Ter omlijsting laat hij daaromheen twee vleugels, twee engelen, vijf sterren en decoratieve afbeeldingen tatoeëren. In het midden een klavertje vier. 'Vooral de tekst geeft precies weer hoe ik me in die periode voelde,' legt Memphis uit. 'Ik was mijn dromen aan het najagen. En dat mocht iedereen weten.'

Het is niet zijn eerste tattoo. 'Ik was net vijftien jaar geworden toen ik mijn moeder vertelde dat ik een tatoeage ging laten zetten. Dat vond ze absoluut geen goed idee. Ze vond me veel te jong en zei dat ik een paar jaar moest wachten. Maar ik wilde helemaal niet wachten. Ik ben naar een Antilliaanse tatoeëerder in Den Haag gegaan. Die werkte gewoon vanuit zijn flatje. Ik had geen idee wat ik precies wilde. Die gozer begon mijn voornaam op papier te schrijven, met mooie letters. Ik zei: "Ja joh, prima, doe dat maar. Op mijn linkeronderarm." De letters pakten veel groter uit dan ik in mijn hoofd had zitten, maar dat vond ik juist mooi. Ik was hartstikke trots. Ik zal nooit het moment vergeten dat ik het aan mijn moeder liet zien. Ze werd gek toen ze het zag. Echt gek. Het werd zwart voor haar ogen. Ik heb haar maar niet verteld dat ik al aan het nadenken was over een volgende tattoo.'

Twee maanden nadat Memphis officieel tot de A-selectie van psv is toegetreden, tekent hij voor de derde keer in drie jaar tijd een nieuw contract. Zijn salaris wordt opnieuw opgeschroefd en de duur wederom verlengd, ditmaal tot 2017. 'Memphis geldt als een van de grootste talenten van Nederland,' zegt technisch manager Marcel Brands na de ondertekening. 'Bovendien is hij een heel gedreven en ambitieuze jongen.'

Maar Brands maakt de opstelling niet bij psv. Dat doet vanaf de zomer van 2012 de nieuwe trainer, Dick Advocaat. Op het persoonlijke vlak is er vanaf de eerste dag een klik. Memphis: 'Volgens mij mocht Advocaat mij graag. Dat voelde ik. Hij was altijd relaxt en maakte grapjes met me. Dat deed me goed; een trainer met zijn status. Tijdens trainingen was hij lekker fanatiek, Advocaat kon de boel goed aanjagen. Voor mij waren de trainingen toen leuker dan de wedstrijden. Op mijn houding was volgens mij niet veel aan te merken. Ik trainde keihard en had respect voor Advocaat. Dick is een goed mens.'

Hoe goed ze het ook met elkaar kunnen vinden, speeltijd krijgt Memphis onder Advocaat nauwelijks. De drie aanvalsposities worden bezet door Dries Mertens, Jeremain Lens en Luciano Narsingh. De coach ziet geen reden daaraan te tornen. Memphis zit elke week in de wedstrijdselectie, maar moet het vooral doen met korte invalbeurten. Twee keer in dat seizoen staat hij bij een competitiewedstrijd aan de aftrap. In de winterstop zinspeelt Advocaat op verhuur van het talent. 'Memphis heeft drie internationals voor zich op de plekken waarop hij kan spelen,' zegt de hoofdtrainer tijdens een persconferentie. 'Ik vind al langer dat hij meer moet spelen, dat is goed voor zijn ontwikkeling.'

Tot verhuur aan een andere club komt het niet, op voorspraak van Marcel

Brands. De technisch manager koestert de dubbele bezetting op de aanvalsposities en Memphis moet geduld hebben. 'Dat vond ik een moeilijke periode,' blikt Memphis terug. 'Verhuur zag ik sowieso niet zitten. Ik wilde vechten voor mijn kans bij PSV. Al zag ik ook wel in dat we een heel sterke voorhoede hadden. Dat was het seizoen waarin Mertens zijn transfer naar Napoli afdwong. Dat zegt wel iets natuurlijk. Toch was het zwaar. Af en toe speelde ik een wedstrijd met Jong PSV, maar meestal zat ik op de bank bij het eerste elftal. Ik voelde me als een leeuw die in een kooi werd gehouden: zwaar gefrustreerd. In die tijd sprak ik regelmatig met Cocu, die was dat seizoen trainer van de A-junioren. Hij zei dat ik moest blijven doen wat ik deed: hard werken en in mezelf blijven geloven. Ik trainde als een beest. Maar wat ik ook deed, er veranderde niks.'

Niettemin valt Memphis op tijdens zijn invalbeurten. Maar met voetbal heeft dat weinig van doen. Hij blijkt irritatie op te wekken. 'Memphis heeft heel veel talent, maar soms denk ik dat hij knettergek is,' zegt voormalig PSV-aanvaller en voetbalanalist Kenneth Perez in het voorjaar van 2013 in NUsport-magazine. 'Hij wekt de indruk dat hij de zaken om het voetbal heen, zoals zijn tattoos *all over the place*, belangrijker vindt dan bijvoorbeeld wat extra uurtjes trainen.' In diezelfde periode doet ook Ronald Koeman een duit in het zakje. 'Ik zag Memphis laatst bij Oranje onder 19 en hij liep erbij alsof hij al tien Europa Cups heeft gewonnen,' zegt Koeman in *Voetbal International.* 'En kapsónes. Waar gaat het over?'

De felle kritiek raakt Memphis. Vooral omdat er openlijk wordt getwijfeld aan zijn instelling door voormalige topvoetballers. 'Het is moeilijk jezelf tegen dit soort dingen te verweren. Maar ik vond het niet eerlijk, omdat het was gebaseerd op mijn uiterlijk en houding. Terwijl ik bij PSV meestal als laatste van het trainingsveld stapte. Na de groepstraining deed ik juist vaak extra afrondingsoefeningen of werkte ik aan mijn traptechniek. Ik draaide extra uren in de gym om sterker te worden. Ik huurde op eigen kosten een diëtiste in, Brenda Frunt, zodat mijn voeding in orde was. Ik kan niet koken en Kees Ploegsma regelde dat ik bij een restaurant gezond eten kon ophalen. De kok van dat restaurant verzorgde mijn maaltijden in overleg met Brenda. Bij PSV wist iedereen wat ik allemaal deed om topfit te blijven. Maar de buitenwereld wist dat blijkbaar niet. Ik had geen behoefte mezelf te verweren. Het zou ook raar overkomen wanneer je het als jonge gozer in de pers gaat opnemen tegen een grootheid als Koeman. Ik bleef tegen mezelf zeggen dat mijn tijd nog wel zou komen. De tijd dat het niet meer over mijn tattoos of muziek of zelfverzekerde houding zou gaan, maar over mijn prestaties. Ik bleef in mezelf geloven, ondanks de meningen van de buitenwereld. Ik ben een vechter. Opgeven is voor mij geen optie. Nooit.'

Na zijn teleurstellende eerste seizoen in de A-selectie lonken er nieuwe kansen als concurrent Dries Mertens naar Napoli vertrekt. Ook in de technische staf vindt een wijziging plaats: trainer Dick Advocaat houdt het na de gemiste landstitel voor gezien en wordt vervangen door Phillip Cocu. Memphis beseft dat de deur naar het basisteam nu openstaat. 'Cocu wist al wat mijn specifieke kwaliteiten waren en die wilde hij optimaal benutten. Dus ik kon gaan doen waar ik goed in ben. Acties maken, in scoringspositie komen. Killen. Eindelijk.'

De wisselwerking tussen Cocu en Memphis is een geruststelling voor Joost Leenders. Hij durft zelfs te hopen dat er voorlopig geen binnenbrandjes geblust hoeven te worden. 'Memphis ontwikkelde zich snel in de periode onder Cocu,' zegt de prestatiecoach. 'Als voetballer en ook als persoon. De ingezette gedragsverandering werd gesignaleerd door Cocu. Phillip is een rustige en begripvolle coach, die de juiste toon te pakken had. Memphis voelde dat Cocu hem serieus nam. Dat hij belangrijk was voor de ploeg en voor de trainer. In zijn begintijd was zijn relatie met de trainers veel meer een gevecht. Memphis was destijds nog te onrustig. Ook Fred Rutten en Erik ten Hag waren specifiek en doordacht met hem bezig. Maar Memphis dacht aan één ding: hij vond dat hij klaar was voor zijn kans in het eerste elftal. Rutten en Ten Hag vonden het nog te vroeg. Later gebeurde onder Dick Advocaat hetzelfde. Onder Cocu was de situatie anders, ook omdat Memphis zich inmiddels op persoonlijk vlak had ontwikkeld. Zijn karakter was stabieler, hij had geen gekke uitspattingen meer. Phillip signaleerde dat en liet hem tijdens zijn interim-periode meteen debuteren. Later, als vaste hoofdcoach, gaf hij hem het volledige vertrouwen.'

Memphis: 'Mijn mening over Cocu is simpel: ik vind hem een toptrainer. En dat zeg ik niet omdat hij mij kansen heeft gegeven. Al helpt dat natuurlijk wel om een goede band te creëren. Het gaat me nu om zijn capaciteiten en dat zijn er veel. Cocu ziet het spel scherp en zijn trainingsvormen zijn echt goed. Achter elk positiespelletje zat een gedachte, puur gericht op hoe we het in wedstrijden moesten gaan doen. En in zijn benadering van spelers is Cocu fantastisch. Je hebt trainers die al hun spelers over één kam scheren, iedereen krijgt dezelfde aanpak. Zo werkt Louis van Gaal bijvoorbeeld. Cocu doet het anders. Hij kijkt goed naar de verschillende karakters van zijn spelers en past daar zijn benadering op aan. Die man heeft echt mensenkennis.

Als ik naar mezelf kijk: een trainer hoeft tegen mij niet veel te zeggen. Geef me vertrouwen, vertel me de basisdingen van de teamtactiek en gooi me het veld in. Daar komt het eigenlijk op neer. Dan zoek ik de rest wel uit als ik bezig ben. Cocu begreep dat het bij mij niet werkt als je me de hele dag volpompt met op-drachten. Mijn karakter zie je terug in mijn spel. Ik ben een unieke speler. Een creatieve voetballer die zijn intuïtie volgt. Ik heb een bepaalde vrijheid nodig, in mijn hoofd en op het veld. Dat heeft niks met egoïsme of zo te maken, het is de manier waarop ik het best rendeer, en dus waarop ik van waarde ben voor de ploeg.

Spelers onderling bekijken dat ook op die manier. Hoe beter ik speelde bij PSV, hoe harder ploeggenoten voor me gingen rennen. Omdat ze wisten dat ik voorin het verschil kon maken. De trainer wist dat ook. Cocu snapte precies hoe hij met mij moest omgaan. Tot op zekere hoogte gaf hij me vrijheid en als ik gekke dingen deed, riep hij me op het matje. Moest ik bij hem in zijn kantoortje komen. Dan sprak hij op een rustige manier met me. Cocu heeft geen stemverheffing nodig om zijn punt te maken. Door zijn houding en kennis neem je dingen van hem aan. Op die manier wist hij niet alleen in mij het beste naar boven te halen, zo werkte dat volgens mij ook bij de andere spelers, waardoor hij uiteindelijk dus het maximale uit de hele ploeg haalde. Dan ben je in mijn ogen een vakman. Ik hoop dat onze wegen elkaar nog een keer kruisen. Samen bij een internationale topclub, dat lijkt me echt mooi.'

In het eerste volledige PSV-seizoen van Cocu als hoofdtrainer telt Memphis zijn zegeningen. Hij staat in de competitie en de Europese bekertoernooien standaard in de basis, behalve tegen PEC Zwolle (geschorst) en SC Heerenveen (geblesseerd). Vooral in de slotfase van het seizoen schroeft de linkerspits zijn doelpuntenmoyenne op: in de laatste tien competitiewedstrijden scoort Memphis zes keer. Daarmee eindigt zijn eerste volwaardige seizoen in de hoofdmacht met twaalf treffers en acht assists. En hij maakt zijn debuut in het Nederlands elftal, op 15 oktober 2013, als bondscoach Louis van Gaal hem laat invallen tijdens de WK-kwalificatiewedstrijd tegen Turkije.

Soms denkt hij dat seizoen terug aan een gesprek met Guus Hiddink. De gelouterde coach fungeert als klankbord van Cocu en komt regelmatig buurten op het trainingscomplex van PSV. Daar raakt Hiddink in gesprek met Memphis. 'Een van de eerste dingen die Hiddink tegen me zei, was dat ik meer acties op het veld moest maken. Ik wist echt niet wat ik hoorde. Ik maakte al vrij veel acties en soms kreeg ik te horen dat ik het te véél deed. Hiddink draaide het om. Hij zei dat ik moest doen waar ik goed in ben. Cocu benadrukte dat ook regelmatig, hoor. Maar het was bijzonder om het bevestigd te krijgen van een topcoach als Guus Hiddink.'

In de zomer van 2014 wordt het contract van Memphis opnieuw opengebroken. Zijn salaris gaat voor de vierde keer omhoog, de looptijd wordt verlengd tot 2018. 'Hiermee hebben we een duidelijke, strategische keuze gemaakt,' licht technisch manager Marcel Brands toe. 'Het budget dat beschikbaar was voor een aanvaller in de breedte is nu benut om Memphis bij PSV te houden. We zijn trots op zijn ontwikkeling.'

Memphis viert zijn contractverlenging op de huizenmarkt. Voor vijfduizend euro per maand huurt hij een loft van 450 vierkante meter in de Lichttoren, op de hoek van de Mathildelaan en de Emmasingel, op loopafstand van het PSV-stadion. De immense ruimte is door de huisbaas gevuld met onder meer een boksring, een wijnkamer en een bibliotheek. In de badkamer hangt Memphis een grote afbeelding op van bokslegende Mohammed Ali.

Diezelfde zomer koopt Memphis voor 670.000 euro een appartement in Rotterdam, op de Kop van Zuid, op de eenenveertigste verdieping van een woontoren. Daar heeft hij weinig plezier aan beleefd. 'Ik heb daar een flinke verbouwing van een paar ton tegenaan gegooid. Het was net klaar, het was eindelijk ingericht, toen er werd ingebroken. Alles weg. Mijn Louis Vuitton-collectie, al mijn dure kleren en schoenen. Twee televisies van twintigduizend euro per stuk. Mijn iMac. Gelukkig hebben ze geen spullen met emotionele waarde meegenomen. Maar door die inbraak knakte er iets. Ik heb dat appartement meteen weer verkocht.'

Na het succesvolle WK met Oranje in Brazilië, doet zich een aanlokkelijke kans voor op een buitenlandse transfer. Tottenham Hotspur meldt zich en is bereid twintig miljoen euro voor Memphis neer te tellen. Het bezorgt hem weinig hoofdbrekens. 'Tottenham is een mooie club, maar zit niet in het rijtje van absolute topclubs. Bovendien was ik nog niet klaar bij PSV. Ik wilde per se een keer kampioen worden in Eindhoven. Georginio Wijnaldum dacht daar precies hetzelfde over. We hadden een sterke selectie en een goede coach, het volgende seizoen moest het gaan gebeuren bij PSV. Bovendien was ik vastberaden topscorer van Nederland te worden. Dan zouden daarna de mooie aanbiedingen uit het buitenland echt wel weer komen. Ik kende geen enkele twijfel. Het scenario zat in mijn hoofd en ik was ervan overtuigd dat het zou gaan uitkomen.'

Voorafgaand aan wat zijn laatste seizoen bij PSV zal zijn, formuleert Memphis met Cocu zijn persoonlijke doelstellingen. Ze zijn het erover eens dat zijn rendement verder omhoog moet. Onderdeel daarvan moet het benutten van vrije trappen zijn. Cocu vindt dat Memphis daartoe, met zijn traptechniek en schotkracht, in staat moet zijn. Dat is Memphis met hem eens. Ter onderstreping van hun afspraak opent hij het seizoen met vijf goals in de eerste drie competitieduels, waaronder twee rake vrije trappen.

Daar blijft het niet bij. De teller stokt uiteindelijk, over alle competities genomen, bij achtentwintig goals. Een verdubbeling ten opzichte van het voorgaande seizoen. Zeven treffers komen voort uit een directe vrije trap, meer dan welke speler ook in Europa dat jaar lukt. Hoewel Memphis door een liesblessure vier competitiewedstrijden mist, eindigt hij het seizoen als topscorer van Nederland met tweeëntwintig goals. Op het jaarlijks voetbalgala van *De Telegraaf*, de KNVB en voetbalvakbond VVCS wordt hij uitgeroepen tot Talent van het Jaar. Op verzoek van Memphis reikt Joost de trofee aan hem uit. Een jaar eerder eindigde hij in diezelfde verkiezing nog net achter Ajax-middenvelder Davy Klaassen. 'Vorig jaar was Memphis er al dichtbij en nu is hij overduidelijk eerste,' verklaart juryvoorzitter Johan Cruijff de keuze. 'Hij heeft een enorme vooruitgang geboekt.'

Dat is ook in het buitenland niet onopgemerkt gebleven. In het voorjaar van 2015 barst de internationale strijd om Memphis los. Liverpool is de eerste club waarmee de onderhandelingen worden geopend. Trainer Brendan Rodgers nodigt Memphis bij hem thuis in Engeland uit voor een gesprek. 'We waren zo goed als rond,' vertelt Memphis. 'Met de uitnodiging van Rodgers gaf Liverpool een signaal af dat ze me echt graag wilden hebben. Dat gesprek verliep goed. Ik was lekker relaxt, Rodgers kwam sympathiek op me over en had een sterk verhaal. Ook de aanbieding waar Liverpool mee kwam, was prima. Er leek geen vuiltje aan de lucht.'

Maar dan loopt Liverpool-aanvaller Daniel Sturridge een zware heupblessure op. Waarop The Reds hun prioriteiten wijzigen. Eerst willen ze een centrumspits aankopen, dat zal uiteindelijk Christian Benteke worden. Pas daarna is de vleugelpositie aan de beurt. Memphis: 'Ze vroegen opeens of ik wilde wachten. Dat vond ik vreemd. Er was al een akkoord, ik was hun eerste keus was me gezegd. Bovendien wist ik niet hoe lang ik zou moeten wachten.'

Intussen heeft ook Paris Saint-Germain zich gemeld. 'Ik ben met Kees Ploegsma naar Parijs gegaan. Daar nam de voorzitter ons mee uit eten en hij vertelde over de grootse plannen van de club. Dat klonk goed. Het was sowieso een prima gesprek. De contractaanbieding was uitstekend, het gevoel was goed. Dus ik ging ervan uit dat ik naar PSG zou gaan. In Nederland wachtte ik de afronding van de transfer af.'

Tot het moment, twee dagen na het etentje in Parijs, dat Memphis zijn telefoon ziet oplichten. 'Ik zat op de bank bij Kees thuis. Beetje ouwehoeren, lekker chillen. Ook spraken we over mijn toekomst. En opeens belde Louis van Gaal. Hij viel met de deur in huis: "We willen je hebben," zei hij. Ik wist niet zo goed wat ik moest antwoorden. "Oké," zei ik. Ik wist dat Manchester United me al een tijdje volgde en dat directeur Ed Woodward al eens met Kees had gebeld. Nu werd het serieus. Van Gaal zei erbij dat ik er niet van uit moest gaan dat ik meteen zou gaan spelen, omdat Angel Di Maria mijn concurrent zou zijn. Dat gaf me nou niet meteen een lekker gevoel. Maar Van Gaal zei óók dat ik me goed had ontwikkeld, dat hij me sinds het WK natuurlijk goed kende en dat er nog veel rek in mijn spel zat. Kees was meteen enthousiast. Ikzelf natuurlijk ook, alleen had ik vraagtekens bij het moment. De transfermarkt was nog niet eens open, dus ik vroeg me af of ik al zo vroeg in de zomer een beslissing moest nemen. Wie weet zouden er nog andere aanbiedingen komen, je weet het niet, er was op zich geen reden tot haast. Kees zei dat ik deze mogelijkheid niet moest laten lopen. Zelf vond ik het natuurlijk ook een fantastische kans. Manchester United, man, veel groter ga je het niet krijgen.'

Donderdag 23 april 2015, vijf dagen na de kampioenswedstrijd PSV tegen SC Heerenveen (4-1, met één goal van Memphis), vliegt Memphis met Ploegsma naar Manchester voor een gesprek met de clubleiding. De onderhandelingen verlopen soepel. Manchester United biedt een hoger salaris dan PSG eerder had gedaan, de status van de Engelse recordkampioen behoeft geen betoog. Ook PSV heeft geen klagen. Het feit dat twee internationale topclubs de concurrentiestrijd aangaan, drijft de prijs van Memphis omhoog. Terwijl Paris Saint-Germain zich nog altijd kansrijk acht, bereikt het gevecht om de handtekening van Memphis op 6 mei de climax. Die ochtend, om 9.45 uur, heeft de PSV-directie op Schiphol een afspraak met de Franse club. De avond ervoor echter heeft Manchester United aan technisch directeur Marcel Brands laten weten snel zaken te willen doen. Een kwartier voordat Brands, algemeen directeur Toon Gerbrands en financieel directeur Peter Fossen met de delegatie van PSG om de tafel gaan, belt Manchester United-directeur Ed Woodward opnieuw. Het is hem menens. Woodward krijgt te horen dat het gesprek met PSG op het punt staat te beginnen, een vervolg op een eerdere ontmoeting van PSV met de Fransen in april. Vanaf dat moment weet Manchester United dat het dezelfde dag nog zal moeten toeslaan.

Voor PSV is het een riante uitgangspositie. De clubleiding brengt Paris Saint-Germain in het gesprek op Schiphol op de hoogte van serieuze belangstelling uit Engeland. Het geeft de onderhandelingen met de Parijzenaars een nieuwe dimensie. Niettemin komen de clubs na twee uur praten tot een principeakkoord. Onder voorbehoud van de instemming van Memphis, die op zijn beurt hoopt dat Manchester United gaat doorpakken.

En dat gebeurt, dezelfde dag nog. Om 19.00 uur mailt de Engelse grootmacht een eerste bod naar PSV, anderhalf uur later stuurt directeur Fossen een tegenvoorstel retour. Later op de avond gaan er opnieuw biedingen heen en weer tussen Manchester en Eindhoven. Om 23.34 uur mailt United-directeur Woodward het verlossende woord: de Engelsen zijn akkoord met het laatste voorstel van PSV. Met de transfer is, inclusief bonussen, vierendertig miljoen euro gemoeid, een record in de Eindhovense clubgeschiedenis. In *Voetbal International* laat Phillip Cocu weten dat in zijn ogen Memphis het juiste moment heeft gekozen voor een overstap naar een buitenlandse topclub: 'Memphis is een jongen die continu moet worden uitgedaagd en geprikkeld. Die telkens nieuwe doelen moet najagen. Na het landskampioenschap met PSV en zijn debuut in Oranje, biedt Manchester United hem die uitdagingen.'

Maar eerst moet de kersverse kampioen van Nederland het seizoen nog voltooien, met wedstrijden tegen Heracles Almelo en ADO Den Haag. Memphis: 'Nadat ik had gekozen voor Manchester United had de clubleiding liever niet dat ik nog zou meedoen bij PSV. Ze waren bang dat ik geblesseerd zou raken. Op zich begrijpelijk, maar ik wilde per se spelen. Ik wilde topscorer van Nederland worden. En op een mooie manier afscheid nemen van PSV.'

Dat lukt, in beide opzichten. Zijn laatste wedstrijd in het Phillips Stadion, tegen Heracles Almelo, vindt plaats op Moederdag. In de aanloop naar dat duel heeft Memphis zijn moeder beloofd een goal voor haar te maken. Na een halfuur spelen slaat hij toe. Van dertig meter afstand jaagt Memphis een vrije trap achter doelman Bram Castro. Nadat de bal in de hoek van het doel is verdwenen, richt hij zijn ogen en wijsvinger naar een plek boven in het stadion. De plek waarvan hij weet dat zijn moeder daar zit. 'Dat was een prachtig moment,' herinnert Cora zich. 'Als voetbalmoeder geniet je van alle fases in de ontwikkeling van je kind. In de jeugdjaren moet alles wijken om hem op tijd bij trainingen en wedstrijden te krijgen. Om hem te kunnen laten doen waar hij zo blij van wordt. Daar heb ik ontzettend veel voldoening en plezier aan beleefd. Later ga je op een andere manier genieten: van het succes dat hij heeft in zijn carrière, in de wetenschap welke weg we samen hebben afgelegd. Het prachtige afscheid van Memphis bij PSV was een moment van grote trots.' Eerder dat seizoen heeft Memphis zijn moeder een auto cadeau gedaan. Op Facebook plaatst hij een korte video waarop te zien is hoe hij Cora verrast met een gloednieuwe Mercedes. Onder het filmpje heeft Memphis een Engelse tekst geschreven:

You work late nights just to keep on the lights.
Mommy got me training wheels so I could keep on my bike.
And you never put no man over me.
And I love you for that mommy!!
I hope I made you proud.

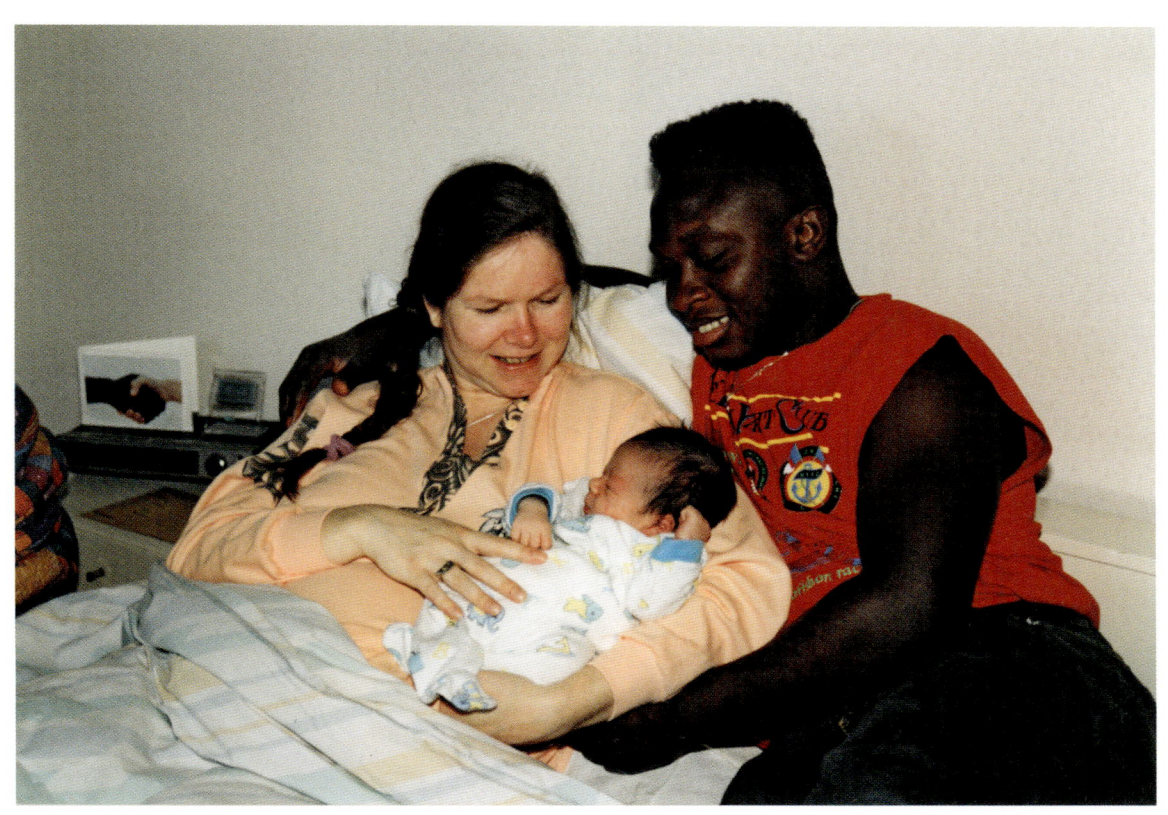

Trotse ouders Cora en Dennis met hun zoontje Memphis

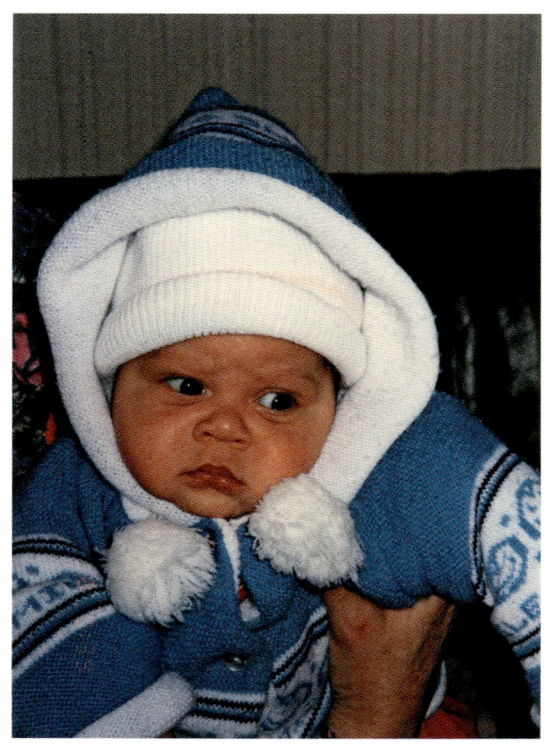

In Diergaarde Blijdorp, met moeder Cora, oma en opa, halfbroer Jeffrey en halfzus Georgina

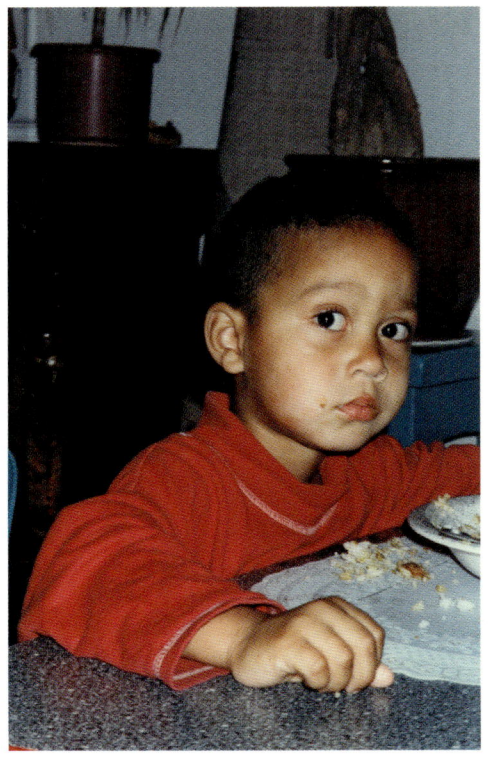

Uit eten met moeder, halfbroer en halfzus

Met moeder Cora op Memphis' derde verjaardag

Op pad met opa en oma

Bij het tweede huwelijk van moeder Cora

Op het complex van Memphis' eerste club,
vv Moordrecht

Memphis als jeugdspeler
van Sparta Rotterdam

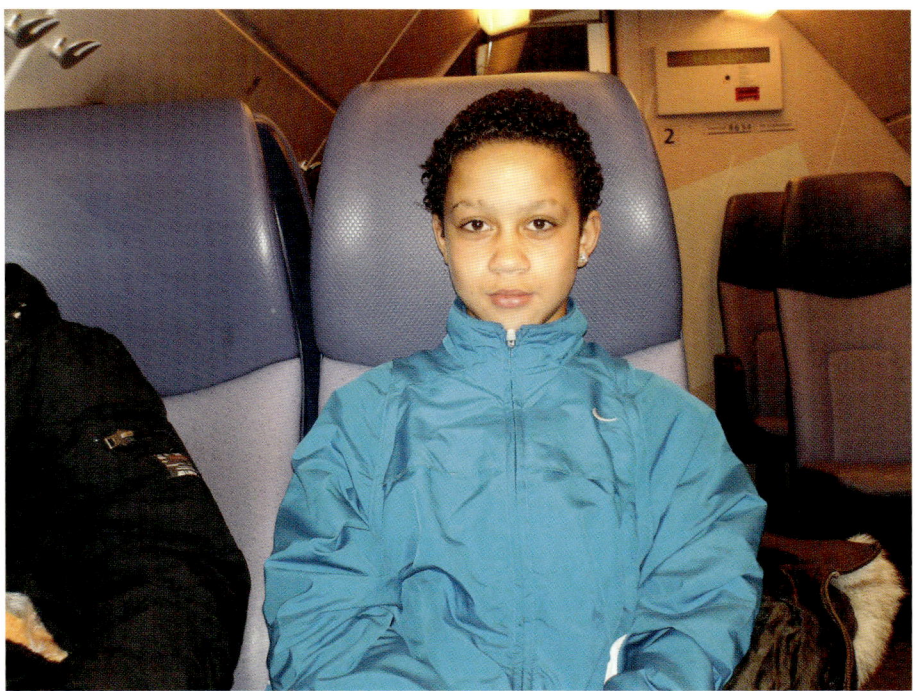

In de trein op weg naar de training in Eindhoven

In actie in de jeugd van PSV

Memphis met zijn PSV-ploeggenootjes Farshad Noor, Ismail Ouaddouch en Mohamed Rayhi

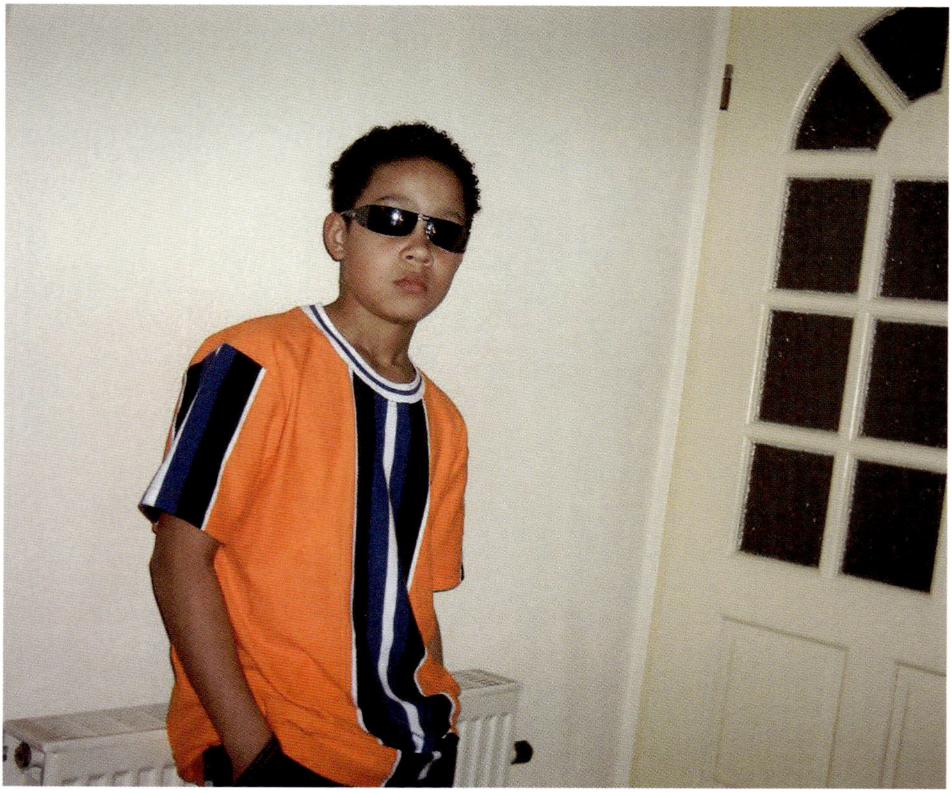

In de kleedkamer op het jeugdcomplex van PSV

Party-time

Met vriendje en ploeggenoot Zakaria
Labyad in de trein naar Eindhoven

In het shirt van Real Madrid met de trofee voor de beste speler van het Bassevelde-toernooi

Op pad met de nationale jeugdploeg

Met boezemvriend Gigi Vitale

Op veertienjarige leeftijd in de tuin

In het trainingskamp van Oranje
onder 15

Jeffrey, de halfbroer van Memphis

In de trein naar Eindhoven

Met moeder Cora op het
vvcs-Voetbalgala in 2015

Verkiezing tot Talent van het Jaar 2015,
uitgereikt door mental coach
Joost Leenders, met in het midden
presentator Jan Joost van Gangelen

In actie met PSV tegen Ajax

Afscheid van PSV in 2015, voor Memphis' transfer naar Manchester United

© VI Images / Maurice van Steen

Memphis komt aan bij het spelershotel van Oranje, met zijn veelbesproken hoedje op © ANP / Robin van Lonkhuijsen

In actie bij Manchester United

Voetbalshowtje op straat in zijn vaderland Ghana

Met dove en blinde kinderen op Cape Deaf in Ghana

Met vriend Winne op het dak van voormalig slavenfort Elmina Castle in Ghana

Met boezemvrienden Tufan (links) en Gigi (rechts) in Kakum National Park in Ghana

Met Winne in Kakum National Park

Bij *the door of no return* in Elmina Castle

Vrienden Gbolahan (links) en Rass King tijdens *The Genesis* in Ghana

In tranen tijdens een optreden op doven- en blindenschool Cape Deaf in Ghana

Uitkijkend over Cape Coast in Ghana

Memphis dolt verdediger Mats Hummels tijdens Nederland-Duitsland in 2018

In extase met Georginio Wijnaldum na de derde goal van Oranje tegen Duitsland in 2018 © ANP / Koen van Weel

Memphis dankt God na de zege van Oranje op Mexico tijdens het WK 2014 in Brazilië

© AFP Photo / Damien Meyer

Memphis heeft gescoord namens Olympique Lyon

Interlude

'We zijn nu halverwege het boek en het zal inmiddels duidelijk zijn dat ik geen standaardjeugd heb gehad. Integendeel. Het voelde als een jungle waar ik een uitweg moest zien te vinden. Met vallen en opstaan heb ik geprobeerd te leren van alles wat ik onderweg heb meegemaakt. En ik besef dat die persoonlijke ontwikkeling een proces is dat nooit ophoudt. Financieel en sportief gaat het me goed, maar dat is slechts een deel van het verhaal. Zeker in deze tijd bestaat van bekende mensen het beeld dat hun leven perfect is. Zelf draag ik daar ook aan bij, dat ben ik me bewust. Op social media kan iedereen zien hoe luxe we leven, hoe groot onze auto's zijn, hoe vol de stadions waarin we spelen. Dat is de ene kant van het verhaal. Mensen zien nooit de *flaws*, de dingen die misgaan, onze zwaktes en gebreken. Die bespreek ik met de mensen dicht om me heen, maar niet in het openbaar. Daarom wilde ik dit boek zo graag uitbrengen. Zodat iedereen kan lezen welke weg ik eerst heb moeten bewandelen. Welke fouten ik heb gemaakt en hoe ik daarmee ben omgegaan. Ik ben niet perfect. Niemand is perfect.

Ik zou vooral de jongeren die dit lezen willen vragen in de spiegel te kijken en zichzelf de vraag te stellen die ik ook aan mezelf heb gesteld. *De dingen die ik over mezelf afroep, zijn die goed voor mij?* De keuzes die je maakt, de doelen die je najaagt, de vrienden met wie je omgaat: zijn dat degenen die je inspireren of zijn het gasten die het cool vinden om tot zes uur 's ochtends met drank en drugs op de bank te hangen? Zijn dure merken als Gucci en Louis Vuitton en Louboutin nou écht de tekenen van succes in het leven? Gaat het niet veel meer om blij zijn met jezelf? Dat je weet wie je bent, waar je voor staat en waar je naartoe wilt. Dan komen er goede dingen op je pad.

Veel jongeren jagen hetzelfde ideaalbeeld na: een Rolex en een gouden ketting. Dat is hét image van succesvol zijn. Ik stond zelf in mijn jeugd precies zo in het leven. Terwijl dat niet het doel op zich moet zijn. Het is goed als je mooie spullen kunt kopen wanneer dat het gevolg is van hard werken. Dan is het kopen van je eerste Rolex een moment dat je nooit vergeet. Omdat het een beloning is voor wat je hebt gedaan. Ik heb zelf te veel tijd verspild aan de verkeerde volgorde. Aan materiële zaken waarmee ik succes wilde uitstralen. Nu ik anders in het leven sta, kan ik er pas écht van genieten.

Ik heb een track geschreven die hierover gaat met de titel *Blessings* en daarin komt de volgende tekst voor:

Seems like everybody's wishing for the same shit.
They want a Roley and a chain, oh yeah
The other type of n***as that complain, ah
Keep waiting for a blessing but forget to pray, oh yeah

Wat ik hiermee wil zeggen: jongeren wensen van alles, maar vaak vergeten ze ervoor te bidden. Puur materialistisch succes is vaak heel leeg. Ik ken miljonairs die zwaar ongelukkig zijn, terwijl de buitenwereld denkt dat ze alles dik voor elkaar hebben en succesvol zijn. Ik heb geleerd dat schijn kan bedriegen. Bijzonder zijn op je eigen manier: dát is succes.'

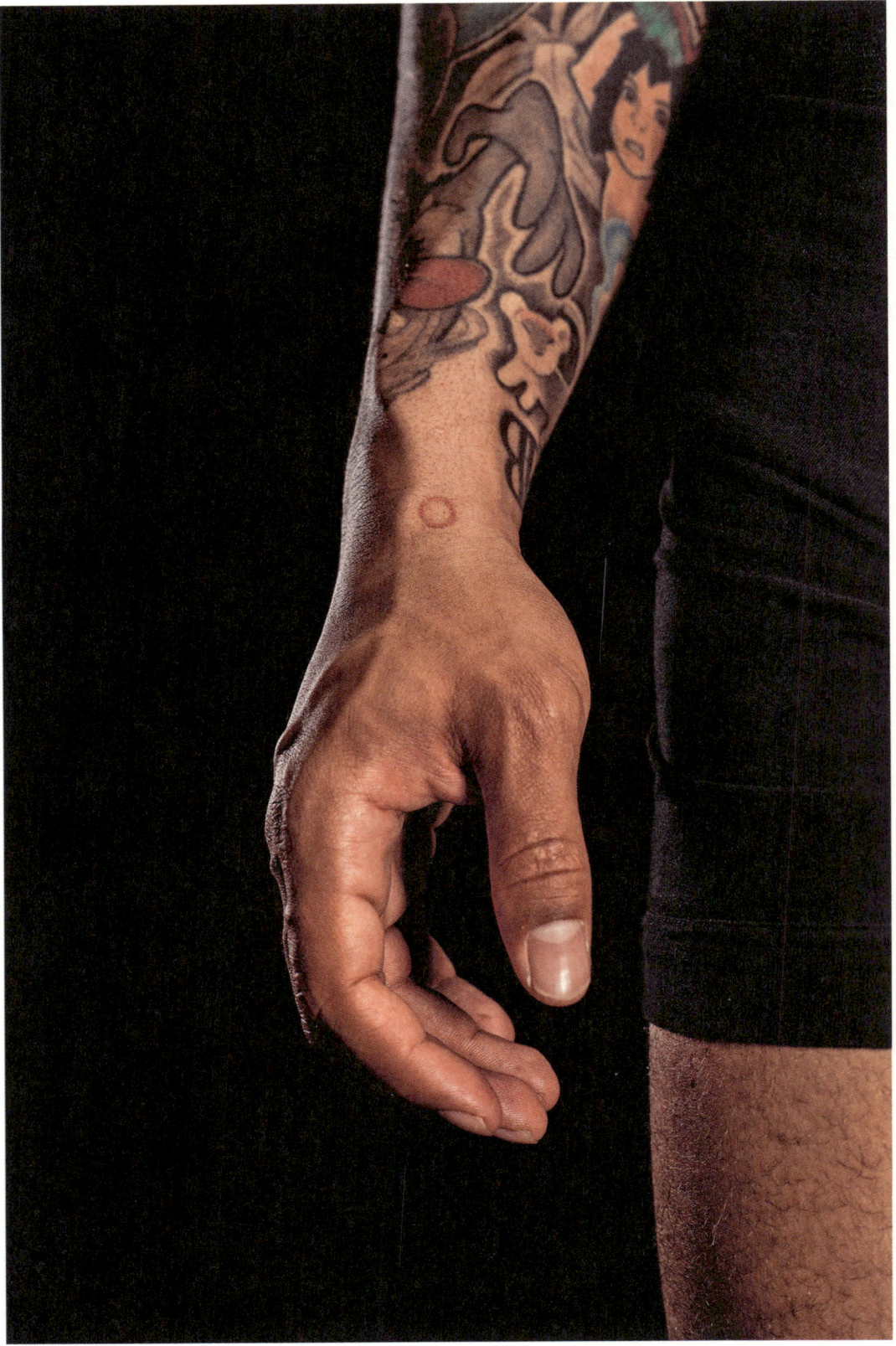

8. De kleine cirkel

Op weg naar de Zwarte Cross in de Achterhoek, de editie van 2011, vraagt Cora zich af wat ze daar eigenlijk te zoeken heeft. Ze heeft niks met motoren en mensenmenigtes trekken haar evenmin. Toch heeft ze zich laten overhalen door een vriend. Een gelukkige keuze, blijkt achteraf. 'Ik sta daar naar een optreden van Ilse de Lange te kijken en opeens komt er een wildvreemde man voor mijn neus staan,' vertelt de moeder van Memphis acht jaar na dato. 'Ik kijk recht in een paar staalblauwe ogen en raak helemaal in de war. We zijn op de grond gaan zitten, van het concert hebben we niks meer gezien. Aan één stuk door hebben we zitten praten. Zo is het begonnen.'

De man met wie Cora in gesprek raakt, is Raymond Koerkamp, een meubelmaker uit Raalte, Overijssel. Een no-nonsense type met een wilde bos krullen op zijn hoofd en een onvervalst Sallands accent. Na de eerste ontmoeting op de Zwarte Cross blijven ze contact houden. Er ontstaat een relatie. 'Memphis had het meteen in de gaten toen Raymond in mijn leven was gekomen,' zegt Cora. 'Terwijl hij nog nergens van afwist. "Mam, heb jij een nieuwe vriend?" vroeg hij ineens. "Ik zie het aan je gezicht." Ik liet een foto van Raymond aan hem zien en het eerste wat Memphis zei, was: "Wat een oude man."'

Niet veel later ontmoeten Memphis en Raymond elkaar voor het eerst. Cora:

'Dat was op het eindexamenfeestje van mijn nichtje, in Gouda. Memphis bekeek Raymond van top tot teen, zei niks en kwam naar me toe. Toen zei hij: "Mam, het is goed." Alsof hij toestemming gaf. Typisch Memphis. Hij heeft een sterk ontwikkeld zesde zintuig én bij persoonlijke dingen spreekt hij in eerste instantie zijn gevoelens niet uit. Dat komt dan later. Ik was benieuwd hoe het verder zou gaan tussen die twee. Ze hadden elkaar nog niet gesproken toen ik Memphis en Raymond opeens tegenover elkaar zag zitten aan een tafeltje. Memphis houdt van handje drukken en had op dat feestje al aardig wat volwassenen verslagen, met die sterke armen van hem. Totdat Raymond tegenover hem ging zitten. Memphis moest tot op de bodem en uiteindelijk won hij toch ook van Raymond. "Je hebt in elk geval een sterke man," zei hij daarna lachend tegen me. Dat vond ik mooi. Het voelde als een moment van acceptatie.'

Dat was het inderdaad. 'Raymond is een goede gast,' zegt Memphis. 'Hij zorgt goed voor mijn moeder, ze zijn gelukkig samen. Dat doet me veel. Ik had niet gedacht dat mijn moeder na alle ellende ooit nog geluk in de liefde zou vinden. Zijzelf volgens mij ook niet. Ze hebben een fijne, rustige plek op het platteland samen. Soms worstelt ze nog met dingen uit het verleden, maar het gaat steeds beter met haar. Ook dankzij Raymond. Ik ben heel trots dat ik met de koop van de boerderij een bijdrage heb kunnen leveren aan haar rust en geluk. Het voelde ontzettend goed iets te kunnen terugdoen voor al haar zorg en liefde voor mij.'

Voor Raymond betekende zijn relatie met Cora automatisch een entree in de wondere wereld van het topvoetbal. 'Toen ik voor Cora's neus ging staan op de Zwarte Cross wist ik natuurlijk niet dat zij de moeder van Memphis was,' vertelt hij, onderwijl een boterham smerend aan de keukentafel in de boerderij. 'Ik vond het wel grappig toen ze dat vertelde. Ik ben voetballiefhebber en toevallig is PSV altijd mijn cluppie geweest. Het is bijzonder om topsport op deze manier van dichtbij mee te maken. Maar het hele circus eromheen kan me gestolen worden.

Ik ben een nuchtere vent uit Raalte. Het spelletje zelf vind ik prachtig en ik leef mee met Memphis. Maar al die praatjesmakers kunnen me gestolen worden, de figuren die rond de spelers hangen om er zelf financieel beter van te worden. Dat neemt een groot deel van het pure voetbalplezier weg. Helaas.'

Cora: 'Het is heel dubbel. Als ik een wedstrijd van Memphis zie, ben ik de meest trotse moeder ter wereld. Dat was in zijn jeugd al zo. Doordat er steeds meer belangen rondom hem gingen spelen, is het pure plezier voor mij en ook voor Raymond geleidelijk verdwenen. Terwijl we er in moeilijke tijden juist zoveel geluk uithaalden. Dat maakt het zo pijnlijk. Ik heb Raymond veel verteld over de periode dat ik Memphis uit mijn vingers voelde glippen. Daarnaast had ik nog veel pijn vanwege alle persoonlijke gebeurtenissen van vroeger. Ik heb heel veel gehuild in de eerste jaren van onze relatie. Raymond zal in het begin van onze relatie wel gedacht hebben: wat heb ik nou toch aan mijn fiets hangen? We hebben heel veel gesprekken over mijn leven gehad en dan kwamen alle emoties eruit.'

Raymond: 'Als ik al Cora's tranen over ons erf had verspreid, zou er geen dood grassprietje meer te zien zijn.'

Cora: 'Zijn luisterend oor en begrip zijn heel belangrijk voor mij. Ik heb veel littekens op mijn ziel, maar ze doen steeds minder pijn. Ik ben eindelijk in rustig vaarwater terechtgekomen. Ook in mijn relatie met Memphis. Vroeger lukte het bijna nooit persoonlijke dingen met hem te bespreken. Als ik nu bij Memphis ben, voel ik onze verbinding van vroeger weer. Dan zijn we ook echt sámen.'

Het is niet eenvoudig de inner circle van Memphis binnen te dringen. De natuurlijke band met zijn moeder daargelaten. Het is niet voor niks de kleinste tattoo op zijn lichaam, het cirkeltje op zijn rechterpols. 'Die staat symbool voor het kleine groepje vrienden dat ik volledig vertrouw,' legt hij uit. 'Gigi en Kees hebben dezelfde tattoo; Tufan en Joost zijn niet van de tatoeages, maar anders hadden ook zij het cirkeltje laten zetten. Deze vrienden beschouw ik als familie.

Als ik je eenmaal toelaat in mijn kringetje deel ik alles met je. Mijn emoties, mijn gedachten, mijn geld, alles. Maar het duurt lang voordat iemand dat level bij mij bereikt.'

Met Gigi Vitale gaat Memphis het verst terug. Naar het jongste jeugdploegje van vv Moordrecht om precies te zijn. Daar leerden ze elkaar in hun kleutertijd kennen en al snel waren ze ook op straat onafscheidelijk. Hoewel Gigi in Gouda woonde, wilde het toeval dat zijn oma aan hetzelfde Moordrechtse plein woonde als de grootouders van Memphis. 'Op dat pleintje voetbalden we vaak,' vertelt Gigi op een terras aan de Reeuwijkse Plassen. 'Ik bleef vaak slapen bij Memphis, omdat hij 's avonds langer buiten mocht spelen dan ik dat thuis mocht. De eerste jaren van onze vriendschap kun je in twee woorden samenvatten: voetbal en kattenkwaad.'

Van de moeilijke tijden die Memphis en zijn moeder doormaken na hun verhuizing naar de buren in Moordrecht, krijgt Gigi in die periode weinig mee. 'Memphis vertelde niemand over wat hij daar meemaakte. Vergeet niet dat we jonge jochies waren, dan heb je geen diepe gesprekken met elkaar. Pas later werd me duidelijk wat hij allemaal heeft doorstaan. Als je ouder wordt, verandert de band die je met elkaar hebt. Nu hebben we geen geheimen meer. We delen elke gedachte, alles is bespreekbaar. We lachen en we huilen met elkaar. Zoals broers dat doen.'

Hun vanzelfsprekende en dagelijkse contact verandert als Memphis op twaalf-jarige leeftijd van Sparta naar PSV overstapt. Regelmatig rijdt Gigi met Cora mee naar Eindhoven, of hij stapt in de trein, om wedstrijden van zijn vriend te kunnen zien. Andersom is Gigi de eerste die Memphis opzoekt als hij een dagje terugkeert naar de Randstad. 'Hoe klein we bij vv Moordrecht ook waren, het was meteen duidelijk dat Memphis daar niet lang zou voetballen. Het was bijna oneerlijk, zó ver stak hij boven de rest uit. Ik heb zelf nog een tijd bij Jodan Boys in Gouda gespeeld, tot mijn achttiende, toen ben ik gestopt met clubvoetbal. Het moment dat Memphis naar Sparta ging, wist ik al dat ook die club iets tijdelijks zou zijn. Het was wachten op de overstap naar een topclub.'

Bij psv raakt Memphis bevriend met de één jaar oudere middenvelder Tufan Özbozkurt. Wat begint met lang leve de lol, ontwikkelt zich via vriendschap tot broederschap. 'Toen Memphis een jaar of zestien was, heeft hij twee weken bij mij en mijn ouders thuis gelogeerd,' vertelt Tufan. 'Hij zat in de problemen en vroeg of ik kon helpen. Ik heb meteen de deur voor hem opengegooid. In die tijd hadden we geen diepgravende gesprekken; ik weet nog steeds niet wat er toen aan de hand was. Maar hij had me nodig en ik wilde er voor hem zijn. Dat was een periode waarin onze band verder versterkte.

Toen Memphis later op zichzelf ging wonen in Eindhoven bleef ik drie of vier keer per week bij hem slapen. Dat scheelde mij veel uren in de trein naar Utrecht op en neer. We lagen samen in een tweepersoonsbed. Dan moet je het goed met elkaar kunnen vinden, zo vaak op elkaars lip in dat kleine appartementje van hem. Als tegenprestatie deed ik soms boodschappen of ik zorgde voor het eten. We hingen rond in de stad, we hadden veel sjans bij de meisjes. Ook op dat vlak vermaakten we ons prima.'

Gigi: 'In de tijd dat Memphis in de Vesteda Toren woonde, gingen we soms stappen in België. Dan sliepen we heel de nacht niet. Memphis ging dan rechtstreeks door naar De Herdgang. Hij kon goed opschieten met een werknemer daar, iemand die altijd heel vroeg op het trainingscomplex was. Dan ging Memphis nog even een tukkie doen en die clubman zorgde dat niemand daar lucht van kreeg. Na een ontbijtje ging Memphis volle bak trainen. Dan zorgde hij ervoor dat er op zijn inzet niets viel aan te merken. Voor zover dat nodig was, want hij traint altijd als een beest.

Je ziet vaker dat voetballers met veel talent een beetje boefjes zijn. In hun karakter en houding zijn ze anders dan de rest. Dat zie je terug in hun manier van voetballen. Ook in het veld hebben ze het lef om andere dingen te doen. Dat geldt in elk geval voor Memphis. Dat maakt hem de persoon die hij is en het maakt hem de voetballer die hij is. Ik ben nooit bang geweest dat hij zijn carrière in gevaar bracht met de dingen die hij buiten het voetbal deed. Of vanwege zijn ruzies met jeugdtrainers. Vergis je niet in zijn mentaliteit. Alles wat Memphis in zijn jeugd heeft meegemaakt, heeft hem gesmeed tot een ijzersterke gozer.'

Tufan: 'Door al dat geklets over zijn uiterlijk en image vergeten veel mensen zijn belangrijkste kwaliteit als voetballer: zijn pure wilskracht. Talent had Memphis bij zijn geboorte al, dat geluk moet je hebben. Daarna komt het aan op wilskracht en werklust. Dat viel me tijdens de trainingen in de psv-jeugd meteen aan hem op: hij deed geen seconde rustig aan. Zo is het altijd gebleven. Memphis wil alles uit zichzelf en uit zijn carrière persen, tot de laatste druppel. Die combinatie van topkwaliteit, mentaliteit en zelfvertrouwen maakt hem geschikt om tot een van de beste spelers ter wereld uit te groeien. Ik zal niet objectief zijn, maar dit heb ik in onze psv-tijd al tegen hem gezegd. Memphis denkt er net zo over.

Hij spreekt grote ambities uit en denk maar niet dat het bluf is. Memphis is er oprecht van overtuigd dat hij zijn doelen gaat bereiken. Er zijn weinig topvoetballers die zich op die manier uitspreken en volledig zichzelf durven te zijn. Dat bepaalt voor een groot deel het imago van Memphis: de arrogante klootzak met zijn dure spullen. Alleen dat van die dure spullen klopt. Memphis heeft een goed hart. Hij is heel attent en beleefd, hij heeft altijd goede intenties. Door zijn stoere uitstraling en eerlijke uitspraken zijn veel misverstanden over hem ontstaan. En hij kan heel gesloten zijn naar mensen die hij niet kent of niet vertrouwt. Maar als je door dat muurtje heen bent, zie je wie Memphis echt is. Hij is een lieve jongen.'

Gigi: 'Toch kan hij flink van zich afbijten. Tegen ons, maar ook naar mensen buiten zijn kringetje. Als Memphis boos is of onrecht voelt, dan zegt hij meteen wat hij ervan vindt, ongeacht de persoon in kwestie. Met een overtuiging en directheid waarmee sommige mensen weleens moeite hebben. Ik ken niemand die zóveel zelfvertrouwen heeft als Memphis. En hij is voor niemand bang. Hij is liever recht door zee dan dat hij zijn karakter verloochent. Als dat consequenties heeft, dan is dat maar zo.'

Tufan: 'Ook tegen ons kan Memphis heel direct zijn. Maar we hebben nooit ruzie. Echt nooit. Ik weet denk ik hoe dat komt: eerlijkheid is de belangrijkste factor in onze vriendschap. Dan kun je het met elkaar oneens zijn over iets, maar het zal altijd op een open manier besproken worden. Ook de gevoelige onderwerpen. Als we iets goed vinden van elkaar geven we complimenten, als er irritaties zijn zeggen we dat net zo makkelijk.'

Gigi: 'En je moet je ongelijk durven toegeven. Ik vind: als je geen excuses kunt aanbieden, dan ben je geen man.'

Tufan: 'We hebben de afspraak dat persoonlijke kwesties onder ons drieën blijven. Voor altijd, als het nodig is. Tegen mijn vriendin heb ik toen we verkering kregen meteen gezegd: Memphis en Gigi krijg je er gratis bij. Wij zijn als broers. Dat zeggen we niet alleen in woorden, zo voelen we dat ook echt. We blijven vrienden tot de dood ons scheidt. Als je mij zou vragen waar de ideale vriendschap aan moet voldoen, dan kom ik hierop uit.'

Memphis: 'In de loop der jaren hebben we ongeschreven regels ontwikkeld. Nooit liegen. Altijd communiceren met elkaar. Samen uit, samen thuis. We moeten blind op elkaar kunnen vertrouwen. Als je daar maling aan hebt, maar ondertussen wel vrolijk achter me aan hobbelt, kan ik keihard zijn. Hoe goed de band ook is geweest. Ik zal een voorbeeld geven. Eind 2013 nam ik in de winterstop een groepje vrienden mee voor een trip naar Londen. De nacht ervoor gingen we stappen, we zouden rechtstreeks naar het vliegveld gaan. Ik begon naam te maken als voetballer, dus ik vroeg aan mijn vrienden of ze tijdens het stappen niet compleet dronken wilden worden. Dat zou ook op mij afstralen en dat wilde ik niet. Je hoeft je bij mij niet in te houden, maar ik verwacht wel dat mensen weten waar de grenzen liggen. Eén vriend had daar schijt aan. Die kon amper nog op zijn benen staan, hij liep zigzaggend over de luchthaven. Dan laat je me in de steek. Heel de vlucht heb ik hem genegeerd.

In Londen gingen we ook weer uit. Aan het eind van de avond, toen de rekening op tafel kwam, was diezelfde gozer nergens te bekennen. Hij bleek ervandoor met één of andere chick met wie hij de hele avond al in de weer was. Terwijl we met zijn drieën op stap waren. Ik was al geprikkeld en toen zadelde hij ook nog twee van zijn vrienden op met de rekening. Gigi legde meteen al zijn geld op tafel, de rest heb ik betaald. De volgende ochtend kwam die andere vriend eindelijk weer opdagen. Ik was klaar met hem. Dit soort dingen flik je mij niet.

Op oudejaarsnacht ging hij toch weer mee op stap, met een grotere groep vrienden was dat. Mijn beste vrienden leggen dan bij wat ze kunnen missen, de rest betaal ik. Dat is prima. Maar hij bleek geen cent op zak te hebben. Ging er dus blind van uit dat hij opnieuw een avond op mijn zak kon teren. Terwijl ik hem eerder dat jaar 2.500 euro had gegeven toen hij in geldnood zat, op voorwaarde dat hij het op de bank zou zetten. Dus ik vroeg hem waarom hij nu alwéér zonder geld zat. Hij bleek niks op de bank te hebben gezet en had alles verbrast. Dat was de druppel. Ik was al sinds mijn negende met hem bevriend, ik kwam bij zijn ouders en oma over de vloer. Maar dat telt dan niet meer voor mij.

Een paar jaar geleden begon het toch een beetje aan me te knagen. Ik was inmiddels wat rustiger in mijn hoofd en voelde de behoefte naar hem toe te gaan. Ik hoorde dat hij tijdelijk bij zijn oma woonde; daar ben ik onaangekondigd heen gereden. Om zand erover te gooien. Hij bleek het allemaal licht opgevat te hebben, zei dat hij mijn reactie destijds overdreven vond. Dan begrijp je niet wat vriendschap voor mij betekent. In mijn beleving gaat het veel verder dan alleen leuke dingen beleven. Het is iets onvoorwaardelijks. Je naait elkaar niet, je laat mekaar nooit zitten, je houdt je aan de afspraken. En anders donder je maar op.'

Terwijl Memphis op jonge leeftijd doorbreekt bij PSV, verlopen de carrières van Tufan en Gigi anders. Tufan strandt in Eindhoven in de beloefteploeg en gaat in Turkije voetballen, bij Kanyaspor, Selçukspor en Bugsaşspor. Daarna keert hij terug naar zijn geboorteplaats en speelt bij Jong FC Utrecht. Gigi gaat aan de slag in de Rotterdamse sportzaak van voormalig Sparta- en PSV-keeper Pim Doesburg. De vriendschap blijft hetzelfde, de financiële verhoudingen niet. Memphis: 'Hoe bekender ik werd en hoe meer geld ik ging verdienen, hoe meer mensen er op me af kwamen. Iedereen wil wat van je. Vage types die je zaken willen behartigen. Gasten die in mijn kringetje proberen aan te haken. Meisjes die met me naar bed willen. Wie wil iets van je om wie je écht bent? Die vraag stelde ik mezelf continu. Nou ja, in mijn puberjaren wat betreft meisjes iets minder vaak. Maar bij jongens die vriendschap met me zochten, was ik meteen op mijn hoede.

Dat wantrouwen zal deels in mijn karakter zitten en het zal verder versterkt zijn in mijn jeugd. Ik ben gewoon niet meer zo goed van vertrouwen. Zelfs in mijn familie weet niemand hoeveel ik precies verdien, bijvoorbeeld. Dat lijkt me beter. Ik ken voetballers die familieleden laten meedelen in transfersommen en salarissen. Daar begin ik niet aan. Ik deel en schenk wanneer dat nodig is, geen enkel probleem. Maar het hoeft van mij niet standaard te zijn. Ik wil zelf bepalen wie ik wat geef en op welk moment. Toen mijn halfzusje ging trouwen vroeg ze tweeduizend euro van me. Daar schrok ik van. Dat was in die tijd mijn maandsalaris bij PSV. Ik heb het niet gedaan. Los daarvan: ik vind het brutaal om dat zomaar te vragen, ook al ben je familie. Ik ben heel vrijgevig, maar niet op commando. Als ik dat bij familieleden al heb, kun je wel nagaan hoe ik erin sta bij mensen buiten mijn kringetje.'

Gigi: 'Ik heb genoeg gasten van buitenaf gezien die graag mee wilden delen in het leven van Memphis. Het werkt niet als je daar om komt vragen, of als je hetzelfde uitgavenpatroon gaat volgen terwijl je het geld daarvoor niet hebt. Ik besef heel goed dat Memphis volgens een andere standaard kan leven. Hij laat ons daarvan meegenieten. Daar zijn we hem dankbaar voor en dat weet hij. En als ik na een geweldige trip naar Amerika of Italië weer thuiskom, pak ik fluitend mijn eigen leventje weer op. Ik heb nu mijn eigen bedrijf in de mode: Gigi Vitale Fashion.'

Memphis: 'Andere jongens, die gevoelsmatig verder van me af stonden, raakten verdwaald in mijn leven. Kijk, als een vriend in nood is, help ik hem. Dan geef ik hem geld, kleding, eten, onderdak. Ik hecht weinig waarde aan geld. Ik houd van mooie spullen, dat laat ik ook uitgebreid zien via social media. Maar voor mij is dat allemaal extra. Ik deel mijn geld lachend met de mensen die dicht bij me staan. Geven maakt me gelukkig, dat is altijd zo geweest. Als jong ventje zat ik in de trein van Utrecht naar Eindhoven vaak met oudere spelers die al een contract bij PSV op zak hadden. Zij verdienden al geld, ik niet. Maar elke euro die ik op zak had, gebruikte ik om drinken en chips of Bossche bollen voor iedereen te halen. Ik hield van de verbondenheid die ik dan voelde. Het liefst was ik altijd op die manier in het leven blijven staan. Maar met het grote geld kwamen ook de figuren die daar misbruik van wilden maken.

Ik heb zogenaamde vrienden gehad die mijn leven als hun eigen nieuwe leven gingen zien. Ze gingen ervan uit dat ik ze voor altijd zou ondersteunen. Zo werkt het niet. Je kunt niet achterover gaan hangen en op mijn zak teren. Dat soort gasten kunnen niet meer terugkeren naar hun eigen leven als ze in contact zijn geweest met mijn luxe leventje. Ze raken in de war. Het leven van een bekende voetballer is in zekere zin natuurlijk ook vreemd. Als ik je meeneem, vliegen we in een privéjet. Als we uitgaan, hoeven we nooit in de rij te staan bij een nachtclub. Je komt in designmodezaken, in chique restaurants en dure hotels op prachtige plekken. Dat zijn enorme contrasten met mijn leven van vroeger en met het gangbare leven van mijn vrienden. Dan kun je op een punt komen waarop ze hun eigen leven willen inruilen voor dat van mij. Hun eigen leven komt als het ware stil te staan. Dat is moeilijk. Dan raak je het zicht op je eigen bestemming in het leven kwijt.

Bij Gigi en Tufan hoef ik me hier totaal niet druk over te maken. Rond mijn periode bij Manchester United heeft Gigi bijvoorbeeld grote contrasten meegemaakt. Hij ging met me mee naar Engeland, woonde en leefde daar in alle luxe die je kunt bedenken. Toen ik vervolgens naar Olympique Lyon vertrok, ging hij weer bij zijn ouders in Nederland wonen. Zonder enig probleem schakelde hij terug naar zijn vertrouwde leven. Dat vind ik knap.'

Tufan: 'Het is allemaal niet normaal natuurlijk, wat Gigi en ik dankzij Memphis meemaken. Maar het heeft geen invloed op hoe we met elkaar omgaan. Memphis weet dat Gigi of ik hem net zo zouden laten meegenieten als de situatie omgekeerd was. Dat hoeven we niet eens uit te spreken. Als we samen met Memphis op pad gaan, hechten Gigi en ik eraan mee te betalen wat we ons kunnen veroorloven. Van Memphis hoeft dat niet eens, maar wij vinden het belangrijk. Je kunt er niet van uitgaan dat hij overal voor opdraait. Dat voelt niet goed. Memphis is extreem in zijn vrijgevigheid, maar we weten óók dat dergelijke uitspattingen op zich niet nodig zijn om een goede tijd te hebben. Samen in dat appartementje van hem in Eindhoven hadden we óók heel veel lol. Met amper een cent op zak.'

Acht jaar na die periode in de Eindhovense binnenstad trekt Tufan opnieuw bij Memphis in, ditmaal in Frankrijk. Tegen het eind van het seizoen 2017/2018 heeft Tufan bij Jong FC Utrecht een zware liesblessure opgelopen, waaraan hij in de nazomer is geopereerd. Daarna gaat hij het revalidatietraject in. 'Ik had na mijn seizoen bij FC Utrecht geen club en werkte met een personal trainer aan mijn herstel. Op een dag zei Memphis dat hij de president van Lyon ging vragen of ik bij Olympique verder mocht revalideren. Ik was sprakeloos. Ik kon me niet voorstellen dat zo'n grote club een speler uit de Jupiler League deze mogelijkheid zou bieden. Maar de president vond het prima. De medische staf is met me aan de slag gegaan en ik mocht met de beloefteploeg meetrainen. Terwijl ik in de voorgaande periode op een kruispunt stond in mijn leven: ga ik voor een nieuwe kans in het profvoetbal of ga ik voor een maatschappelijke carrière. Memphis heeft me het beslissende zetje in de rug gegeven. En opnieuw bewees hij altijd voor zijn vrienden klaar te staan. Ik ben bij hem gaan wonen en volle bak gaan trainen bij Lyon. Voor Memphis is het ook leuk. Hij woont niet meer alleen. Net als destijds in Eindhoven.'

Gigi: 'Dat is het mooie: in elke situatie dekken we elkaars rug. En we weten dat je ook met weinig gelukkig kunt zijn. Dat is belangrijk: weten waar je vandaan komt en wie je bent. Toen we klein waren, schraapten we in Moordrecht ons kleingeld bij elkaar. Dan hadden we net genoeg voor één broodje bamihap speciaal, bij snackbar Simone. Dat aten we dan samen op, allebei de helft. Alles wat we later meemaken met Memphis is extra. De basis is een vriendschap die veel verder teruggaat. Ik ben blij dat het zo goed gaat met de carrière van Memphis omdat ik het hem gun. Maar nog blijer ben ik met de vriend die hij voor mij is.'

Tufan: 'Als we mooie tripjes maken, hebben we het ook weleens over de contrasten met vroeger. Het summum van luxe was een vakantie naar Los Angeles en Miami, een paar jaar geleden. Dat was gekkenwerk. We reden rond in Lamborghini's, Ferrari's en Rolls-Royces'. We sliepen in enorme villa's met grote zwembaden en privékoks. We liepen een week lang alle grote feesten af, soms twee op een dag. Memphis bestelde op zo'n party rustig twintig flessen drank. Voor iedereen die bij ons in de buurt stond. Champagne, whisky, wodka, alles. Dan ging het helemaal los. Het personeel in die clubs was echt wel wat gewend, maar zelfs zij wisten niet wat ze meemaakten. Op een gegeven moment stonden ze met een

Nederlandse vlag bij ons tafeltje te zwaaien, de Champions League-hymne werd gedraaid. Niet normaal.

Dat is er nu wel van af bij hem. Het contrast met onze laatste vakantie was enorm. Geen wilde feesten meer, niet meer in de spotlights. Gewoon rustig achterover zitten en genieten. Af en toe een dansje. Een nieuwe fase in ons leven. We weten nu hoe het is om een week lang onafgebroken te feesten in Amerika. Dat strepen we dan van het lijstje: *done that*. Nog steeds neemt Memphis ons mee naar de geweldigste plekken, maar het gaat er nu rustiger aan toe. En we hebben het net zo gezellig.

De trip naar Ghana kwam precies op het goede moment. Voor ons allemaal. Het was een reis met zóveel meer betekenis dan de voorgaande trips die we hebben gemaakt. Daar moet je aan toe zijn en dat was het geval. Alles zat erin: mensen helpen, emotie, geschiedenis, toekomst, educatie, besef, plezier. Heel bijzonder. Voor Memphis was het goed dat Gigi en ik bij hem waren. Het was op veel fronten een heftige reis. Tussendoor kon hij bij ons helemaal zichzelf zijn. Even alles op zich in laten werken, muziekje erbij, zijn broertjes om hem heen. Dat heeft hij dan nodig. Gigi en ik ook trouwens.'

Op de eerdergenoemde reis naar Los Angeles en Miami was nog een andere vriend mee. Het is een van de weinige vriendschappen die Memphis in het topvoetbal opbouwde: met collega-international Quincy Promes. 'In de jeugd speelde ik vaak tegen Quincy,' blikt Memphis terug. 'Ik met PSV, hij bij FC Twente. Allebei op nummer tien en allebei mannetjes. We kenden elkaar amper en we scholden mekaar tijdens wedstrijden na elk persoonlijk duel de huid vol. Later bij het Nederlands elftal raakten we in gesprek. Toen bleken we veel overeenkomsten te hebben. Allebei hebben we een harde jeugd gehad en we deelden dezelfde interesses. We trokken steeds meer naar elkaar toe. Daar is een hechte band uit ontstaan. Quincy zie ik als een broer. We denken hetzelfde, soms spreken we zelfs tegelijk hetzelfde woord uit. Dan gaan we helemaal stuk van het lachen. Het is niet makkelijk goede vriendschappen op te bouwen in de voetballerij. Het is een vluchtige wereld en veel mensen zijn met zichzelf bezig. Met Quincy is dat anders. Zijn hart is nog groter dan zijn lichaam. En, hij durft zijn emoties te tonen, dat delen we met elkaar.

Tijdens die vakantie in Amerika zaten we op een gegeven moment met ons groepje op het dakterras van het hotel. We keken uit over de stad en het drong tot me door hoe bijzonder dat moment was. *Kijk ons straatschoffies nou eens zitten hier*: dát gevoel. Ik stelde voor in een kring te gaan staan, met de armen over elkaars schouders, en dat iedereen iets zou zeggen. De ene sprak een danktekst uit, de ander een gebed. En opeens kwamen de tranen. Ik kon niet meer stoppen met huilen. Zóveel tranen. Ik keek opzij naar Quincy en ook bij hem zag ik tranen op de grond liggen. We huilden uit dankbaarheid. Het besef van hoe ver we waren gekomen, na alle tegenslagen die we hadden overwonnen. Dat was een heel heftig moment. Onvergetelijk mooi.

Ik bid regelmatig voor Quincy. Omdat ik hem het allerbeste gun. Een tijdje geleden heb ik bij het Nederlands elftal nog voor hem gebeden. We hadden een serieus gesprek in het spelershotel. Ik vind dat Quincy zich te makkelijk uit de tent laat lokken. Dan wordt hij agressief. Ik herken dat, zo was ik zelf vroeger ook. Quincy komt net als ik van de straat; hij uit Amsterdam. Op straat moet je vaak voor jezelf opkomen. Maar op zeker moment kom je op een leeftijd waarop je jezelf moet leren beheersen. Daar hadden we het over en aan het eind van dat gesprek vroeg ik of ik voor hem mocht bidden. Dat raakte hem zó diep dat hij begon te huilen. Kijk, we kunnen stoere jongens zijn, maar we zijn niet bang onze emoties aan elkaar te laten zien. Dat maakt onze vriendschap zo mooi.

Een andere echte vriend in de voetballerij is Santiago Arias. Met hem klikte het meteen toen hij in 2013 vanuit Colombia naar PSV kwam. Ik nam hem een beetje op sleeptouw. Hielp hem met praktische dingen, liet hem plekjes in de stad zien. In de beginperiode nodigde ik Santiago en zijn vrouw Karin vaak uit bij mij thuis.

Dan bestelden we pizza's en hadden de grootste lol. Het is een bijzonder stel. Allebei hun vaders leven niet meer. De vader van Santiago is vermoord in Colombia bij een overval, de vader van Karin is verongelukt. Heel heftig allemaal. Op jonge leeftijd zijn ze al getrouwd met elkaar, daar komt niets of niemand tussen.

In de zomer van 2018 heb ik ze opgezocht in Colombia. De aanleiding was fantastisch: ze hadden me gevraagd of ik de peetvader van hun zoontje wilde zijn. De peetmoeder is een Colombiaanse vriendin van Karin. De week dat ik bij ze was, hielden ze een officiële ceremonie waarbij Thiago is gedoopt. Dat was heel bijzonder. Ik voel me vereerd en ik neem het heel serieus. Toen ik Thiago die middag vasthield, gaf dat een heel sterk bindingsgevoel. Alsof hij mijn eigen kind is. Ik kan emotioneel raken van dat soort gevoelens. Misschien komt dat door mijn eigen achtergrond. Ik weet dat eigenlijk wel zeker. In mijn eigen familie is er veel stuk gegaan.'

Contact met zijn halfzus heeft Memphis niet meer. 'Georgina is jaren geleden naar Londen vertrokken, naar de familie van haar moeder. Daar heeft ze haar eigen leven opgebouwd. Mijn moeder heeft nog wel contact met haar. Maar zij en ik hebben maar kort in hetzelfde huis gewoond, ik was te klein om daar herinneringen aan te hebben. Ik zag Georgina soms als ik na de scheiding van mijn ouders mijn vader opzocht of als ze tijdelijk bij mijn moeder woonde. Veel verder ging ons contact niet.

Met mijn halfbroer is het de verkeerde kant opgegaan. Vroeger keek ik tegen Jeffrey op. Hij was een stoere en sterke gozer, met tattoos en gouden tanden. In de buurt wist iedereen dat je met hem geen problemen moest zoeken. Ik wist nooit wat hij precies uitspookte. Jeffrey was geen prater. Maar hij heeft me nooit zijn circuit ingetrokken. Ik heb hem een keer opgezocht in de gevangenis. Hij zat vast vanwege een gewapende overval. Dat bezoek maakte veel indruk op me. Zaten we daar in een ontvangstruimte, tussen de andere gevangenen met hun bezoek. Daar zaten zware criminelen tussen, al kon je dat aan hun uiterlijk niet zien. Je hoopt je broer nooit in een dergelijke situatie aan te treffen.

Een paar jaar geleden was hij een tijdje uit de gevangenis en heb ik hem op sleeptouw genomen. Het was winterstop, de tijd van Kerstmis en de jaarwisseling en ik nam hem mee naar feestjes. We sliepen in mooie hotels; ik wilde hem verwennen na zijn zware tijd in de gevangenis. En ik wilde mijn vrienden laten zien dat hij altijd mijn broer zal zijn. Dat ik trots op hem ben, ondanks alle shit.

Na die periode van feestjes vroeg Jeffrey of hij bij me kon komen wonen. Ik vond het heel moeilijk om tegen hem te zeggen, maar ik vond dat geen goed idee. Ik had een bepaalde rust in mijn leven gecreëerd en dat wilde ik zo houden. Dat was ook beter voor mijn carrière. Ik heb hem geld gegeven zodat hij een tijd in een hotel kon verblijven. Dat geld was binnen een paar dagen op. Achteraf vroeg ik me af of ik niet meer had kunnen doen dan geld geven. Mijn vrienden zeggen dat ik mezelf geen verwijten moet maken. Dat alleen God mijn broer kan helpen.'

Dan pakt Memphis zijn telefoon en laat foto's van zijn broer zien. Het emotioneert hem zichtbaar. Zijn ogen worden vochtig en Memphis slikt een paar keer voordat hij zijn verhaal hervat. 'Kijk, je ziet dat hij veel verschillende gezichtsuitdrukkingen heeft. Dat zegt wel iets, denk ik. Dat hij worstelt met zijn gedachten en gevoelens. Het is moeilijk. Hij is en blijft mijn grote broer. Mijn moeder heeft nog een tijd voor hem gezorgd. Ze regelde een appartement, liet daar een nieuwe vloer in leggen en via mijn kledingsponsor zorgde ze dat hij nieuwe kleren kreeg. Zijn biologische moeder was er niet, die woont al heel lang in Engeland. Helaas werden zijn psychische problemen steeds erger, waardoor het voor mijn moeder op een gegeven moment niet meer was op te brengen hem te helpen. Ik denk weleens: God geeft zijn zwaarste beproevingen vaak aan de sterkste personen. We moeten hiermee dealen. Voor mijn moeder is het nog veel zwaarder dan voor mij. Zij heeft lang geprobeerd alles de goede kant op te sturen. Dat is haar karakter: altijd willen helpen, altijd houdt ze hoop. En altijd vindt ze de kracht om met de moeilijkste situaties om te gaan. Maar dit vraagt om professionele hulp.'

Jarenlang heeft Memphis geen contact gehad met zijn broer, tot hij eind 2018 besluit een toenaderingspoging te wagen. De aanleiding is een kerkdienst van de Amerikaanse predikant T.D. Jakes, die hij op zijn laptop zit te bekijken. 'De emoties in de zaal liepen tijdens die dienst hoog op,' vertelt Memphis. 'Op een gegeven moment wilde een man het podium op komen. Hij werd tegengehouden door de security, maar T.D. Jakes liet hem alsnog bij zich komen en omhelsde hem. Toen zag ik opeens dat die man heel erg op mijn broer leek. Dat sloeg in als een bom bij mij. Ik brak volledig. De laatste keer dat ik had gehuild, was tijdens de reis door Ghana, een halfjaar eerder. Maar dit was heftiger. Keihard janken, ik kon niet meer stoppen. En het voelde goed, echt goed. Huilen kan je geest en je lichaam reinigen. Ik besefte ten volle hoezeer ik mijn broer mis en hoe intens ik hoop dat het goed met hem komt. Dat gevoel leidde ertoe dat ik mijn vader ben gaan bellen. Ook hem had ik lang niet gesproken, maar eigenlijk was het meteen prima. Ik belde via Facetime, dus we konden elkaar zien ook. Hij was relaxt en ik moest lachen, zoals altijd. En we hebben over Jeffrey gesproken. Hij zit weer in de gevangenis, ik weet niet waarom. Daar heb ik niet naar gevraagd. Belangrijker vind ik het gevoel dat ik misschien tóch iets voor mijn broer kan betekenen. Vroeger had ik geen idee hoe ik hem zou kunnen helpen. Door mijn persoonlijke en spirituele ontwikkeling is dat gevoel de laatste tijd veranderd.

Na dat telefoongesprek met mijn vader heb ik de gevangenis gebeld waar mijn broer nu vastzit. Ik wil hem opzoeken. Ik bid veel voor Jeffrey en voel dat God iets voor hem heeft. Daarom wil ik met de Bijbel naar hem toe en samen met hem bidden. Om hem een steuntje in de rug te geven. Hopelijk kan dat het begin zijn van een nieuwe periode in zijn leven. Jeffrey wilde lange tijd geen contact met me. Nu wil ik samen met hem bekijken wat we voor elkaar kunnen betekenen. Het zal op een natuurlijke manier moeten gaan, aan de hand van God, zonder dingen te forceren. We zullen de tijd moeten nemen.'

Een week later belt Memphis ineens op. Het is tegen middernacht en zijn stem klinkt gedempt en toch enthousiast. Diverse emoties lijken om voorrang te vechten. 'Ik heb mijn broer vandaag gesproken,' is het eerste wat hij zegt. Daarna blijft het even stil. Dan: 'Echt man, dit is een bijzondere dag. Ik liep door Lyon en werd gebeld door een onbekend nummer. Het bleek een medewerker van de TBS-kliniek te zijn. Hij verbond me door en toen kreeg ik mijn broer aan de lijn. "Yo, met Jeffrey," hoorde ik opeens. Hij klonk heel kalm. Ik moest echt even op een muurtje gaan zitten, ik was overdonderd door het moment. We hadden elkaar zeker vijf jaar niet gesproken. Ik vond het zó mooi dat hij zelf het initiatief had genomen om te bellen. We hebben op een fijne manier met elkaar gesproken, hij klonk goed, gezien de omstandigheden waarin hij zit. Jeffrey heeft geen contact met zijn medegevangenen. Zijn leven daar bestaat uit werken, trainen, therapie, eten en slapen. Hij mag niet naar zijn eigen muziek luisteren, alleen naar de radio. Hij probeert er het beste van te maken.

Ik heb Jeffrey verteld hoe trots ik ben dat ik zijn broertje ben. Dat ik vaak aan hem denk en voor hem bid. Dat niemand hem vergeten is. Ik heb ook verteld over mijn projecten in Ghana, zijn geboorteland. En hoe ik ben veranderd sinds mijn hechte relatie met God. Ik heb hem gezegd dat God ook zíjn talenten tot ontplooiing zal laten komen. Dat Hij een plan met hem heeft. Aan het eind van ons gesprek heb ik voor Jeffrey gebeden. Vlak voordat we ophingen, zei hij tegen me: "I love you." Dat had hij nog nooit tegen me gezegd. Het ontroerde me diep. Nu nog steeds. De hele avond al denk ik aan mijn gesprek met Jeffrey. Ik heb hem meteen een pakket met sportkleding gestuurd en ga hem ook een bijbel sturen. Dit is een mooi voorbeeld van gebeden die gehoord en beantwoord worden. En nu ga ik slapen. Ik ben helemaal op na deze bijzondere dag.'

Overhaasten wil Memphis niet. Maar na het eerste contact met zijn broer sinds jaren, durft hij wel voorzichtig optimistisch te zijn. 'Het is pijnlijk hoe de boel uit elkaar is gevallen na de scheiding van mijn ouders,' maakt hij later de tussenbalans op. 'Wat ik zeker weet: ik heb mijn moeder en mijn vrienden en God waakt over me. Hij is de regisseur van mijn leven. Daarom accepteer ik hoe sommige dingen zijn gelopen. Al heeft het impact gehad op hoe ik aankijk tegen vriendschap en liefde. De vroegere onthechting met sommige van mijn familieleden zal meespelen, als ik bedenk hoe hoog de eisen zijn die ik aan vriendschap stel. Ik wil geen teleurstellingen meer. Geen pijn meer. Van mijn vrienden wil ik zeker weten dat we over vijftig jaar nog steeds bij elkaar zitten. In een schommelstoel, met een dikke sigaar.'

Ook in de liefde is Memphis veeleisend. In 2015 slaat de vlam voor het eerst in de pan. Via Instagram raakt hij in contact met Lori Harvey, een drie jaar jongere vrouw uit Amerika. Na maandenlang dagelijks bellen, ontmoeten ze elkaar in Manchester voor het eerst en Memphis weet niet wat hem overkomt. 'Voor de eerste keer in mijn leven voelde ik wat verliefdheid is. Het was overweldigend. Lori was mijn eerste grote liefde, mijn eerste echte relatie.'

In de daaropvolgende periode is het passen en meten om elkaar te kunnen zien. Ze hebben allebei drukke agenda's en Lori woont in Los Angeles, waar ze werkt aan haar modellencarrière. Maar als Memphis en de stiefdochter van tv-personality annex bestsellerauteur Steve Harvey samen zijn, dan zal de wereld het weten ook. Via social media delen ze flarden van hun persoonlijke leven, tot het huwelijksaanzoek van Memphis in Los Angeles aan toe. In de zomer van 2018 willen ze gaan trouwen, daarna komt Lori naar Europa, zo is de bedoeling.

Het zou er niet van komen. 'We zijn uit elkaar gegroeid,' vertelt Memphis. 'Dat heeft met de fysieke afstand tussen Amerika en Europa te maken en met de verschillende levensfases waar we in zitten. We hebben geprobeerd er het beste van te maken, maar op een gegeven moment was het beter om ieder onze eigen weg te gaan. In praktische zin maakte de lange afstand het ingewikkeld. We kunnen door onze drukke agenda's allebei niet zomaar even naar de andere kant van de oceaan. En door het tijdsverschil leven we in een totaal ander ritme. Mijn dag is klaar als die van Lori begint. Het laatste jaar zagen we elkaar weinig, we beleefden veel minder dingen samen dan een stel dat dicht bij elkaar of samenwoont. We bouwden weinig gezamenlijke herinneringen op. Het is niet geworden wat we ervan hadden gehoopt, dat is duidelijk. Ik ben verdergegaan met mijn carrière en Lori ook. Ik wens haar oprecht het allerbeste in het leven. Nu focus ik me op mijn relatie met God. Alleen Hij weet wie mijn toekomstige vrouw zal zijn.'

Eind 2018 brengt Memphis een nieuwe track uit, *No Love*, waarin hij verwijst naar zijn stukgelopen verloving met Lori. Hij rapt onder meer:

No money, no cars, nothing at the moment changes my mind
Ik weet niet eens of je leeft voor mij
And I'm getting tired of wasting my time
I'm getting tired, I'm not even lying
I know you got diamonds, they're shining
But I'm not impressed by the diamonds
Impressed by the Christmas gift I got from Bryan
Yeah I read my Bible and pray yeah
I woke up on Mary-Jean yeah
Portofino flow on the rocks
Paparazzi om me heen
I'm balling on a yacht, Glory all to God
They're still waiting for mistakes
We're celebrating hard and smoking some cigars
That's how I'm feeling today
That's how I'm feeling most of the time
Don't even look at the price just pay

Getting abused a big part of my life
Say you understand but don't feel my pain
God already said I have to wait
But sometimes I feel like it is too late

9. Van droom tot nachtmerrie in Manchester

De vraag van Memphis aan Gigi in de zomer van 2015 is kort en krachtig: 'Ga je mee naar Manchester?'

Onafscheidelijk waren de twee jeugdkameraden toch al, nu gaan ze een volgende fase in hun vriendschap in. Voor Gigi komt het verzoek op een goed moment. Na vier jaar in het Sporthuis Pim Doesburg in Rotterdam verlangt hij naar ander werk. Iets nieuws. 'Ik wilde niet alleen zijn in Engeland,' vertelt Memphis. 'En Gigi kon allerlei praktische zaken voor me gaan regelen. Uit vriendschap zou hij dat sowieso voor me doen. Maar het had nogal wat consequenties voor hem. Weg uit zijn ouderlijk huis, weg bij zijn werkgever. Dus ik heb hem op mijn loonlijst gezet.'

Gigi: 'Als werk heb ik het nooit gezien. Ik ging mee met mijn broer, dat was het vooral. En hij betaalde me voor de dingen die ik regelde. Ik was echt bij hem in dienst. Ik bracht hem naar de training, deed klusjes, onderhield de commerciële contacten, zodat Memphis alleen maar aan voetbal hoefde te denken. Als mensen in Engeland vroegen wie ik was, zei ik dat ik de *personal assistant* van Memphis was. Eigenlijk dekte dat de lading ook wel. We waren jong, Memphis ging een enorm avontuur aan. En ik ging mee.'

De moeder van Memphis heeft daar zo haar eigen gedachten over. 'Ik vond het geen goed idee dat Memphis een vriend meenam naar Manchester,' zegt Cora. 'Gigi is een schat van een jongen, echt waar, hij zal nog geen vlieg kwaad doen. Een boezemvriend van het eerste uur. Maar het leek me juist goed als Memphis zijn eigen weg zou vinden. Als je daar alleen bent, ga je vanzelf optrekken met je nieuwe teamgenoten. De aanpassing aan het leven in Engeland zal dan makkelijker verlopen. Bovendien zit je dan niet tot diep in de nacht samen achter een spelcomputer. Maar Memphis' besluit stond vast.'

Memphis en Gigi nemen hun intrek in het Lowry Hotel, aan de Irwell River in het noorden van de stad. Het hotel waar popartiesten, filmsterren en spelers van Manchester United kind aan huis zijn. 'We waren net kleine jochies in een snoepwinkel,' vertelt Gigi. 'Alles mooi, alles luxe. Zaten we daar opeens middenin, de mannetjes uit Moordrecht en Gouda. In dat hotel stonden Hoverboards, van die karretjes met twee wielen, waar je rechtopstaand mee kunt rijden. Daarmee scheurden we door de gangen, en we speelden inderdaad veel computergames. Het leven van Memphis was overzichtelijk: trainen, wedstrijden spelen en verder waren we meestal thuis. Overdag na de training gingen we soms de stad in. Een hapje eten of shoppen. We kwamen in een nieuwe wereld terecht. Alles was groter en heftiger dan we gewend waren. En Memphis verdiende daar aardig wat geld natuurlijk. Zeker in het begin gaf hij veel uit. Op een gegeven moment vroeg hij me op de rem te trappen. Memphis is echt heel makkelijk met geld. In die winkels viel mijn mond vaak open van verbazing als ik de prijskaartjes zag. Dus ik trapte steeds vaker op die rem.'

Tijdens zijn *shopping sprees* wordt Memphis standaard achtervolgd door fotografen. Nog voordat hij zijn eerste bal namens Manchester United had geraakt, maakte hij al kennis met de werkwijze van de Engelse tabloids. In de zomer van zijn transfer hadden verslaggevers de oversteek naar Nederland gemaakt, waar ze onaangekondigd aanbelden bij zijn moeder en bij zijn oma. Bij de verhalen doken paparazzifoto's op van zijn vakantie in Miami, met onder meer Paul Pogba en Romelu Lukaku. Een foto van zijn aankomst op Manchester Airport werd gebruikt om in te zoomen op de dure accessoires van Memphis. Dagblad *Daily Mail* berekende dat zijn schoenen, horloge, zonnebril, iPhone en Louis Vuitton-tasje opgeteld 9.923 pond (ruim elfduizend euro) hadden gekost. Welkom in Engeland.

Na twee maanden in het Lowry Hotel trekken Memphis en Gigi naar de chique enclave Cheshire, ten zuiden van Manchester. Voor achttienduizend euro per maand huurt Memphis een huis van voormalig Manchester United-verdediger Phill Neville. Het is een mansion met zes slaapkamers, een enorme tuin, binnenzwembad, indoor voetbalveldje, fitnessruimte, sauna en een als voetbalmuseum ingerichte biljartkamer. Hun kookkunsten laten te wensen over, daarom huurt Memphis een privékok in.

Gigi: 'Voor mij was het de eerste keer dat ik op mezelf ging wonen. Het was even wennen, ook onderling. In het begin liet ik overal mijn spullen slingeren. Je weet toch, jongens onder mekaar, ik dacht er verder niet bij na. Memphis bleek zich daaraan te ergeren. Na een tijdje zei hij dat we moesten praten. "Je moet niet denken dat ik een huishoudster betaal om jouw teringzooi op te ruimen," zei Memphis. Hij was echt pissig. En hij had gelijk. Toen hebben we afspraken gemaakt waardoor er geen irritaties meer zouden ontstaan. Daar moet je gewoon eerlijk in zijn tegenover elkaar. Thuis hadden we het goed. We renden en voetbalden als gekken in die grote tuin. Er komt ontzettend veel af op een voetballer van Manchester United. Iedereen lette op Memphis, er was altijd gedoe in de tabloids. In de beslotenheid van de tuin konden we kind zijn.'

Met een meer dan volwassen loonstrookje, dat wel. Naast het miljoenensalaris plus een uitgebreid bonussysteem, bevat zijn contract een opvallende clausule over de Gouden Bal. Mocht Memphis genomineerd worden bij de jaarlijkse verkiezing van beste voetballer ter wereld, dan krijgt hij een extra premie. Een plek bij de top drie zou hem het driedubbele daarvan opleveren, bij winst van de Gouden Bal krijgt Memphis de maximale bonus.

Het gaat om miljoenenbedragen waar niemand in het Engelse topvoetbal van opkijkt. Voor beduidend meer rumoer zorgt het rugnummer dat Memphis bij zijn nieuwe club kiest: 7. Het is een nummer met heilige status op Old Trafford. Voorheen voorbehouden aan clublegendes als George Best, Bryan Robson, Eric Cantona, David Beckham en Cristiano Ronaldo. Drie jaar eerder had Antonio Valencia hetzelfde rugnummer gekozen, nadat hij door United tot voetballer van het jaar was gekozen. Valencia kreeg last van de druk die een dergelijke keuze op Old Trafford met zich meebrengt en wisselde naar nummer 25. Later deed Juan Mata om dezelfde reden - nog voordat hij überhaupt was begonnen bij zijn nieuwe club - afstand van het shirt met nummer 7.

Memphis zelf ziet het probleem op dat moment niet. 'Ik voelde me hartstikke lekker toen ik bij Manchester United binnenkwam. Een jaar eerder was het WK met Oranje boven verwachting verlopen. Gevolgd door een topseizoen bij PSV, waarin ik al mijn doelstellingen behaalde. Ik houd ervan de druk voor mezelf op te voeren. Dat deed ik al door vanuit de Eredivisie rechtstreeks naar een absolute topclub te gaan. Het rugnummer 7 gaf voor mij een extra dimensie aan het hele verhaal. Vooral omdat Ronaldo daarmee had gespeeld. Ik was vereerd. Al had ik niet verwacht dat de Engelse pers er na elke mindere wedstrijd over zou beginnen.'

Ook Joost Leenders onderschat de impact. 'Ik heb het er destijds niet met Memphis over gehad,' geeft de prestatiecoach toe. 'Ons contact was minder intensief dan in de periode bij PSV. Kees Ploegsma hield me telefonisch op de hoogte van de ontwikkelingen in Manchester. Doordat ik er verder van af stond, was ik minder bezig met de keuzes die werden gemaakt. En ik was zó blij voor Memphis dat hij deze mooie transfer had kunnen maken, dat ik ook op de opmerking van Kees over dat rugnummer enthousiast reageerde. Daar heb ik van geleerd. Je moet je niet laten leiden door enthousiasme. Hoewel ik niet in mijn coachrol zat op dat moment, had ik mijn verstand moeten gebruiken. Achteraf gezien had ik kritische vragen kunnen stellen, want dat rugnummer was helemaal geen goed idee. Dat moet je afdwingen bij Manchester United, met topprestaties, over een lange termijn.

Wat ook meespeelde was het feit dat Memphis, naast Anthony Martial, de duurste aankoop was die zomer. Hij werd met veel bombarie binnengehaald. Dat ging in zijn hoofd zitten. Intussen merkte hij tijdens de eerste trainingsweken dat het niveau nóg hoger lag dan hij had gedacht. Hij had aanvankelijk moeite om aan te klampen. Die druk van het rugnummer 7 was het laatste wat hij daarbij kon gebruiken.'

Ergens vindt Memphis alle ophef ook nog wel vermakelijk. 'Je kunt het ook omdraaien,' zegt hij. 'De clubleiding had me kunnen waarschuwen of een ander rugnummer kunnen geven. Dat gebeurde niet. Iedereen vertrouwde erop dat ik het zou gaan maken bij Manchester United. Ikzelf voorop. Ik was ervan overtuigd dat ik iets kon toevoegen wat er nog niet was. Creativiteit, durf, acties. Manchester United is een van de grootse clubs ter wereld. In naam. Maar ze hebben jarenlang voetbal gespeeld waarvan je in slaap viel. Ook toen ik daar kwam, hadden ze geen absolute topploeg. De opmerking van Van Gaal dat ik niet hoefde te verwachten dat ik meteen zou gaan spelen, had me nog eens extra geprikkeld.'

Tijdens die beginperiode in Manchester denkt Memphis weleens terug aan zijn eerste ontmoeting met Louis van Gaal. Bij Oranje was dat, bijna twee jaar eerder. 'Als bondscoach hield Van Gaal kennismakingsgesprekken met nieuwe internationals. Ik was nerveus voor dat gesprek. Had er eigenlijk helemaal geen zin in. Voor de coach Van Gaal had ik groot respect. Alleen al zijn lijst met clubs en behaalde prijzen dwingt bewondering af. Ik vroeg me vooral af wat voor soort man hij zou zijn. Op televisie wekt hij vaak de indruk van een autoritaire schoolmeester. In gedachten zag ik een boze man voor me, die mij de les ging lezen. Ik sprak mezelf moed in door te bedenken dat televisie een verkeerd beeld kan schetsen van mensen. Daar wist ik zelf inmiddels alles van. Al die gedachten verdwenen toen we tegenover elkaar zaten. Binnen een minuut vroeg ik me af waarom ik me in hemelsnaam druk had gemaakt. Hij was heel aardig, vroeg naar mijn achtergronden, mijn familie. Hij toonde oprechte interesse. Dat was een aangename verrassing. In de periode erna bleef het goede gevoel dat ik daaraan over had gehouden. We hebben bij Oranje prima samengewerkt. En ik zal altijd respect houden voor de manier waarop hij ons naar de bronzen medaille op het WK heeft geleid. Dat had geen andere coach hem nagedaan. Maar bij Manchester United veranderde onze relatie al snel.'

In eerste instantie is er weinig aan de hand. Begin augustus ziet Memphis een grote concurrent vertrekken: Argentijns international Angel Di Maria – over wie Van Gaal had gezegd dat Memphis met hem moest strijden om een basisplaats - tekent een contract bij Paris Saint-Germain. De club die enkele maanden eerder uitgerekend Memphis probeerde binnen te halen. Het plaveit de weg naar een directe basisplaats, waar de nieuwe aanvaller de eerste twee competitiewedstrijden zijn draai nog niet vindt. Maar zijn debuut op het Europese podium is knetterend. In de voorronde van de Champions League, op Old Trafford tegen Club Brugge (3-1), zet Memphis zichzelf met twee fraaie goals en een assist in het spotlicht. De volgende dag struikelen de tabloids over superlatieven. Een greep uit de kranten-koppen: *Magnificent Memphis*, *Memory Maker* en *The new king of Old Trafford*. Ook Van Gaal toont zich verheugd. Op de persconferentie na de wedstrijd zegt de Nederlandse coach lachend: 'Ik wil hem kussen.'

Lang houdt de euforie niet aan. In de Premier League duurt het zeven wed-strijden voordat Memphis doel treft, in het thuisduel met Sunderland. Daar zal in zijn eerste seizoen slechts één competitietreffer bij komen; half november tegen

Watford. In het najaar raakt Memphis zijn basisplaats kwijt. 'Het was heel frustrerend dat ik mijn vertrouwde niveau niet haalde. De aanpassing kostte meer tijd dan ik had gedacht, en ik werd al snel meegezogen in de behoudende spelopvatting. Ik werd beperkt in mijn vrijheid op het veld. Daarmee haal je de angel uit mijn spel. Ik moest aan de zijkant blijven, veel heen en weer rennen, tot diep op eigen helft. Bij psv kreeg ik de vrijheid om te zwerven in de ruimtes, om gevaar te stichten waar dat mogelijk was. In Manchester ging het spoken in mijn hoofd. Ik moest de opdrachten van Van Gaal uitvoeren, anders zou ik mijn plek zeker weten kwijtraken. Want dat pikt hij niet. Terwijl ik wist dat het mijn spel niet ten goede kwam.

Wat ik niet begreep: je haalt me binnen vanwege de specifieke eigenschappen die je bij psv en in Oranje van me hebt gezien. Vervolgens moet ik op een manier gaan spelen die diezelfde eigenschappen uit mijn spel laat verdwijnen. Dat kon ik niet met elkaar rijmen. Voor mij is het essentieel dat ik mezelf kan zijn. Niet omdat ik me dan op het veld van niemand iets hoef aan te trekken, maar omdat ik het best rendeer als ik mijn intuïtie kan volgen. Ik vreesde voor mijn basisplaats, dus ik probeerde te doen wat me werd opgedragen. Met af en toe een individuele actie, waardoor ik twee dingen half aan het doen was en alsnog op de bank terechtkwam. Ik had dichter bij mijn eigen voetbalnatuur moeten blijven, waarbij ik zelf natuurlijk ook in de spiegel moet kijken. Als je goed speelt en scoort en wedstrijden beslist, kan een coach niet om je heen. Dat was bij mij niet het geval. Ik heb het Van Gaal niet moeilijk genoeg gemaakt. Dat moet ik niet hem, maar vooral mezelf verwijten. Ik probeer alleen aan te geven met welk dilemma ik worstelde. Dat had een negatieve impact op mijn spel. En op mijn verstandhouding met Van Gaal. Op de een of andere manier werkte het niet meer tussen ons.

Met mijn lichaam gebeurde in die eerste maanden ook iets vreemds. Op een gegeven moment woog ik vierentachtig kilo. Zo zwaar ben ik nog nooit geweest.

Tachtig kilo is mijn normale gewicht. Mijn lijf bleek te moeten wennen aan de hogere intensiteit bij trainingen en wedstrijden. Mijn vetpercentage was hetzelfde als voorheen, het was allemaal extra spiermassa. Vooral in mijn benen en op mijn kont. Uit testen bleek dat mijn lichaam destijds heel snel reageerde op inspanning. Het hogere en intensere niveau bij Manchester zorgde dus voor die spiergroei, mede doordat ik in die tijd veel extra krachttraining deed. Vanwege die grotere spiermassa ben ik extra gaan trainen op explosiviteit. Maar wat ik ook deed, mijn spel werd er niet beter op.

Nadat ik op de bank was beland, ben ik ook met assistent-coach Ryan Giggs extra gaan trainen. Vooral op voorzetten met mijn linkerbeen. Na een tijdje riep Van Gaal me op zijn kantoor. Hij zei dat er niks mis was met mijn linkerbeen. Hij vond het onzin dat ik extra trainde met Giggs. Het zit allemaal in je hoofd, zei Van Gaal. Dat verwarde me. Ik wilde juist aan mezelf werken, een betere linksbuiten worden. En dan wordt dat als onzin bestempeld. Ik snapte er niks van. Steeds meer kreeg ik het gevoel dat ik niks goed kon doen in zijn ogen.

Zijn assistent was trouwens veel erger. Albert Stuivenberg. Met hem had ik bij Oranje onder 17 al geen beste ervaringen gehad. En een van de eerste dingen die mijn nieuwe ploeggenoten me vertelden, was hoe Stuivenberg aan Rademar Falcao uitlegde hoe je een doelpunt moet scoren. Falcao maakt zijn hele carrière al goals alsof zijn leven ervan afhangt. En dan komt Albert Stuivenberg uit Nederland je vertellen dat je je wreef niet goed gebruikt tijdens het afronden. Falcao wist niet wat hij meemaakte, vertelden die gasten. Van Gaal had daar bij mij ook een handje van als het over het passeren van een tegenstander ging. Hij heeft van heel veel voetbalaspecten verstand en ik heb veel van hem geleerd. Maar ga mij nou níét leren hoe ik een mannetje moet uitspelen. Bovendien leek me dat meer het domein van Giggs, met zijn geweldige ervaring als vleugelspits. Maar mijn extra trainingen met Ryan vond Van Gaal dus overbodig.'

Memphis heeft het in die periode niet alleen intern lastig. Hoe minder speeltijd hij afdwingt, hoe feller de kritiek in de Engelse kranten. Waarbij de focus komt te liggen op zijn uiterlijk vertoon. 'Volgens de tabloids lag het allemaal aan mijn levensstijl. Weet je, ik ben in anderhalf jaar tijd in Manchester welgeteld één keer uitgeweest. Die ene avond werd ik gefotografeerd en meteen had ik het stempel van partyboy. Daarna verscheen er steeds vaker onzin in de tabloids. Dat ik continu op stap ging, dat Giggs me om die reden op het matje had geroepen. Volledig verzonnen verhalen die ook in de Nederlandse media werden overgenomen.'

Gigi: 'Memphis zei in Engeland vaak dat het hem niet boeide wat er in de pers over hem werd geschreven. Maar ik merkte dat het hem diep van binnen tóch raakte. Niemand vindt het leuk als er slecht over je wordt gepraat. Bij Memphis wordt het soms zo persoonlijk allemaal. Als hij slecht speelt, is het logisch dat daarover wordt geschreven. Maar bij hem hangt er vaak de conclusie aan vast dat het aan zijn persoonlijkheid ligt. Dat ging aan hem vreten. Aan mij ook, trouwens. Ik weet hoe groot zijn hart is, ik weet hoe hard hij heeft moeten vechten. Ook in Nederland is het contrast groot tussen zijn image en wie hij werkelijk is. Tegenwoordig raakt het hem écht niet meer. Maar in die tijd in Manchester deed het hem volgens mij meer pijn dan hij toegaf.

Nadat Memphis zijn eerste goal had gescoord in de Premier League, zijn we voor het eerst en het laatst wezen stappen in Manchester. Hij was blij met die goal, United had gewonnen, de volgende dag was er geen training. Dus waarom niet. In eerste instantie gebeurde er niks met de paparazzifoto's van die avond. De week erop verloor Manchester United. Meteen werden die foto's geplaatst, om de suggestie te wekken dat Memphis na een nederlaag was wezen stappen. Zo werken die gasten. Ik heb mailtjes gezien waarin tabloids lieten zien welke bullshitverhalen ze over Memphis hadden klaarliggen. Als je betaalt, stoppen ze die in de doofpot. Daar heeft hij nooit aan meegedaan. Dan maar leugens in de krant. Je gunt dit soort mensen nog geen stuiver.'

Memphis: 'Ook al bleef ik altijd weg uit het nachtleven, je gaat toch rekening houden met de werkwijze van de tabloids. Kort nadat ik mijn Mercedes G-Wagon had gekocht, reden we op een winteravond over het platteland rond Manchester. Er was verder niemand op de weg, ik drukte het gaspedaal stevig in. Er lag een pak sneeuw en we raakten in een slip. Ik raakte de macht over het stuur kwijt en uiteindelijk kwamen we vast te zitten in een weiland. Het flitste door mijn hoofd dat de tabloids hier geen lucht van mochten krijgen. Ik heb de teammanager van United gebeld. Die kwam meteen onze kant op en is met de boer op wiens weiland we vastzaten in gesprek gegaan. Die man heeft ons met zijn tractor losgetrokken. Ik heb de schade aan zijn grond vergoed en er een extra som geld bovenop gedaan. Dat was een soort zwijggeld: om te voorkomen dat hij met dit verhaal naar de tabloids zou gaan.'

Hoewel dit specifieke verhaal onder het tapijt blijft, staat het wagenpark van Memphis steeds vaker symbool voor zijn problemen bij Manchester United. De Engelse kranten lusten er pap van, het image van Memphis in combinatie met zijn afnemende inbreng op het veld. In Nederland ziet zijn moeder de berichtgeving met lede ogen aan. 'Ik was laaiend toen ik hoorde dat Memphis die Rolls-Royce had gekocht,' vertelt Cora. 'Hoe haal je het nou in je hoofd zo'n soort auto te kopen terwijl je op dat moment niks presteert op het veld? Ik heb Memphis zijn hele jeugd gestimuleerd zichzelf te zijn. Maar op sommige momenten moet je stilstaan bij de consequenties van de keuzes die je maakt. Zeker als je bij een van de grootste clubs ter wereld in een moeilijke situatie zit.'

De meningen binnen het begeleidingsteam waren verdeeld. In de periode dat Memphis besluit een nieuwe auto te kopen, zit hij met Joost en Kees in de tuin van zijn Engelse huis. Hij begint automerken op te sommen en checkt de reacties.

Als Memphis bij de duurste categorie is aanbeland, stelt Kees voor de aanschaf van dergelijke bolides te bewaren voor later. Ook Joost adviseert nog even te wachten, maar diep vanbinnen weet hij dat Memphis zijn keuze al heeft gemaakt. Vandaar dat hij hem de waarschijnlijke gevolgen voorspiegelt. 'Ik blijf erbij dat mensen vooral zelf moeten bepalen in welke auto ze rijden,' zegt Joost Leenders. 'Kees staat daar anders in dan ik. Hij vindt dat voetballers hun luxe leven geleidelijk moeten opbouwen. Hoe verder je komt in je carrière, hoe meer recht je hebt op een dikke auto. Begin met een Fiat en eindig met een Rolls-Royce, dat idee. Ik heb Memphis voorgehouden hoe het vermoedelijk zou gaan lopen. En dat hij het dus als een volwassen man moest dragen als er kritiek op die Rolls-Royce zou komen. Wanneer je er bewust voor kiest jezelf op een bepaalde manier te uiten, moet je ook beseffen wat de consequenties kunnen zijn. Of je die reacties nou terecht vindt of niet.

Memphis vindt oprecht dat mensen hem niet de hele tijd moeten veroordelen op zaken die niks met voetbal te maken hebben. De vraag is dan in hoeverre je je gedrag aanpast om gezeik te voorkomen. Een voorbeeld: halverwege dat seizoen verloor Manchester United de uitwedstrijd bij Stoke City, mede door een onderschepte terugspeelbal van Memphis. In een periode waarin hij toch al onder vuur lag. De dag na die nederlaag was de eerste keer dat hij in zijn Rolls-Royce naar de club kwam. Dat vond ik niet slim. Wacht dan even tot je in rustiger vaarwater zit.'

In dezelfde periode komt Louis van Gaal met een voorstel. Hij wil dat Memphis in gesprek gaat met een sportpsycholoog uit het netwerk van de hoofdcoach. 'Ik snap dat Van Gaal daarover nadacht,' zegt Joost. 'We hadden alleen wel te maken met Memphis, die mensen niet zomaar in vertrouwen neemt. En op dat moment met niemand contact wilde hebben, zeker niet met een sportpsycholoog die hij niet kende. Misschien was het goed geweest als we een samenwerking hadden opgezet: Van Gaal, zijn sportpsycholoog en ikzelf. Ik beweer niet dat we de situatie zomaar eventjes hadden opgelost, maar ik denk dat ik wel een bijdrage had kunnen leveren. Een gezamenlijke constructie is echter niet aan de orde geweest.'

Memphis: 'Ook Van Gaal baalde natuurlijk dat het niet uitpakte zoals iedereen verwachtte. Hij had zich sterk gemaakt voor mijn komst. Na een halfjaar kwam hij naar me toe. Hij kende een sportpsycholoog en zei dat ik met diegene moest gaan praten. Ik antwoordde dat ik daarover wilde nadenken. Ik wist dat ik niet goed presteerde, maar zelf gooide ik het op de aanpassingstijd. Mijn tijd zou nog komen, daarvan was ik overtuigd. En daar had ik geen voor mij onbekende mental coach bij nodig, dat heb ik Van Gaal verteld. Hij bleef erbij dat ik die gesprekken wel nodig had. Het zou mijn concentratie en focus verhogen. Hij is er later nog twee keer op teruggekomen. Ik bleef bij mijn standpunt. Diep in mijn hart wist ik dat dit tegen mij zou gaan werken. Maar ik had geen zin in toneelstukjes om de coach te plezieren.

Na mijn derde bedankje heeft Van Gaal lange tijd niet met me gesproken. Hij bleef me op de reservebank zetten en dat was dat. Volgens mij is Van Gaal helemaal klaar met je als je zijn adviezen niet opvolgt. Tegen het eind van het seizoen wilde hij toch nog iets tegen me zeggen: dat het volgende seizoen nóg moeilijker voor me zou worden, omdat de club nieuwe aanvallers zou gaan kopen. Kort daarop was de FA Cup-finale tegen Crystal Palace. Toen zette hij me zelfs op de tribune. Dat was een dieptepunt. Alsof je op school in de hoek wordt gezet.'

De gewonnen finale kan de baan van Van Gaal niet redden. Daarvoor is de vijfde plek op de competitieranglijst te laag en het vertoonde voetbal te pover geweest. De trainer wordt zonder pardon ontslagen. Als opvolger wordt José Mourinho aangesteld. Memphis: 'Ik hoopte op een nieuwe start in mijn tweede seizoen. Ik zette alles op een rijtje voor mezelf en wat ik zag, was positief. Ik had een jaar ervaring bij Manchester United en in het Engelse leven. Ik had voor het eerst in mijn leven een serieuze relatie, met Lori. En een nieuwe trainer bij de club biedt nieuwe kansen. Mourinho stuurde me meteen een mooi berichtje. Dat hij tijdens het WK had gezien hoe goed ik ben en dat mijn teleurstellende start bij Manchester United zijn beeld van mij niet had veranderd. Hij verwachtte veel van me.

Bij de eerste training zei Mourinho dat een van zijn assistenten hem had verteld dat ik het grootste talent ter wereld was. Daarna maakte hij een grapje, dat hij die assistent zou ontslaan als hij ongelijk bleek te hebben. Dat was een leuke start. Ik voelde vertrouwen en had hoop. Het begon sowieso lekker. Ik trainde goed, beter dan het jaar ervoor, dat kun je bij mijn toenmalige medespelers navragen. Maar een echte kans heb ik nooit gekregen. Dan bedoel ik een serie basisplaatsen waarin ik kan laten zien wat ik in huis heb. Het was anders dan toen Van Gaal me op de bank hield. In die tijd waren er redenen mij niet in de basis te zetten. Ik trainde en speelde niet op mijn niveau. Dan wordt het lastig bij een grote club als United. Maar onder Mourinho ging ik helemaal los tijdens de trainingen. *I was killing it*, elke training opnieuw. Dat maakte het niet krijgen van een basisplaats lastiger te accepteren dan het jaar ervoor. Jongens als Zlatan, Michael Carrick en Paul Pogba vroegen zich af waarom ik niet vaker speelde. Maar ja, zij maakten de opstelling niet.

In november scoorde ik als invaller bij het Nederlands elftal twee goals. Oké, het was tegen Luxemburg, maar ik hoopte dat het mijn situatie bij United zou veranderen, ook omdat het in de Premier League helemaal niet lekker liep met de ploeg. Maar er veranderde niets. Op een gegeven moment heb ik Mourinho op de man af gevraagd of ik ooit een kans van hem zou krijgen. Hij zei dat er een druk programma zat aan te komen en dat ik dan zou gaan spelen. Hij vroeg me nog even geduld te hebben en zei dat hij trots op me was, vanwege mijn instelling en het niveau dat ik liet zien op trainingen. Dat gaf me weer wat hoop. Uiteindelijk heeft hij me precies één keer in de basis gezet. In de League Cup, tegen Northampton Town.'

Joost: 'In het laatste halfjaar bij Manchester United zag ik Memphis steeds verder afglijden. Als ik bij hem op bezoek ging, trof ik een hoopje ellende aan. Iemand die niet meer wist hoe hij zijn vertrouwde niveau kon terugpakken. Hij hing murw in de touwen. De vechtlust die hem door de zware tijden in zijn jeugd had geholpen, was even helemaal weg. Een groot contrast met de zelfbewuste jongen die doorbrak bij PSV en in Oranje en blakend van vertrouwen naar Manchester vertrok. Zijn enorme zelfvertrouwen helpt Memphis om zijn doelen te bereiken. Daar ben ik van overtuigd. Het hóórt echt bij wie hij is. De consequentie is: wanneer zijn zelfvertrouwen wegvalt, heeft dat grote impact op hem en daarmee op zijn prestaties.

Ook voor mij was het lastig goed tot hem door te dringen. Memphis wilde zelf zijn problemen oplossen. Maar dat lukte hem niet in Manchester. Hij zat muurvast en leidde een eenzaam en monotoon leven. Het was alsof Memphis zichzelf onzichtbaar probeerde te maken. Hij sloot zich op in zijn huis en had geen behoefte aan sociale contacten. Terwijl hij zich normaliter het liefst met zo veel mogelijk vrienden en vertrouwelingen omringt. Hij was duidelijk zichzelf niet meer.'

Memphis en Gigi zijn dan inmiddels verhuisd naar het huis dat verdediger Micah Richards had verlaten, na zijn transfer van Manchester City naar Aston Villa. Ook hier ontbreekt het ze aan niets. Althans, in praktische zin. De somberheid van Memphis neemt steeds ernstiger vormen aan. 'Het was zwaar om hem te zien lijden,' zegt Gigi. 'We woonden in hetzelfde huis, maar er waren dagen dat we elkaar amper zagen. Dan zat hij de hele dag op zijn kamer. Ik probeerde hem op te vrolijken door uitstapjes te plannen. Even weg uit dat huis. Paintballen werkte goed. Dat vonden we allebei geweldig, dan leefden we ons helemaal uit. We zijn ook weleens naar het trainingscomplex van United gereden, op een dag dat hij niet in de wedstrijdselectie was opgenomen. Gingen we een balletje trappen op dat totaal verlaten complex. Dan hadden we weer even lol. Maar het positieve effect van dat soort momenten verdween steeds sneller.'

Memphis: 'Ik kwam in een bubbel terecht. Los van de trainingen speelde mijn leven zich binnen af. Het ging helemaal niet goed met me. Op het oog had ik het helemaal voor elkaar: een heerlijk huis met zwembad, Rolls-Royce voor de deur, een chef-kok in de keuken, Gigi was bij me, ik had een wereldsalaris bij een van de mooiste clubs ter wereld. Beter kun je het niet hebben, zou je denken. Maar ik reed op een gegeven moment met een pestgevoel in mijn lijf naar de club. Het plezier in voetbal was verdwenen, voor het eerst in mijn leven. Dat kon ik niet bevatten. Het belangrijkste en het mooiste in mijn leven gaf me nu een heel triest gevoel. Op sommige foto's uit die tijd zie ik het aan mezelf. Daarop heb ik een heel donkere blik in mijn ogen. Man, ik was doodongelukkig. De frustratie werd steeds groter, zonder dat ik me er raad mee wist. God speelde nog niet de rol in mijn leven zoals dat tegenwoordig het geval is. Ik was volledig de weg kwijt. Soms knalde alle woede eruit. Op een dag ben ik thuis met spullen gaan gooien. Schreeuwend. Blinde woede, dat was het. Gigi was erbij en wist niet wat hij meemaakte.'

Gigi: 'Memphis kwam die dag thuis na een wedstrijd. Hij had opnieuw geen minuut gespeeld. Hij zei niks, ging op het aanrecht zitten en staarde voor zich uit. Ik zat aan de keukentafel en zweeg eveneens. Soms kun je hem beter even met rust laten. En opeens, uit het niets, begon hij met spullen te gooien. Het was echt even chaos. Daarna stormde hij naar boven, naar zijn kamer. Zo had ik hem nog nooit meegemaakt. Het zat heel diep allemaal.'

Memphis: 'Later ben ik Gigi zelfs een keer aangevlogen, zonder serieuze aanleiding. Ik reageerde me af en Gigi had de pech dat hij in de buurt was. Dat kon ook bijna niet anders, want in die tijd verdroeg ik verder niemand om me heen. Het was meteen voorbij, want ik schrok me kapot van mijn eigen gedrag. En Gigi ook natuurlijk. Ik schaamde me diep. Gigi is de laatste die ik iets zou willen aandoen. Mijn lieve, trouwe vriend. Dat was het teken dat ik de bodem had bereikt.'

Gigi: 'We zaten in de tv-kamer en ik gooide voor de grap iets naar hem toe. Ik weet niet eens meer precies wat. Het raakte zijn gezicht. Memphis staarde naar me met een blik die ik niet van hem kende. Alsof hij dwars door me heen keek. Daarna sprong hij op en stormde recht op me af. Ik dacht eerst dat hij een geintje maakte. Een beetje stoeien, weet je wel. Maar hij sprong boven op me en hief zijn vuist omhoog. Ik verweerde me niet, ik was te verbijsterd. Ik dacht dat hij me een klap ging verkopen, maar opeens kwam hij weer bij zinnen. Hij stapte van me af en liep weg, naar het zwembad. Ik ben vijf minuten later naar hem toe gegaan en toen hebben we het uitgepraat. Memphis was heel emotioneel, hij baalde zelf nog het meest van wat er was gebeurd. Ik begreep op mijn beurt waar zijn frustratie vandaan kwam. Het had niks met mij te maken, maar met de situatie waarin hij zat. Na ons gesprek hebben we elkaar omhelsd. Daar zat heel veel gevoel en broederschap in. Daarmee was het klaar.'

Het contact met zijn moeder is schaars in die tijd. 'Tijdens zijn periode in Manchester heb ik me veel zorgen gemaakt om Memphis,' vertelt Cora. 'Als hij verdriet heeft of in de problemen zit, heeft dat direct impact op onze verstandhouding. Als ik dan mijn zorgen uit, ben ik in zijn ogen een zeur. Dan steekt hij zijn kop in het zand. Dat is een beetje de aard van het beestje. Als ik Memphis vroeger confronteerde met mijn eigen issues, zei hij altijd dat ik die moest deleten. Ja, dat zou lekker zijn, als je alle zorgen met een druk op de knop kunt laten verdwijnen. Sommige dingen moet je onder ogen zien, zodat je ze kunt oplossen.

Het lukte me niet tot Memhis door te dringen in die tijd. Hij wilde niks van me horen, was vooral bezig met zichzelf. En zodra er problemen tussen ons tweeën zijn, heeft dat impact op zijn prestaties. Hij zal het zelf ontkennen, maar ik weet zeker dat daar een direct verband is. Er is een periode van drie maanden geweest waarin we geen contact met elkaar hebben gehad. Hij zonderde zich echt helemaal af. Toen ik eindelijk bij hem langs kon komen in Manchester stortte ik in. Letterlijk. Ik heb op de grond liggen janken bij hem thuis. Ik ben een emotioneel en gevoelig persoon. Al mijn zorgen over Memphis, over onze onderlinge band, alle pijn uit ons verleden; het kwam er allemaal op een heftige manier uit toen ik weer bij hem was. Het ging met ons beiden niet goed.'

Memphis: 'Ik was mezelf kwijt in Manchester. Dat was de kern van het probleem. Daar kwam ik pas later achter. Op het moment zelf gaf ik iedereen de schuld. Behalve mezelf. Ik vond Van Gaal een lul, Mourinho een klootzak; de hele wereld deugde niet in mijn ogen. Zo werkt het natuurlijk niet in het leven. Maar toen zag ik het op die manier. Ik was niet alleen mezelf kwijtgeraakt, ook mijn band met God had ik verwaarloosd. Dan kom je er alleen voor te staan. Dan red je het niet.

Wat ik bij United heb laten zien, komt niet eens in de buurt van waar ik toe in staat ben. Ik zocht naar excuses om dat te kunnen verantwoorden. Verschuilde me achter het feit dat het pas mijn eerste seizoen in een topcompetitie was, dat ik moest wennen ook aan het leven in een ander land. Tuurlijk, de Premier League is in niks te vergelijken met de Eredivisie. Het hogere tempo, de veel betere spelers, dat vergt aanpassing. Maar ik ben een te goede voetballer om daar niet in mee te kunnen. Dan kun je allerlei oorzaken voor jezelf gaan aanvoeren. Als je zoekt, zul je ze vinden. De ware oorzaak lag op een heel ander vlak. Ik was van God los. Letterlijk. Dan blijft er maar één conclusie over. Het lag aan mezelf. Aan niks of niemand anders.'

Interlude

'Ik heb veel geleerd van mijn periode in Manchester. Het is de aanzet geweest tot grote veranderingen in mijn leven. De belangrijkste les was: hoe gigantisch de storm ook is waarin je verkeert, hoe eenzaam je soms ook bent, er is altijd een helpende hand. Als je jezelf daarvoor openstelt tenminste. Ik ben christelijk opgevoed door mijn moeder, maar ergens gaandeweg ben ik mijn ware geloof kwijtgeraakt. Die band moest ik zien te herstellen. God houdt van al zijn kinderen. Zodra je je dat realiseert, voel je wat het geloof voor je kan betekenen. Ik was te ver verwijderd geraakt van dat besef. Inmiddels weet ik weer hoeveel steun God mensen kan geven. Houd Zijn hand vast. Praat met Hem, bid tot Hem, dank Hem, zelfs voor de moeilijke momenten. Als de storm uiteindelijk gaat liggen, kun je zien waar die je heeft gebracht. Dan wordt alles opeens helder en snap je waarom je die zware tijd hebt moeten doorstaan.

Na de storm in Manchester ben ik het gevecht met de duivel aangegaan. Die werkt op veel verschillende manieren. Hij is geen rood mannetje met hoorntjes op zijn hoofd, hij is een gevallen engel die probeert het leven van mensen te verpesten. Via verleidingen en zonden. Mensen die dat meemaken, vallen terug door depressies, verslavingen, agressief gedrag, noem maar op. Dat is allemaal het werk van de duivel. Die moet je bestrijden. Dat is geen fysieke strijd, het is een spiritueel gevecht dat je alleen maar kunt winnen met God aan je zijde. Als je de duivel in je eentje denkt te kunnen verslaan, dan ga je het gevecht verliezen. Ik heb het geprobeerd en dat is niet gelukt. Pas nadat ik aan mijn relatie met God ben gaan werken, heb ik de ellende in mijn leven achter me kunnen laten. Daarom sluit ik mijn ogen en oren als ik een goal heb gemaakt. En daarom zeg ik zo vaak: *All glory to God.*

Ik snap dat het soms moeilijk te bevatten is: hoe verhoudt alle ellende in de wereld zich tot de liefde van God? Ook ik heb mezelf die vraag gesteld. In de Bijbel staan de antwoorden. Er staat dat zonden in de wereld zijn gekomen door mensen. Niet door God. Als je Hem betrekt in alles wat je doet, ga je geluk ervaren. Ik sluit me steeds meer af voor de ellende die via de media tot ons komt. Misschien is dat de makkelijke weg: ik wéét hoeveel ellende en armoede er is in de wereld. En ik weet óók wat voor een slecht gevoel het me geeft als ik dat allemaal laat binnenkomen. Dus probeer ik het los te laten en me te richten op wat helend en rustgevend is: bidden en lezen in de Bijbel. Ik zal nooit weten hoe het in Manchester was verlopen als ik die rust destijds al in mijn hoofd had gehad. Ik hoef het ook niet te weten. Alles heeft een reden en alleen God kent die.'

10. Rollercoaster Oranje

Op de bovenverdieping van zijn huis in Ecully, een dorpje ten westen van Lyon, staat Memphis voor een rek met hoeden. Zuchtend schudt hij zijn hoofd. Nog steeds kan hij er met zijn verstand niet bij, hoeveel commotie een hoedje kan veroorzaken. Dagenlang ging het los in columns, talkshows en op social media. Want een hoedje dragen bij aankomst in het spelershotel van Oranje, dat is vragen om problemen, zo was de teneur. 'Kijk, dit is het bewijsstuk van mijn misdaad,' zegt Memphis cynisch, terwijl hij een bruine hoed uit het rek plukt. Die komt inderdaad bekend voor. Het is een sober exemplaar in vergelijking met de rest van de collectie. Tientallen hoofddeksels hangen er, in alle soorten en maten en kleuren. Hij zet het bewuste bruine hoedje nog eens op en kijkt in de spiegel. 'Hier hebben mensen zich dus enorm druk over gemaakt. Ik vind het een mooie hoed. Al is hij voor mijn doen een beetje saai.'

Dan pakt hij een grote hoed met felle kleuren en een brede rand, nog net geen sombrero. 'Deze vind ik eigenlijk veel mooier. Moet je nagaan wat er was gebeurd als ik deze had opgezet. Ik wist echt niet wat ik meemaakte, was me van geen kwaad bewust. Het verbaasde me dat het überhaupt een item werd. Vooral de felheid van sommige reacties vond ik bizar. Ik kreeg het gevoel dat ik de schuld kreeg van alles wat er mis ging bij Oranje. Topspelers als Robben, Sneijder en

Van Persie waren óók gewoon van de partij in onze mislukte kwalificatiereeks. In Brazilië straalden we met zijn allen, nu faalden we met zijn allen. Maar iedereen in de media dook boven op mij. Vanwege een hoed. Terwijl ik een van de jongste internationals was en de helft van de wedstrijden niet in de basis stond.'

Terug in de huiskamer pakt Memphis zijn iPhone. 'Ik heb er laatst wat lyrics over geschreven. Het is nog maar een schets hoor, maar dit heb ik nu staan.'

Wat is nice voor mensen zoals jij en ik
We zijn toch allemaal gelijk
Maar ik
Krijg meer gezeik
Want ik
Roep alles over mezelf af
Het halve land noemde me arrogant
Omdat ik met een hoed op kwam
Dat is fucked up
Het is niet meer zoals het vroeger was
I did it my way
Zou Frank Sinatra zeggen
Als die z'n hoed op had.

Later meer over hoedjegate. Eerst terug naar het voorjaar van 2014. Tijdens zijn eerste seizoen als vaste basisspeler van psv had Memphis bondscoach Louis van Gaal overtuigd. Op 4 oktober 2013 werd hij voor het eerst opgenomen in de selectie van het Nederlands elftal, anderhalve week later volgde zijn debuut. Als invaller voor Jeremain Lens, vlak voor tijd, in het wk-kwalificatieduel Turkije-Nederland. Daarmee is zijn tijdperk bij Jong Oranje beperkt gebleven tot 378 speelminuten.

Plus een bijrol op het WK 2013 in Israël, waar bondstrainer Cor Pot de voorkeur gaf aan vleugelspits Ola John.

Hoe anders is de situatie als Louis van Gaal zijn strategie voor het WK in Brazilië uitstippelt. De bondscoach gooit de vertrouwde speelwijze van Oranje op de schop en introduceert een systeem met vijf verdedigers en twee aanvallers. Bij de samenstelling van zijn selectie zoekt hij daar de benodigde spelerskwaliteiten bij. Voor Memphis ziet Van Gaal een rol weggelegd in het geval Oranje moet overschakelen naar een aanvallendere speelwijze met vleugelspitsen. 'Memphis presteert goed en hij staat open voor me,' zegt de bondscoach in de aanloop naar het WK tegen Omroep Brabant. 'Ik heb een klik met hem.'

Memphis kent zijn plek in het keurkorps van Van Gaal. 'Ik was al ontzettend blij dat ik als twintigjarige de WK-selectie had gehaald. Ik wist dat ik niet in de basis zou gaan spelen. De speelwijze was duidelijk, met twee aanvallers. Die plekken waren voor Arjen Robben en Robin van Persie. Dat was logisch. Maar in de voorbereiding groeide mijn vertrouwen dat ik iets zou kunnen bijdragen tijdens het toernooi. Dat baseerde ik op mijn niveau tijdens de trainingen. Vooral tijdens het voorbereidende trainingskamp in Portugal speelde ik in de partijspelletjes als een beest. Ik voelde me zoals later in mijn beste periode bij Lyon. Ik was vrij in alles wat ik deed. Krachtig, snel, hongerig. Echt *on fire*. In de wetenschap dat Van Gaal niet kijkt naar leeftijd als het op kwaliteit aankomt. Hij analyseert wat je de ploeg hebt te bieden, ongeacht je leeftijd. Dat stimuleerde me nog eens extra.

Maar tijdens een besloten training in Portugal gebeurde er iets raars. We speelden een partijspelletje, oud tegen jong. Ik maakte een schijnbeweging en opeens kreeg ik een enorme trap van achteren. Echt natrappen. Ik keek om: het was Robin van Persie. Kort daarna, in de rust van dat partijtje, begon hij tegen me te schreeuwen, op een agressieve manier. "Wie denk je dat je bent dan? Je bent helemaal niks!" Ik had werkelijk geen idee waar dat ineens vandaan kwam. Ik schrok me kapot. Iedereen stond erbij en keek ernaar. Ik ben rustig gebleven, heb het over me heen laten komen. Ik bedoel, Van Persie was de aanvoerder van Oranje, de vedette van Manchester United. Dat maakte het zo pijnlijk voor me. De grote Van Persie, waarom richtte die zich opeens tegen mij? Er schoot van alles door mijn hoofd. Dat mijn WK niet in gevaar mocht komen vooral. Ik hoopte dat het geen gevolgen zou hebben, omdat Robin als captain zijn ergernis over mij misschien met de bondscoach zou bespreken. Terwijl ik geen flauw benul had waar die ergernis vandaan kwam.

Na afloop van die training ben ik heel emotioneel geworden. Op het trainingscomplex was een ruimte waar we na afloop onze hartslagmeters moesten terugbrengen. Iedereen was al weg toen ik daar naar binnen liep. Ik stond daar in mijn eentje en begon keihard te huilen. De tranen bleven maar komen. Op een gegeven moment kwam Patrick Kluivert binnen. Hij schrok en vroeg wat er aan de hand was. Maar ik kon niet eens praten van alle emoties. Ik was boos, teleurgesteld en in de war. Al die emoties voelde ik tegelijk en alles kwam los. Ik was zó verbaasd en kon niet geloven wat er was gebeurd. Wanneer iemand tegen wie je als klein jongetje opkeek je op die manier behandelt, dan komt dat extra hard aan. Patrick had niet gezien wat er was voorgevallen en probeerde me te troosten. Toen kalmeerde ik weer. Met Kluivert kan ik het goed vinden. Vroeger was hij mijn idool, toen hij schitterde bij Barcelona en Oranje. Richting en tijdens het WK mocht ik opeens met hem samenwerken. Ik zocht hem regelmatig op. Van Gaal is geen type op wie je zomaar afstapt. Dan is het prettig als er in de staf mensen zitten met wie je even een praatje kunt maken, zoals Patrick.

Na die training werd er op de deur van mijn hotelkamer geklopt. Ik zat net te poepen. Mijn gevoel zei meteen dat het Van Persie was. Ik heb haastig mijn kont afgeveegd, terwijl ik eigenlijk nog niet klaar was. Ik spring het toilet uit, doe de deur open en inderdaad: Robin. Hij kwam zijn excuses aanbieden. Hij had het gevoel gehad dat ik hem voor schut wilde zetten met een schaarbeweging. Dat snapte ik niet. Mag je als jonkie tegenover ervaren topspelers geen schijnbeweging maken? Maar goed, ik heb zijn excuses geaccepteerd en we hebben nog een tijd leuk zitten praten. Robin vertelde over zijn leven, ik over het mijne. Hij gaf me nog wat tips, naar aanleiding van dingen die hij zelf had meegemaakt in zijn carrière. Het was weer goed tussen ons. Zand erover. Althans, dat dacht ik.'

Met de schrik vrijgekomen en met een goed gevoel over zijn trainingsniveau stapt Memphis vrijdag 6 juni met de Oranjeselectie op vlucht AF 442 naar Rio de Janeiro. Aangekomen in hotel Ceasar Park aan het Ipanema-strand neemt hij door de ramen van zijn hotelkamer de omgeving in zich op. Meteen daarna belt hij zijn moeder. 'Ik nam op en het eerste wat ik hoorde was een snikkende Memphis,' vertelt Cora. 'Toen begon hij te praten: "Mama, we zitten in een ontzettend luxe hotel, midden in Rio de Janeiro. Het is zo mooi allemaal. Maar als ik uit mijn raam kijk, zie ik de sloppenwijken liggen."

Dat contrast werd hem even te veel. Het zal een optelsom van emoties zijn geweest. De trots dat hij een WK ging meemaken. De strijd in zijn jeugd die eraan vooraf was gegaan. Het contrast van luxe en armoede in één oogopslag. Die hartenkreet wilde hij met me delen. Ik voelde diepe dankbaarheid dat dit mijn zoon was. Ik ben lange tijd heel onzeker geweest over mijn relatie met Memphis. Diep vanbinnen wist ik dat onze band onverwoestbaar was. Maar door de invloed van al die mensen om hem heen wist ik op een gegeven moment niet meer waar ik stond. Ik liep op eieren. Ik was bijvoorbeeld heel erg opgelucht toen hij mij en Raymond uitnodigde naar Brazilië te komen tijdens het WK. Dat zal vreemd klinken, uit de mond van zijn eigen moeder. Maar zo voelde ik dat in die tijd.'

Behalve zijn moeder, haar vriend Raymond en mental coach Joost Leenders nodigt Memphis zijn twee jeugdvrienden uit. Gigi pakt meteen zijn koffers, maar Tufan besluit in Nederland te blijven. De middenvelder van Jong PSV is die zomer op zoek naar een nieuwe club en kiest voor zijn carrière. Hij is er dus niet bij in Porto Alegre, als Memphis na de pauze in het veld komt bij de tweede poulewedstrijd van het Nederlands elftal. Bij de glansrijke WK-ouverture tegen Spanje (5-1) zat hij nog op de reservebank. Maar tegen Australië zit Oranje vast en grijpt Van Gaal terug op plan B: verdediger Bruno Martins Indi eruit, aanvaller Memphis erin. Dat pakt goed uit. De WK-debutant staat nog geen kwartier in het veld, als hij met een steekpassje Robin van Persie in staat stelt de 2-2-gelijkmaker binnen te poeieren. Tien minuten later beslist Memphis het duel. Met een wegdraaiend afstandsschot loodst hij Oranje naar de tweede zege van het toernooi. Het levert hem twee records op. Nooit eerder produceerde een Oranje-invaller tijdens een WK zowel een goal als een assist. Bovendien is hij nu de jongste doelpuntenmaker ooit van het Nederlands elftal op een WK. 'Na die goal gebeurde er veel,' weet Memphis nog. 'Eerst viel ik Robin in de armen. Dat had een mooie symboliek na ons akkefietje in Portugal. Nadat ik was besprongen door de rest van de ploeg ben ik op mijn knieën gaan zitten. Ik had nog niet de relatie met God zoals ik die tegenwoordig heb, maar het gebeurde automatisch. Daarna richtte ik beide wijsvingers naar de hemel. In gedachten vroeg ik mijn opa of hij me kon zien vanuit de hemel. Ik ben daar zeker van. Opa waakt over mij.'

Op de tribune van Estádio Beira-Rio weet Gigi niet waar hij het zoeken moet. 'Na dat doelpunt stroomden de tranen over mijn wangen. Ik was zó ontzettend blij voor Memphis. Ik heb zijn hele struggle van dichtbij meegemaakt, maar uiteindelijk is er een beloning op het allerhoogste podium: man, wat was dat mooi. Het was sowieso een onvergetelijke ervaring. Loop je opeens als twintigjarige jongen door Brazilië vanwege het WK waar je vriend aan meedoet. Ik zat in het reisgezelschap van familieleden van de spelers. Dat is een wereldje apart. Je zit in hetzelfde hotel, gaat met zijn allen in de bus naar het stadion, noem maar op. Ik kende bijna niemand, alleen de families van Leroy Fer en Terence Kongolo. In het begin zag de rest me niet echt staan. Behalve de familie van Wesley Sneijder, die gaf me meteen een welkom gevoel. Nadat Memphis een paar goals had gemaakt, kwamen steeds meer mensen zich aan me voorstellen en een praatje maken. Zo gaat dat blijkbaar. Mij maakt het niet uit verder, ik vond het eigenlijk wel grappig. Voor mij was het belangrijkste dat Memphis succes zou hebben, de rest was bijzaak. Thuis heb ik al zijn wk-shirts liggen. Ik kan onderhand een museum beginnen. Vanaf zijn debuutshirt bij psv tot het shirt van zijn laatste interland, ik heb ze bijna allemaal.'

Aan de vooravond van de derde groepswedstrijd rekent Memphis zich rijk. Van Persie heeft tegen Australië zijn tweede gele kaart gekregen en is daarom geschorst. Memphis: 'Ik bedacht dat het waarschijnlijk tussen Jeremain Lens en mij zou gaan. Waarbij ik hoopte in het voordeel te zijn, vanwege mijn beslissende invalbeurt tegen Australië. Het werd Lens. Dat was natuurlijk balen, maar ik had sterk het gevoel dat er voor mij nog meer zat aan te komen. Het geloof dat we echt iets moois konden neerzetten op het wk groeide met de dag. Dat proces was bijzonder om mee te maken. Ik prentte mezelf in dat ik er klaar voor moest zijn als ik opnieuw mocht invallen. Dat moment ging komen, ik wist het zeker.'

Zijn voorgevoel blijkt te kloppen. Halverwege de tweede helft van het duel met Chili, er is nog niet gescoord, komt Memphis in het veld voor Lens. Eerst is het zijn maatje Leroy Fer, die Oranje op voorsprong kopt, daarna gooit Memphis in blessuretijd de wedstrijd in het slot. 'Ik heb later close-upbeelden teruggezien van dat doelpunt. Ik kon zien dat ik een missie had tijdens de daaraan voorafgaande sprint. Met volledig vertrouwen. Arjen Robben werd door Nigel de Jong vanaf het middenveld op snelheid gelanceerd. Vaak kiest Arjen dan voor een individuele actie. Toch ging ik rennen, rennen, rennen. En Arjen gaf die bal precies op het goede moment, op de perfecte manier. Na mijn goal stond hij bij de cornervlag op me te wachten. Ik heb heel veel bewondering voor Arjen. Het was geweldig hem met zijn blije gezicht en gespreide armen te zien staan, wachtend op Memphis uit Moordrecht.'

Ondanks zijn aandeel in de laatste twee zeges dwingt Memphis nog geen basisplaats af. In de achtste finale tegen Mexico (2-1) valt hij opnieuw in, ditmaal voor rechtsback Paul Verhaegh. In de kwartfinale staat Memphis voor het eerst in zijn leven aan de aftrap op een eindtoernooi. Van Gaal past zijn systeem aan en kiest tegen Costa Rica voor een driemansaanval, met Robben en Memphis op de vleugels en Van Persie in de spits. Het gewenste resultaat blijft uit. Oranje loopt zich stuk op de Midden-Amerikaanse muur en heeft uiteindelijk een geruchtmakende strafschoppenserie nodig, met reservedoelman Tim Krul als penaltykiller, om de halve finale te bereiken. Memphis is dan al gewisseld, een kwartier voor het eind van de reguliere speeltijd, voor Jeremain Lens. Het zullen zijn laatste speelminuten in Brazilië zijn. Tijdens de verloren halve finale tegen Argentinië en de gewonnen troostfinale tegen Brazilië blijft hij op de bank.

Zijn spel en goals in de voorgaande wedstrijden blijken indruk te hebben gemaakt op de FIFA. Na het toernooi wordt Memphis door de wereldvoetbalbond genomineerd als talent van het WK, samen met Frankrijk-middenvelder Paul Pogba en diens landgenoot Raphaël Varane. Het is Pogba die er met de eer vandoor gaat. 'Ik vond het al eervol dat ik was genomineerd. Maar het mooiste was dat ik op het allerhoogste podium had laten zien wat ik kan. Mijn trainingsniveau bleef al die weken hoog en in de wedstrijden was ik een paar keer beslissend geweest. Buiten die goals en assist maakte ik nog andere dreigende acties. Ik voelde me vrij, zonder druk. Het was puur genieten. Dit was waar ik altijd van had gedroomd.'

In het vliegtuig terug naar huis zweven bij Memphis en zijn moeder vergelijkbare gedachten door het hoofd. Ze denken terug aan vroeger. 'Het is zo'n moment waarop je terugkijkt naar de weg die eraan vooraf is gegaan,' zegt Cora. 'Ik dacht terug aan de dag dat ik met Memphis aan mijn hand bij vv Moordrecht binnenliep. Toen hij als vijfjarig ventje tegen die bestuursleden zei dat hij ooit in het Nederlands elftal zou spelen. Ik dacht aan alles wat er daarna in zijn leven is gebeurd, en aan al die keren dat ik tijdens die jeugdwedstrijden en trainingen langs de lijn heb gestaan, genietend van mijn kind. Ik voelde tijdens het WK een diepgewortelde trots. Dat toernooi was voor Memphis de beloning voor zijn vechtlust.'

Memphis: 'Ik draaide in gedachten de film van mijn jeugd af. De pieken en de dalen. De jeugdtrainers en leraressen die zeiden dat het niks met mij zou worden. Het zwemmen tegen de stroom in. Alles kwam voorbij. En dan met een bronzen WK-medaille in je tas naar huis. Het geluksgevoel dat het me gaf, was overweldigend.'

Kort daarop vereeuwigt Memphis de herinnering aan het WK. Op zijn linkerzij laat hij een tatoeage zetten van het beroemde Christusbeeld dat op de Corcovado-berg in Rio de Janeiro met gespreide armen uitkijkt over de stad. Eronder staat de datum van de wedstrijd Australië-Nederland: de dag waarop hij zijn eerste WK-doelpunt scoort. 'Ik heb veel tattoos en dit is een van mijn favoriete. Omdat een geweldig moment in mijn carrière en mijn geloof in God erin samenkomen: alle glorie naar Hem.'

Daarna gaat het in rap tempo bergafwaarts met Oranje. Met Guus Hiddink als opvolger van Van Gaal gaan de eerste twee uitwedstrijden in de kwalificatie-reeks voor het EK 2016, tegen Tsjechië en IJsland, verloren. Tijdens de eerste staat Memphis in de basis, de tweede mist hij door een liesblessure. 'De magie van het WK was weg,' zegt hij. 'Dat is iets ongrijpbaars. Van Gaal had het maximale uit de groep geperst in Brazilië en dat proces was voor iedereen heel leerzaam geweest. Dan verwacht je die lijn vol vertrouwen door te trekken. Ik had het gevoel dat de trainerswissel niet nadelig hoefde te zijn. Na de strakke periode onder Van Gaal kwam de lossere Hiddink. Een coach die veel verantwoordelijkheid bij zijn spelers neerlegt. Dat kon weleens werken, dacht ik. Een volgende stap in onze ontwikkeling, met de lessen van Van Gaal nog in ons achterhoofd. Maar het liep niet.

Niet met de ploeg als geheel, niet met mij persoonlijk. Het lukte me dat jaar niet mijn PSV-niveau te halen in Oranje.'

Na een jaar wordt Hiddink vervangen door zijn assistent, Danny Blind. Het zal de vrije val van Oranje niet onderbreken. Onder de nieuwe bondscoach gaan meteen de cruciale EK-kwalificatiewedstrijden tegen IJsland (0-1) en Turkije (0-3) verloren, met Memphis als basisspeler. Het zijn tevens de weken, in de nazomer van 2015, waarin een aanzienlijk deel van Nederland in rep en roer is vanwege een hoed. En een sjaal, een rode. 'Als ik was aangepakt vanwege mijn spel had ik dat kunnen begrijpen,' zegt Memphis. 'Ook al speelde ik lang niet altijd, het was niet wat het moest zijn. Ik was topscorer van Nederland geworden, had mijn transfer naar Manchester United gemaakt: dat schepte ook bij mijzelf verwachtingen, waaraan ik te weinig voldeed in die periode. Maar waarom dan die focus op een hoedje? Wie bepaalt dat zoiets ongepast is? Er werd in de pers zelfs gesuggereerd dat het een statement van mij was. Zo van: kijk die Memphis zijn eigen gang eens gaan. Helemaal niet. Er zat juist geen énkele gedachte achter. Ik zette die dag een hoed op zoals ik dat veel vaker doe. Omdat ik het mooi vind. Juist het feit dat ik er niet bij nadacht, geeft al aan dat het voor mijzelf geen item was. *Just another day*. En dit was toevallig een dag waarop ik me meldde bij het Nederlands elftal. Alles werd erbij gesleept. Tot de kleur en het merk van mijn sjaal aan toe. Het gekke is: heel veel spelers lopen met dure tasjes rond en andere spullen van Louis Vuitton. Bij mij werd er een probleem van gemaakt.

Zelfs de bondscoach begon zich ermee te bemoeien. Na al die commotie belde Danny Blind me op. We bespraken meerdere onderwerpen, maar op een gegeven moment zei hij dat het beter zou zijn als ik me bij Oranje minder flamboyant ging kleden. "Normaler", die uitdrukking gebruikte hij ook nog. Ik dacht alleen maar: *What the fuck?!* Waar bemoeit die man zich mee? Dat gaat ver hoor, dat een coach je daarop aanspreekt. Ik zei tegen Blind dat het goed was. De daaropvolgende keer heb ik gewoon opnieuw een hoed opgezet. Kom op zeg, laat me niet lachen.'

Ditmaal, half november, kiest Memphis een zwarte hoed. Bij zijn aankomst bij hotel Huis ter Duin ratelen de fotocamera's onophoudelijk. Het circus begint van voren af aan. Het levert die week aan de rand van het trainingsveld een surrealistisch tv-interview op met verslaggever Bert Maalderink van Studio Sport.

Maalderink: 'De buitenwereld ziet een man met een hoed.'

Memphis: 'Ja, het is een hoed.'

Maalderink: 'Ja, precies.'

Memphis: 'Het is een hoed.'

Maalderink: 'En dan denkt de buitenwereld: wat doet die man met een hoed?'

Memphis: 'Ja, wat doet een man met een hoed? Die zet hij op.'

En zo gaat dat nog even door.

Ook op de persconferentie van de bondscoach komt het uiterlijk vertoon van Memphis ter sprake. 'Mijn stijl is het niet,' reageert Blind op vragen hieromtrent. 'Ik heb een heel andere kledinglijn, dat klopt.'

Op zijn hotelkamer ziet Memphis de tv-beelden van de persconferentie met stijgende verbazing aan. Niet eens zozeer vanwege de opmerking over zijn kledingstijl. 'Tijdens mijn eerdere telefoongesprek met de bondscoach hebben we verschillende dingen besproken. Blind zei tot tweemaal aan toe dat het vertrouwelijk was. Maar opeens hoor ik hem op die persconferentie doodleuk over dezelfde onderwerpen praten. Dat ik in zijn ogen meer een teamspeler moest worden, bijvoorbeeld. Het is prima om dat soort dingen met elkaar te bespreken, maar niet in het openbaar als je hebt benadrukt dat het onder ons zou blijven. Dat kun je niet maken. Ik heb het er niet meer over gehad met hem, maar dan knakt er wel even iets bij mij. Hoe blij ik ook was dat Blind me, ondanks mijn geringe speeltijd bij United, selecteerde voor Oranje. Je moet je aan de afspraken houden.'

Er gebeurt die week nog iets. Een dag voordat de selectie naar Kazachstan vertrekt voor een interland zit er opnieuw spanning op de lijn tussen Robin van Persie en Memphis. Net als anderhalf jaar eerder op trainingskamp in Portugal. 'Ik weet nog steeds de reden niet,' zegt Memphis. 'Eerder dat jaar was Robin een keer naar me toegekomen in het spelershotel. Hij vroeg zich af waarom ik zo vaak dure spullen showde op Instagram. Hij bedoelde het goed, denk ik, om me te beschermen tegen de kritiek die het opleverde in de buitenwereld. Ik heb toen sommige foto's verwijderd. Later kreeg ik daar spijt van. Ik dacht: nu ben ik mezelf niet. Waarom zou ik niet laten zien wat ik heb gekocht van mijn zelf verdiende geld? Dus ik heb die foto's weer teruggeplaatst. Misschien gaf dat Robin het gevoel dat ik zijn advies niet serieus nam. Ik merkte dat hij een beetje de pik op mij kreeg. Dat kan, je kunt niet allemaal beste vrienden zijn in een voetbalploeg. Wellicht speelde het mee toen ik opnieuw de volle laag van hem kreeg.

We trainden in het stadion van Sparta. Tijdens een partijspel stond Robin vrij, maar ik speelde de bal naar Jairo Riedewald, achter mijn standbeen langs. Waarop Jairo op de lat schoot. Robin was kennelijk boos dat ik hém niet had aangespeeld, want hij begon weer tegen me te schreeuwen. Hij flipte echt. Hij vroeg luidkeels of ik een grote jongen dacht te zijn nu ik bij Manchester United speelde. Later verschenen verhalen in de pers dat ik zou hebben teruggeroepen dat grote jongens in elk geval niet bij Fenerbahçe spelen. Daar was Robin die zomer heengegaan. Maar dat heb ik helemaal nooit gezegd. Waarom zou ik dat doen? Iedereen die erbij was, kan dat bevestigen. Maar ik heb die keer wél terug geschreeuwd. Dat hij zijn bek dicht moest houden en wat hij nou toch van mij moest de hele tijd. Toen riep Robin: "O, je hebt nog een grote bek ook, wacht maar, we gaan het zien."

Toen werd ik nóg bozer. Dat voelde als een bedreiging. Ik riep terug: "Wát gaan we zien dan? Je praat alleen maar, dóe het dan, laat maar zien."

Dat is het hele verhaal. In de periode erna greep Danny Blind in. Robin speelde niet in Kazachstan en een maand later tegen Wales werd hij niet opgeroepen. Maar in de pers was ík de gebeten hond, omdat ik een niet-respectvolle opmerking over Robin en Fenerbahçe gemaakt zou hebben. Ik snap nog steeds niet waarom het allemaal op deze manier moest. Robin had me eerder zelf nota bene op mijn hotelkamer verteld over zijn aanvaringen als jonge speler bij Feyenoord met Pierre van Hooijdonk; en hoe vervelend hij dat vond. Nu was hij zélf de routinier die een jonge jongen voor lul probeerde te zetten.'

Memphis' relatie met de mediavolgers van Oranje wordt er intussen ook al niet beter op. 'In die periode na dat gezeik over mijn hoedje liep ik na wedstrijden de pers soms straal voorbij. Bekijk het lekker, dacht ik dan. Eerst mij de grond intrappen en daarna met een uitgestreken gezicht vragen wat dat allemaal met me doet. Alsof ze er zelf niet aan hebben meegedaan. De tijden zijn veranderd op mediagebied. Als ik iets duidelijk wil maken aan mensen kan dat via mijn eigen socialmediakanalen. Daar heb ik geen pers voor nodig. Ik heb geen angst voor wat er in de media over mij wordt geroepen. Laat staan dat ik me ga aanpassen vanwege de mening van journalisten over mijn kleding. Daar begin ik niet aan. Ik pas me aan als mensen last van me hebben. Dat lijkt me logisch. Met een opvallend jasje of een rode sjaal of een hoed doe ik toch niemand pijn? Laat me lekker met rust. En kom bij me aankloppen als ik écht dingen doe die niet door de beugel kunnen.'

Zijn mental coach Joost Leenders is een andere mening toegedaan. 'Ook ik vind dat Memphis lekker zelf moet weten wat hij aantrekt als hij zich bij Oranje meldt. Op zijn twaalfde liep hij bij PSV al op schoenen met vleugels eraan. Mensen zeggen dat hij niet zo moet willen opvallen. Memphis trekt gewoon aan wat hij mooi vindt. Dat zou iedereen moeten kunnen doen, toch? Maar hoe hij omgaat met kritiek, daar hebben we het wél over. Weg van zijn emoties. Zijn eerste reflex was dat hij met geen enkele journalist meer wilde praten. Dat vond ik geen goed plan. In dit geval wilde ik hem laten inzien dat niet alle journalisten hetzelfde zijn.

Memphis gaf aan dat hij het raar vond met mensen te gaan praten die liegen en zijn woorden verdraaien. En dat hij om die reden niet meer met journalisten zou spreken. Daarop heb ik hem voorgehouden dat hij daarin keuzes kan maken in plaats van alle media te negeren. Bij Oranje horen verplichtingen en perscontact is daar een onderdeel van. Bovendien kun je interviews ook gebruiken om een andere kant van jezelf te laten zien. De kant die nog weinig mensen kennen. Dan wordt het een lust in plaats van een last.'

Na het mislopen van het EK in Frankrijk verloopt ook de kwalificatiepoging voor het WK 2018 rampzalig. Halverwege de reeks, na een 2-0-nederlaag in Bulgarije, wordt bondscoach Danny Blind vervangen door Dick Advocaat en Ruud Gullit. Memphis: 'Advocaat kende ik nog van mijn tijd bij PSV, dat vond ik een geschikte kerel en een goede coach. Van Gullit wist ik niet wat ik kon verwachten. Ik vond het sowieso mooi dat hij erbij kwam, vanwege zijn uitstraling en verleden als topvoetballer. Op een dag vroeg Gullit of ik in de lobby van het spelershotel bij hem wilde komen. Hij wilde me beter leren kennen. Dat vond ik fantastisch. De assistent-bondscoach, de grote oud-speler Ruud Gullit, die zich in mij wilde verdiepen. Dat vond ik zó tof. Ik kom bij hem binnen en begin iets over mezelf te vertellen. Vrijwel meteen kapte hij me af. Vanaf dat moment heeft Ruud anderhalf uur over zichzelf zitten praten. Dat was, hoe zal ik het zeggen, best apart als de insteek is dat je iemand wilt leren kennen.

Ruud wilde me nog wel een boodschap meegeven. Hij vertelde dat hij weleens aan zijn zoontjes vraagt wat hun mooiste voetbaltruc is. Dan beginnen die jongens te goochelen met de bal. Vervolgens pakt Ruud de bal af en schiet hij die keihard in het doel. Met de mededeling dat wanneer ze dat dertig keer per seizoen doen, ze een heel mooie carrière zullen hebben. Ik snapte wat Ruud bedoelde. Maar zo kijk ik niet naar voetbal. Ik wil niet alleen goals maken, ik wil óók dat mensen vrolijk worden van mijn acties. Ik wil dat mensen voor mij naar het stadion komen. Voetbal is zo serieus geworden, man. Het is ooit begonnen als een spelletje en dat plezier moet je altijd proberen vast te houden. Ook aan de top. Vraag het Ronaldo, vraag het Neymar; ze zullen hetzelfde zeggen. Als je de kwaliteiten hebt om te dribbelen, om mensen te vermaken, doe dat dan. Bij creatieve spelers biedt dat bovendien de grootste kans op succes. Dan is de individuele actie geen doel op zich, maar een middel om tot scoren te komen.'

Hoewel Oranje met Advocaat en Gullit in de resterende wedstrijden alleen van Frankrijk verliest, gaat ook deelname aan het WK in Rusland in rook op. Ze worden opgevolgd door Ronald Koeman. Die kent Memphis nog van anderhalf jaar eerder. Als trainer van Everton probeerde Koeman zijn selectie te versterken met Memphis. Hij nodigde de toenmalige aanvaller van Manchester United uit voor een gesprek, bij hem thuis in Liverpool. 'Dat verliep goed, in een relaxte sfeer,' vertelt Memphis, die niettemin voor Olympique Lyon zou kiezen. 'Verder zegt het voor mijn situatie bij Oranje niks, dat we destijds een fijn gesprek hebben gehad. Alsof de bondscoach me daardoor sneller zal opstellen. Zo werkt het niet. Ik zal telkens opnieuw moeten laten zien wat ik waard ben. Het gaat om de samenwerking en de prestaties. En dan is het prettig als je een klik met elkaar hebt. Koeman is heel duidelijk en legt verantwoordelijkheid bij zijn spelers. Je merkt gewoon dat hij een goed gevoel heeft bij deze spelersgroep. Dat is stimulerend.'

Wat wel in het voordeel van Memphis werkt, is het spelsysteem dat Koeman met deze lichting internationals het geschiktst acht. Met een verstevigde defensieve organisatie en snelle creatieve aanvallers. 'Dat is een speelwijze waarin ik mijn kwaliteiten goed kwijt kan. Die geeft me meer bewegingsvrijheid om de vrije ruimtes in te duiken. De ontwikkelingen bij Oranje zijn sowieso positief. Er leeft een heel sterk gevoel dat we met zijn allen iets willen neerzetten, met een nieuwe generatie. En dat we elkaar daar hard bij nodig hebben. De samenhang merk je op allerlei manieren. Tijdens trainingen en in wedstrijden, dat is natuurlijk het belangrijkst, maar óók in het trainingskamp. Vroeger in Huis ter Duin ging iedereen wat meer zijn eigen gang. In het nieuwe spelershotel, bij het KNVB-complex, komt iedereen zijn kamer uit. We brengen veel meer tijd gezamenlijk door, in de gemeenschappelijke ruimte. We doen spelletjes, zoals *30 seconds*. We gamen tegen elkaar, er staat een tafeltennistafel, er hangt een dartbord. Of we pakken een bal, om even een potje *two touch* te spelen: een rondo met maximaal twee keer raken per persoon, waarbij de bal de grond niet mag raken. Wie de fout ingaat krijgt een tikkie op zijn oren. We hebben plezier samen. Uiteindelijk draait het natuurlijk om de resultaten op het veld, maar onderlinge verbondenheid kan daaraan bijdragen.

Ik houd van de combinatie van gezelligheid buiten het veld en topkwaliteit binnen het veld. Bij het Nederlands elftal vragen spelers soms of Georginio Wijnaldum en ik urbanmuziek willen laten horen. Dat vind ik leuk. Soms maken we met de hele groep een playlist, waarvoor iedereen twee tracks kan aandragen. Dat geeft ook weer een leuke dynamiek, je leert ieders muzieksmaak kennen. Dat soort connecties vind ik belangrijk.

We hebben bijvoorbeeld een whatsappgroep bij Oranje. Vroeger stroomde die leeg na een interlandperiode, om bij de volgende wedstrijden weer opgestart te worden. Ik heb ervoor gepleit de appgroep ook in de tussenliggende periodes actief te houden. Het hoeft niet altijd met interlands te maken te hebben, toch? Ik ben ook benieuwd naar vakantiefoto's of dingen die spelers in hun vrije tijd doen. Blijven connecten, buiten en binnen het veld. We zien elkaar toch al zo weinig. Terwijl het Nederlands elftal het allermooiste is om bij te horen. Soms vraag ik me af of mensen wel beseffen hoe eervol ik het vind om voor mijn land te spelen. Er is maar één manier om dat duidelijk te maken: met goede wedstrijden in Oranje. De tijd gaat komen dat het in Nederland over mijn prestaties gaat. En niet meer over mijn hoedje.'

Dat laatste zegt Memphis in het voorjaar van 2018, nog niet wetend hoe snel zijn voorspelling zal uitkomen. Want na de zomer neemt Oranje een vlucht die zelfs de optimistische Koeman op deze korte termijn niet had durven dromen. Met name in de thuiswedstrijden tegen aartsrivaal Duitsland (3-0) en wereldkampioen Frankrijk (2-0) rekent het Nederlands elftal overtuigend af met de misère van de voorgaande jaren. De wederopstanding van Oranje is een feit, met Memphis in een hoofdrol. In de eerste tien interlands is hij direct betrokken bij drieënzeventig doelkansen. Ter vergelijking: tweede op die lijst was zijn boezemvriend Quincy Promes, met een totaal van tweeëntwintig schoten en gecreëerde kansen. Memphis: 'Ik merk dat ik door mijn ploeggenoten veel word gezocht in het veld. Voor een spits is dat heerlijk. Ik voel dat ik belangrijk ben voor deze groep en ook de bondscoach laat het me merken. Hij heeft me een vrije rol gegeven en laat me vrijwel altijd staan tot het eindsignaal. Dat vertrouwen wil ik belonen.

Ik heb het gevoel dat Ronald Koeman mij snapt. Natuurlijk, het is niet moeilijk positief te zijn over een coach die je veel vertrouwen geeft. Maar het gaat verder dan dat. De trainer weet goed hoe hij spelers moet benaderen. In mijn geval: hoe je mij soms níét moet benaderen. Je hebt trainers die heel veel praten, maar in feite weinig zeggen. Koeman zegt de goede dingen op de juiste momenten. Dingen die blijven hangen bij me en waar ik iets mee kan.'

Bij Memphis vertaalt het goede gevoel bij Oranje zich niet alleen in doelgevaar. Hij is er vrij in zijn hoofd en in zijn geval betekent dat: acties maken op intuïtie, vaak onvoorspelbaar, soms onnavolgbaar. Tegen Duitsland haalt hij tijdens passeeracties meerdere keren de bal achter zijn standbeen langs, de interland tegen Frankrijk beslist Memphis met een gestifte Panenka-penalty. Ook in de eerste interlands van 2019 pakt hij de hoofdrol. Bij de 4-0-zege op Wit-Rusland is Memphis met twee goals en twee assists direct betrokken bij de volledige productie, drie dagen later tegen Duitsland (2-3) scoort en excelleert hij opnieuw. 'Tegenwoordig kan ik mezelf zijn bij het Nederlands elftal,' constateert Memphis. 'Als voetballer én als persoon. Doordat Koeman me een rol heeft gegeven die bij me past, kan ik van meerwaarde zijn voor de ploeg. En op het persoonlijke vlak hoef ik in deze groep niet bezig te zijn met reacties op mijn uiterlijk. Iedereen respecteert elkaar zoals hij is. Ik ben echt trots op ons. Op iedereen. Waar we staan, ook in het leven. Sommige jongens komen echt van ver, met allemaal verschillende opvoedingen. Er is niets geforceerd aan deze ploeg. Ook ons gedrag niet. Iedereen is vanbinnen een goed mens. Dat voel je. We stimuleren elkaar en we zijn er voor elkaar. Wat er ook gebeurt: ik weet dat ik word opgeraapt als ik val. Dat is belangrijk. Ook qua leeftijd en interesses licht deze groep dicht bij elkaar. Bijkomend voordeel daarvan is dat ik niet meer hoef na te denken over wat ik aantrek als ik me in het trainingskamp meld. Dat hoort normaal te zijn, maar in mijn geval was het dat een tijdlang niet.'

Zijn imago houdt gelijke tred met de sportieve ommekeer bij Oranje. De waardering die Memphis oogst met zijn spel weerspiegelt zich in de manier waarop Nederland naar zijn persoonlijkheid kijkt. De wederzijdse spanning neemt af, over zijn hoedje gaat het sinds 2018 nog amper. 'Vroeger was ik vaak een doelwit in de pers. Ik kon weinig goed doen. Daardoor raakte ik in gesprek met journalisten soms geïrriteerd, omdat ik me dan aangevallen voelde. In 2018 ben ik op een punt gekomen waarop het allemaal wat relaxter verloopt. Door onze prestaties krijg ik vaker vragen over voetbal in plaats van over mijn kleding of hoedjes. Dat scheelt al een stuk. Ook mijn eigen houding is veranderd. Ik voel me minder snel aangevallen. Als ik oneerlijkheid bespeur, zal ik me daarover blijven uitspreken, want daar kan ik echt niet tegen. Maar het is prettiger als zo'n tv-interview een beetje leuk verloopt. Ik let daar nu wat beter op. Niet uit pr-overwegingen of zo, ik zal altijd mezelf blijven. Kennelijk is dit nu de fase waarin ik zit. Het voelt goed. Ik kan helemaal mezelf zijn, ik ben blij met Oranje en Oranje is blij met mij. Zo moet het zijn.'

11. Memphis' lifestyle

Eén schilderij hangt er in de woonkamer van Memphis. Vanaf zijn vaste stek op de zitbank kijkt hij er recht tegenaan. Het is een scène uit zijn favoriete film, *American Gangster*. In een restaurant zien we Denzel Washington, in zijn hoofdrol als Frank Lucas, aan het hoofd van een tafel met zijn entourage zitten. Hij keert een suikerpot om. In de film zegt hij op dat moment: *Either you're somebody, or you ain't nobody*. Daarna loopt hij naar buiten, schiet een rivaal door zijn voorhoofd en gaat rustig weer aan tafel zitten.

Niet alleen Memphis raakte gefascineerd door de film over het gangsterleven in het North Carolina van de jaren zeventig. Eén van zijn favoriete rappers, Jay-Z, bracht later een album uit met dezelfde titel. Memphis vroeg een kunstenaar een schilderij te maken van de bekende scène. 'Ik houd van unieke spullen,' legt hij uit. 'Ik houd van deze film, van Denzel Washington en van Jay-Z. De optelsom daarvan heb ik aan de muur gehangen. Het liefst had ik het schilderij trouwens zelf gemaakt. Het lijkt me heel vet om goed te kunnen schilderen. Je eigen kunst te maken. Maar ik kan totaal niet tekenen.'

Regelmatig verwijst Memphis in gesprekken naar Denzel Washington. Video's van interviews met de Amerikaanse acteur heeft hij altijd paraat. Zoals nu, als het socialmediagebruik van Memphis ter sprake komt. Hij pakt zijn iPhone en klikt een filmpje aan. 'Washington hield laatst een mooi betoog over de verslavende werking van social media. Kijk, hier. Hij daagt mensen uit hun apps een week te verwijderen. Dat heb ik gedaan. Wat me raakte in zijn verhaal was een passage over het aanpassen van je gedrag. Dat mensen geneigd zijn dingen te posten waarvan ze denken dat het zo veel mogelijk likes oplevert. Oók als ze daarmee steeds verder van hun eigen karakter afdrijven. Dat staat heel ver af van hoe ik in het leven sta. Ik wil mezelf niet verliezen. Kijk, iedereen vindt het prettig om aardig gevonden te worden. Maar onderaan de streep gaat het erom dat de mensen in je directe omgeving je aardig vinden.

Ik heb tegenwoordig een haat-liefdeverhouding met social media. Het ene moment vind ik het een mooie manier om te laten zien wat ik doe en wie ik ben. Een andere keer erger ik me kapot aan het verslavende effect. Er gaat ontzettend veel tijd aan verloren. Eigenlijk mis je niks als je een tijd niet op Instagram of Facebook kijkt. Washington zegt dat je social media vooral als tool moet gebruiken en dus niet als spiegel die je gedrag bepaalt. Gebruik jij social media of gebruikt social media jóú? Dat is volgens mij de kernvraag.

Het is dubbel allemaal, want ik vind het óók leuk om dingen uit mijn leven te delen. Te laten zien waar ik ben en wat ik meemaak. En dan streef ik naar kwaliteit. Dat heb ik met alles wat ik doe. Ik huur regelmatig een fotograaf in, die komt dan een paar dagen over en dan schieten we professionele foto's waarmee ik weer een tijdje vooruit kan op Instagram. Maar soms is juist de puurheid van een spontane foto met je iPhone mooier. Een tijdje terug vlogen mijn moeder en oma mee in een privéjet. In dat toestel heb ik zelf een foto van ze gemaakt. Ze kijken allebei stralend in de lens. Dat lukt niet als een voor hen onbekende fotograaf dat beeld vastlegt. De vreugde zit ook in het feit dat we met zijn drieën zoiets bijzonders doen. Maar als het foto's zijn waarop ik een nieuwe outfit wil laten zien of zo, dan vind ik het leuk er halve kunstwerken van te laten maken.

Het leukste aan social media vind ik de wisselwerking met fans. Daartoe moet ik me zien te beperken. Het eindeloze scrollen door je telefoon, vaak uit verveling: ik doe het zelf ook veel te vaak. Terwijl je die tijd kunt besteden aan persoonlijke contacten met mensen die belangrijk voor je zijn. Of aan het lezen in de Bijbel. De inzichten die ik op die manier opdoe, kan ik dan delen via social media. Ik krijg steeds vaker vragen over Bijbelteksten die ik post. Dan kun je social media gebruiken als tool om te inspireren en je kunt ze gebruiken voor business.'

Hoe dat werkt heeft Memphis eerder deze dag nog ondervonden. Via Instagram kreeg hij een aanbieding van een bedrijf dat gebitten bleekt. Of hij drie Insta-story's wil maken waarop hij zijn tanden bloot lacht, tegen een vergoeding van vijfentwintigduizend euro. 'Ik heb geantwoord en deed alsof ik mijn manager was. Dat vind ik interessant, kijken hoe zo'n onderhandeling verloopt. Ook als zakenman wil ik me ontwikkelen.'

Met name via Insta-story's richt Memphis zich rechtstreeks tot zijn volgers. De onderwerpen schieten alle kanten op. De ene keer is het serieus, wanneer hij jongeren aanspoort een band met God aan te gaan; een andere keer is het jongenslol, als hij mensen oproept een liedje voor de jarige Gigi te zingen. Soms geeft hij een inkijkje in de kleedkamer of neemt hij kijkers mee de supermarkt in, of zien we hem een potje kaarten met zijn moeder en oma, of naar een concert van Jay-Z rijden. Aan volgers bepaald geen gebrek: bij het ter perse gaan van dit boek zijn het er op Instagram 6,4 miljoen, op Facebook 3 miljoen, op Twitter 1,4 miljoen.

De mijlpaal van 5 miljoen volgers op Instagram vierde Memphis met een ge-ruchtmakend filmpje. We zien hem rappend op het dak van een hotel in Parijs, de verlichte Eiffeltoren op de achtergrond, terwijl hij een forse sigaar aansteekt. De video gaat onmiddellijk viraal en levert discussies op over zijn voorbeeldfunctie.

'Dat moment heb ik aangegrepen om te laten zien hoe goed ik kan rappen,' legt hij uit. 'En dat ik ook in zo'n filmpje kwaliteit nastreef. Kijk, ik wil een barrière doorbreken: voetbal en muziek tegelijk, op een hoog niveau. Er was veel te doen over die sigaar. Ik heb er niet bij stilgestaan wat de reacties konden zijn, het was ook geen bewuste keuze. Ik stond met mijn vrienden in die rooftopbar, alles ging spontaan, we hadden lol. Het was een freestyle rap, in twintig minuten uit mijn mouw geschud tijdens een nachtvlucht van Gelsenkirchen naar Lyon, na de interland tegen Duitsland. Bij Lyon kreeg de trainer in een interview de vraag wat hij van dat filmpje vond. Hij zei dat ik dat lekker moet kunnen doen, inclusief die sigaar. De trainer kent me. Hij weet wat mijn fysieke testresultaten zijn. Daarmee was de discussie klaar.'

In de pioniersjaren van social media was het een terugkerend onderwerp van gesprek tussen Memphis en zijn mental coach. 'Over zijn gedrag op social media hebben we in het begin heel wat robbertjes uitgevochten,' vertelt Joost Leenders. 'Tegenwoordig moet hij het lekker zelf weten en is het in mijn ogen ook beter in balans. Maar die eerste jaren stond zijn Instagram helemaal vol met foto's van Memphis zwaaiend met enorme flessen wodka en champagne, met twintig gouden kettingen om en een ontbloot bovenlijf. Je had geen flauw benul dat je naar een ambitieuze voetballer zat te kijken. Daarin sloeg Memphis door, hij deed zichzelf als topsporter tekort. Als ik hem daarop aansprak, zei hij meestal niks terug. Dan kon hij zomaar een uur stil zijn. Ging hij tussendoor even naar boven om op bed te liggen. Als hij dan weer naar beneden kwam, had hij erover nagedacht en dan begon het echte gesprek. Een paar jaar geleden doken in de roddelbladen foto's van hem op, zittend op een boot met een dikke sigaar. Hij wilde weten wat ik daarvan vond. Ik zei hem dat hij zelf moet weten wat hij op vakantie doet, maar óók dat hij heel goed weet dat een foto met sigaar hem een lading shit oplevert.'

Memphis: 'Ik ga daar niet geheimzinnig over doen. Ik zet ook gewoon een vakantiefoto van mezelf met een sigaar en een glas whisky op Instagram. Ik wil niet sneaky zijn. Ik houd van eerlijkheid en van de waarheid. Zeker in de wereld van het topvoetbal hebben veel mensen daar een mening over. Het zal wel. In Rotterdam heb je een shishalounge waar veel profvoetballers komen. Ik ben daar een keer gefotografeerd met een waterpijp toen ik er met vrienden was. Grote verhalen in de tabloids de dag erna. Tsja, dan ben ik degene die de klappen opvangt. Of dat altijd handig is? Nee. Of ik in de spiegel kan kijken? Ja.'

Dan staat Memphis op en laat een opvallend hoekje in het huis zien. Aan de ene kant staat een koelruimte voor wijn en champagne. Daartegenover een tafel met sigarenkistjes en bijbehorende attributen. 'Eigenlijk rook en drink ik bijna nooit,' zegt Memphis, terwijl hij een verse sigaar besnuffelt. 'Op vakantie of tijdens een feestje vind ik het leuk. Achteraf snap ik Joost wel, dat ik vroeger op Instagram te veel de nadruk legde op dat aspect. Het was een onderdeeltje van mijn leven en dat liet ik zien op een manier alsof het dagelijkse kost was. Mijn vakanties verlopen nu rustiger. Al houd ik nog steeds van gezelligheid op zijn tijd.'

De champagnevoorraad is een overblijfsel van zijn vierentwintigste verjaardagsfeest. Memphis vloog voor die gelegenheid heen en weer naar Nederland, in een week met een dubbel wedstrijdprogramma. Zijn trainer bij Olympique Lyon, Bruno Génésio, plaatste daar in een onderling gesprek zijn vraagtekens bij. Memphis: 'De trainer had op de hoogte gebracht willen worden dat ik een uitstapje naar Nederland maakte. Waarom eigenlijk? Hij weet toch ook niet wat spelers die in Lyon blijven op hun vrije dag doen? Moeten die ook vertellen als ze die dag een paar uur in de auto gaan zitten? Blijkbaar is het een ander verhaal als je in een vliegtuig stapt voor een vluchtje van anderhalf uur. Terwijl ik in een privéjet reis, zonder wachttijden. In die jet kan ik helemaal plat liggen, meestal lig ik te slapen.

Moet ik op mijn verjaardag dan alleen in mijn huis in Lyon voor me uit gaan zitten kijken? Ik heb geen vrouw die thuis op me wacht na de training, ik ben geen type dat de hele dag computerspelletjes speelt. Ik word juist gelukkig van mensen om me heen, van samen mooie dingen beleven. Dus als je het dan toch hebt over effect op mijn spel: hoe beter ik me privé voel, hoe beter ik presteer. Alleen doe ik dus andere dingen in mijn vrije tijd dan de meeste andere voetballers. Ik ben na de training op dinsdagochtend in mijn privéjet gestapt, de volgende dag was ik ruim op tijd terug voor de middagtraining. Op donderdag speelden we in de Europa League, thuis tegen Villarreal. Ik moest op de reservebank beginnen. Een kwartier voor tijd mocht ik het veld in. Een paar minuten later schoot ik de 3-1 binnen. Daarna heb ik de trainer niet meer gehoord over mijn tripje naar Nederland.'

'Het was een typisch Memphis-feestje,' zegt Joost over de avond in Eindhoven. 'Veel lol met vrienden en familie, een paar bekende Nederlanders erbij, de duurste champagne ging rond. Memphis is gaan rappen, zijn naam was overal groot te zien. Dat is het uiterlijk vertoon waar hij van houdt. Als je dat decor wegdenkt, zie je iets anders: een feestje waar een vriendengroep het op een bijna kneuterige manier gezellig heeft. Memphis wil beide aspecten, dat is het paradoxale aan hem. Soms is het luxe en glamour, dan weer is het doodgewoon. De eerste keer dat ik hem opzocht in Lyon zijn we overdag de stad ingegaan. Memphis vroeg of ik honger had. Je zou denken dat we naar een of andere chique tent zouden gaan. Maar hij nam me mee naar een onooglijk shoarmazaakje. Zo'n tentje waar ik zelfs om vier uur 's nachts met een flinke slok op, nog voorbij zou lopen. We hebben er uren gezeten, op plastic stoeltjes. Dat was een van de leukste middagen die we in tijden hadden gehad.'

Ontbijten en lunchen doet Memphis overigens meestal op de club. 'Dan weet ik zeker dat ik goed voedsel binnenkrijg. Om dezelfde reden huurde ik voor het avondeten in Manchester en aanvankelijk ook in Lyon een privékok in. Ik ben nu op zoek naar een nieuwe. Tot die tijd eet ik vaak buiten de deur of laat ik iets bezorgen.'

Een blik op de inhoud van zijn ijskast wijst inderdaad op weinig culinaire activiteiten binnenshuis. De koeling is volgestouwd met flesjes bronwater en fruit. Op directe grijphoogte staat ook een pot sambal. 'Die krijg ik van mijn ploegmaatje Kenny Tete. Een vriend van zijn oom maakt de lekkerste Surinaamse sambal ter wereld. Heerlijk op pizza's. De vlammen slaan ervan uit je mond. Kenny zorgt ervoor dat ik altijd ben voorzien van een potje.'

Via de keuken terug naar de woonkamer. Die is strak en minimalistisch ingericht. Er is geen spoor te vinden van zijn voetbalcarrière, een kleine trofee voor het Franse doelpunt van het jaar daargelaten. Verder: een eettafel, twee beige banken op hoogpolig tapijt, een groot tv-scherm en drie tegen elkaar aan geschoven bijzettafeltjes. Daarop liggen een bijbel, een boek over horloges, de biografieën van Clarence Seedorf en Rico Verhoeven en een boek van Ishmael Beah over diens tijd als kindsoldaat in Sierra Leone. Daarnaast staat een vaas met geurstokjes. Vanaf zijn favoriete bank kijkt Memphis uit op de omheinde tuin, waar een zwembad met ligstoelen en een loungehoek de blikvangers zijn.

Het betreft overigens een huurhuis. In Rotterdam daarentegen heeft Memphis sinds het voorjaar van 2018 een koopwoning in bezit. Voor 2,45 miljoen euro kocht hij een penthouse van vijfhonderd vierkante meter, in de Montevideowoontoren op de Kop van Zuid. In de buurt van het appartement dat hij twee jaar eerder verkocht. De nieuwe woning biedt hem rondom uitzicht over de hele stad. Vanuit de ene hoek kijkt hij uit op stadion De Kuip, de andere kant levert een panoramische blik tot Den Haag aan toe. Aan de verbouwing van het interieur hebben specialisten een jaar werk gehad. Memphis wilde de allure van een chique hotelsuite, en dat is gelukt. Inclusief een met Grieks marmer bedekte badkamer, hypermoderne keuken, *cigar*-lounge, gastenverblijf en een zwarte piano. 'Ik ben graag in Rotterdam,' zegt Memphis, terwijl hij richting de Erasmusbrug staart. 'Een leuke en mooie stad. Lekker rauw ook. En met de beveiliging zit het ditmaal goed. In de lift bij mijn vorige appartement hingen camera's, maar dat bleken dummy's te zijn. Deze keer heb ik geen risico's genomen. Alles is zwaarbeveiligd. Geen grappen meer. Ik wilde de aankoop trouwens stilhouden. Maar op de een of andere manier lekt dit soort dingen van bekende mensen altijd uit.'

Terug naar Ecully. Want ook daar wordt, eind augustus 2018, ingebroken bij Memphis, terwijl hij met Olympique Lyon een thuiswedstrijd tegen OGC Nice afwerkt. 'Na de wedstrijd kwam ik thuis en ging ik even chillen in de woonkamer. Er was niks verdachts te zien, gewoon een avond als alle andere. Totdat ik naar boven ging om te slapen. Op de overloop zag ik allemaal tassen op de grond liggen. Toen zag ik dat de hele bovenverdieping overhoop was gehaald en dat er een schuifraam open stond. Toen drong tot me door wat er was gebeurd.'

Na de ontdekking schreeuwt Memphis het uit, vanuit zijn tenen. 'Eén woord heb ik gebruld, echt keihard: "Neeeeee!" Het idee dat er vreemden in mijn huis hadden rondgelopen, maakte me gek. Het voelt vies. Ik heb meteen een medewerker van Olympique Lyon gebeld en hij schakelde de politie in. Die kwamen naar mijn huis en de volgende dag ben ik naar het politiebureau gegaan. Diezelfde dag lag het nieuws van de inbraak al op straat. Het vervelendste vond ik dat mijn moeder het nieuws daardoor op internet vernam en niet via mij. Zo gaat dat blijkbaar.'

Het huis van Memphis in Frankrijk zou goed beveiligd moeten zijn. Het perceel wordt afgeschermd door een metalen schuifdeur, alleen van binnenuit te openen, nadat de bezoeker via een beveiligingscamera is gescand. Ook de voordeur is beveiligd; binnen en buiten het huis hangen camera's. Toch konden de inbrekers ongezien via het dak naar binnen komen. 'Vlak voor de inbraak, tijdens mijn vakantie, bleek er een stroomstoring te zijn geweest in mijn buurt,' weet Memphis nu. 'Als gevolg daarvan hadden de beveiligingscamera's en het alarmsysteem gereset moeten worden. Dat is niet gebeurd en daardoor werkten ze niet. Ik wist van niks.'

De buit van de inbrekers is groot en heeft een waarde van ongeveer anderhalf miljoen euro. 'Door de jaren heen had ik een grote collectie horloges opgebouwd. Van Richard Mille en Patek Philippe, dure merken. Sommige hebben me honderdduizend euro per stuk gekost. En sieraden die ik had laten personaliseren. Het ergste vind ik dat ze een ring van mijn opa hebben meegenomen. Die had ik van oma gekregen. Kort na de inbraak zag ik haar in Nederland. Ze vroeg of de ring van opa óók was gestolen. Ik durfde het amper te vertellen. Ik voelde haar pijn, dat was een moeilijk moment. Ik troost me met de gedachte dat opa in mijn hart zit en in mij voortleeft. Dát kan niemand mij afpakken. Nooit.

Weet je, geld en materiële zaken hebben mij nooit gemaakt. Dus ze kunnen mij ook niet breken als ze me worden afgenomen. Ik ben niet geboren met geld of met luxe en juwelen. Door keihard werken heb ik die in een later stadium kunnen kopen, zonder dat ze bepalend zijn voor hoe ik in het leven sta. Kijk naar wat ik na de inbraak allemaal heb gedaan, zowel binnen als buiten het veld. Ik ben er nog. Ik heb snel de knop omgezet en ben doorgegaan met de dingen die ik wil doen in het leven. En ik draag nog steeds mooie juwelen, omdat ik daarvan houd en het me kan veroorloven.

Ik ben ervan overtuigd dat God alles gaat terugbrengen. Misschien zelfs in letterlijke zin, omdat mijn gestolen spullen moeilijk te verkopen zijn. Er zitten veel exclusieve dingen bij die speciaal voor mij gemaakt zijn. Maar ik bedoel vooral dat God mij zal blijven leiden naar een goede ontwikkeling op en buiten het veld. Waardoor ik sportief, geestelijk en financieel beloond zal worden voor mijn harde werk, en van daaruit weer andere mooie spullen kan kopen. Ik ben gezegend dat mensen proberen dingen van mij af te nemen. Het betekent dat God mij alleen maar méér gaat *blessen*. Zo voel ik dat. Nadat er in Rotterdam bij me was ingebroken, maakte ik een megatransfer naar Manchester United. God houdt van zijn kinderen en waakt over mij. Als Hij ziet dat ik bestolen ben en daar pijn van heb, maar blijf doorgaan met hard werken, dan zal er een beloning komen. Misschien was deze inbraak in Frankrijk wel een voorteken. Dat er mooie dingen staan te gebeuren.'

Nadat Memphis op het politiebureau is geweest, stapt hij op het vliegtuig naar Nederland. Er wacht een trainingskamp van Oranje ter voorbereiding op wed-strijden tegen Peru en Frankrijk. 'Ik had geen tijd de klap te verwerken. Ander-halve dag na de inbraak stond ik alweer op het trainingsveld bij het Nederlands elftal en kreeg ik allemaal vragen van de pers over wat er was gebeurd. Terwijl ik er vanwege het onderzoek weinig over mocht zeggen. Na het trainingskamp ben ik in Lyon een week in een hotel gaan zitten. Ik wilde even rustig nadenken of ik nog wel in dit huis wilde wonen. Dat wilde ik. Maar een paar maanden later werd er wéér ingebroken. Toen heb ik besloten uit dit huis te gaan vertrekken. Het gevoel is dubbel. Kijk om je heen; ondanks alles is dit gewoon een fijne plek. Kom, we gaan boven kijken.'

Op de bovenverdieping van zijn huis heeft Memphis ruimte moeten vrijma-ken voor zijn immense kledingcollectie. Twee inloopkasten volstonden niet en daarom heeft hij nog twee slaapkamers ingericht als kledingruimte. Het is alsof je een chique modezaak binnenloopt. Alles is per genre ingedeeld. Nadat hij zijn hoedenverzameling heeft laten zien, loopt Memphis naar een rek met jassen. 'Hier hangen mijn meest exclusieve jasjes bij elkaar. Kijk deze, dit is een bomberjack van Givenchy. Hiervan is er maar eentje in de hele wereld. Ik heb er twintigduizend euro voor betaald.' Het liefst heeft Memphis unieke spullen, op maat gemaakt, zodat niemand anders erin rondloopt. Tijdens zijn reis in Ghana liet hij om die reden een kleermaker langskomen in het hotel. Een exclusief maatpak van lokale stoffen als ultiem souvenir.

In de kamer ernaast bewaart hij, naast een kast vol zonnebrillen, zijn schoenen-collectie. Ze staan in rekken gerangschikt, van sportief tot glimmend tot kleur-rijk. Het overheersende merk is Louboutin, met de rode zolen als handelsmerk. Memphis schiet in de lach als hij de opengesperde ogen van zijn bezoek ziet. 'Deze zijn nog vrij normaal, voor mijn doen. Kijk, hier is de *crazy corner*.'

Daar staan de meest extravagante creaties, in de felste kleuren. Hij wijst op een paar roze schoenen en vertelt een verhaal over de dag dat hij bij PSV op veertien-jarige leeftijd met voetbalschoenen in die kleur kwam aanzetten. 'Cristiano Ronaldo speelde daar ook op in die tijd. Mijn jeugdtrainer, Mart van Duren, zei dat roze schoenen voor meisjes zijn. Hij daagde me uit dan maar drie goals te scoren op die schoenen. Ploeggenoten lachten me uit. Ik vond ze juist heel vet. Ik heb me er niks van aangetrokken, ik trok die schoenen aan en rende het veld in. Tegen FC Utrecht was dat, met de C-junioren. Die middag scoorde ik vijf goals en was ik meteen van al dat gelul af.'

In de volgende kamer springt een shirt van Ronaldo in het oog. Geruild na een oefeninterland met Oranje tegen Portugal. De veelvoudig Wereldvoetballer van het jaar is voor Memphis in meerdere opzichten een voorbeeld. 'Cristiano staat in alles wat hij doet voor topkwaliteit. Als voetballer door in zichzelf te blijven investeren, zodat hij zijn extreem hoge niveau kan vasthouden. En ook op com-mercieel vlak is hij de absolute top. In mijn PSV-tijd deed ik thuis elke dag twee-honderd buikspieroefeningen, vanuit de gedachte dat het mes aan twee kanten snijdt. Een sterk lijf is onmisbaar in het topvoetbal én een strak uiterlijk helpt om commerciële deals binnen te slepen. Dat had Cristiano goed begrepen.'

Verder hangen in deze kamer vooral caps en sportkleding van Under Armour. Begin 2015 tekende Memphis een sponsorcontract met het sportmerk. Daarmee voegde hij zich op eenentwintigjarige leeftijd in een rijtje met onder meer tennisser Andy Murray, NBA-basketballer Stephen Curry, NFL-quarterback Tom Brady en skister Lindsey Vonn. Het leverde hem een jaarlijkse vergoeding op die zijn PSV-salaris oversteeg. Tijdens de onderhandelingen werd afgesproken dat Memphis niet alleen als uithangbord zou gaan fungeren, maar ook kon meewerken aan de ontwikkeling van nieuwe voetbalschoenen en kleding. 'Die creatieve inbreng maakte het voor mij helemaal af,' zegt Memphis. 'Ik vond het sowieso al leuk om met een meer alternatieve sponsor in zee te gaan in plaats van met een van de traditionele merken. Dit past bij mij.'

Terug beneden loopt Memphis naar zijn computerkamer. In de hoek staat een retro kappersstoel, waarin hij elke week zijn coupe laat bijwerken door een barbier-aan-huis. Vandaag speelt dat geen rol, Memphis wil iets laten zien op zijn computer. Een paar muisklikken later start de clip van *Unforgettable*, de hit van French Montana featuring Swae Lee. De video is opgenomen in de sloppenwijken van de Oegandese hoofdstad Kampala en ademt dezelfde sfeer als de clip die hij met Winne in Ghana heeft opgenomen. We zien dansende en lachende kinderen, ondanks hun barre leefomstandigheden. Muziek als medicijn.

In zijn jeugd speelde muziek al een belangrijke rol in het leven van Memphis. Aan de muur van zijn jongenskamer hingen posters van 50 Cent en Tupac Shakur. Wanneer Memphis zijn gevoelens niet wist uit te drukken in gewone spreektaal schakelde hij regelmatig over op spontane rap. In een latere fase ging hij zelf aan de slag met muziek. Eerst met de rappers van Rotterdam Airlines, daarna, in 2013, dook Memphis op onder de naam Bleak Mill op de EP *d.r.e.a.m.s.* van Bollebof. Ook met voetbalvriend Quincy Promes heeft hij door de jaren heen muziek opgenomen. 'Het begon ermee dat we audiootjes van freestyle raps naar elkaar stuurden per telefoon,' vertelt Memphis. 'Dat ging steeds verder. Quincy heeft een opnamestudio thuis, hij kan muziek editen en produceren. Hij heeft ook echt talent. Dus op een gegeven moment zijn we tracks gaan opnemen, waarvan we er eentje op YouTube hebben gezet, *LA Vibes Freestyle 1.0*, met een clip die we tijdens een vakantie in Californië hadden gemaakt. Wat volgt is de voorspelbare kritiek dat we niet genoeg met voetbal bezig zijn. Terwijl we dit gewoon in onze vrije tijd doen.

Quincy heeft er soms last van, al dat gezeik over zoiets onschuldigs als muziek maken. Ik heb er maling aan. We bedoelen er niks vervelends mee. Ik ben verantwoordelijk voor wat ik doe, maar ik ben níét verantwoordelijk voor andermans gevoelens daarover. Ik hoorde dat Max Verstappen nachtenlang FIFA speelt op zijn computer. Moet ik dan roepen dat hij zijn rust moet pakken en moet focussen op zijn races? Als die jongen dit leuk vindt en als het hem ook nog helpt te ontspannen, moet hij dat toch lekker zelf weten? Al die meninkjes altijd, al die bemoeienissen, over onbelangrijke dingen.

Ik ben niet vierentwintig uur per dag voetballer. Er bestaat een beeld van hoe profvoetballers zouden moeten leven. In dat plaatje passen geen activiteiten die los staan van het voetbal. Terwijl iedereen voor zichzelf moet uitvinden waar hij zich het lekkerst bij voelt. Voor iedere speler is dat anders. Het leven van een profvoetballer kan saai zijn. Dan doel ik op het leven buiten het veld. De wedstrijden en trainingen vind ik heerlijk. Het mooiste wat er bestaat. Ik ben elke dag als een van de eerste spelers op de club en ga als een van de laatste weg. Dan nóg is er veel tijd over. Ik weet waarop ik me tijdens trainingen en wedstrijden moet focussen. En ik weet óók hoeveel rust ik tussendoor nodig heb. Met mijn image zullen mensen het waarschijnlijk niet geloven, maar ik ben in Lyon nog nooit wezen stappen. Letterlijk nul keer. Als ik in plaats daarvan thuis lekker met muziek bezig ben, krijg ik dáár weer gedoe over. Ik leef een afwisselend leven en train met honderd procent inzet. Altijd. En ik pak mijn rust. Ik weet hoe toppers als Ronaldo, Messi en Benzema hun leven invullen. Ook zij trainen heel intensief, doen er extra individuele training bovenop en rusten vaak. Maar ook zij genieten daarbuiten van de mooie dingen van het leven. Het kan samengaan, echt. Je hoeft niet als een zombie thuis te zitten de hele dag.

Zelf zal ik nooit iemand veroordelen over hoe hij zijn tijd en zijn carrière invult. Bij Oranje heb ik Arjen Robben meegemaakt. Een fantastische prof, een van de beste voetballers ter wereld. Een speler en persoon voor wie ik ontzettend veel respect heb. Arjen had zijn eigen manier van voorbereiden en leven. Totale focus rondom wedstrijddagen. Alles in het teken van die negentig minuten op het veld. Dat is voor hém de perfecte manier, maar dat wil niet zeggen dat het voor iedereen op die wijze werkt. De warming-up van Arjen is een aaneenschakeling van rituelen, superintens, zodat hij in de juiste mood komt. Bij mij is het tegenovergesteld. Ik ben gebaat bij zo veel mogelijk ontspanning vlak voor een wedstrijd. Lekker muziekje op mijn koptelefoon, beetje chillen, fotootjes kijken op mijn telefoon, alles in een relaxte houding. Dan strik ik de veters van mijn voetbalschoenen en is het boem, het veld op, knallen. En als ik na de wedstrijd thuiskom, zet ik de knop weer om.

Ik word happy van de dingen die ik naast het voetbal doe. En als je happy bent, presteer je beter. Als ik vrij ben in mijn hoofd, ben ik vrij in mijn spel. In die zin is het dus juist goed voor mijn voetbalcarrière. Als ik mezelf na een training thuis opsluit, word ik ongelukkig. Dat zal uiteindelijk een negatief effect op mijn voetbalspel hebben. Ik heb dat in de praktijk gemerkt. Ook dát hoort bij je ontwikkeling als topsporter: de modus vinden waarin je gelukkig bent en dus tot betere prestaties kunt komen. Volgens mij werkt het op andere vakgebieden net zo. Een acteur zoekt buiten zijn werk toch óók naar ontspanning? Een muzikant is toch ook niet vierentwintig uur per dag met muziek bezig? Als ze dat wél willen, moeten ze dat vooral doen. Voor mij werkt de combinatie van verschillende interesses juist goed. Ik wil mezelf ontwikkelen op allerlei vlakken. Het gezeur daarover laat ik zo veel mogelijk langs me heen gaan.

Ik ben eraan gewend geraakt dat mensen een mening over me hebben zonder mij persoonlijk te kennen, of zonder de details van sommige gebeurtenissen te weten. In de zomer van 2018 kreeg ik een hoop kritiek, omdat ik bij Lyon een week te laat zou zijn teruggekomen van vakantie. Terwijl het gewoon een misverstand was. De club had alle spelers vijf weken vrij gegeven in de zomerstop. Ze telden vanaf de laatste speelronde in de competitie. Terwijl ik daarna nog een trainingskamp en wedstrijden met Oranje had, dus ik telde vanaf de dag na de laatste interland. Iedereen had daar natuurlijk een mening over, alsof ik zomaar doe waar ik zin in heb. Bij mijn terugkomst bij de club was er niets aan de hand. We hebben het misverstand uitgesproken en ik ben volop gaan trainen.

Tegenwoordig kijk ik bijna nooit meer naar hoe er over mij wordt geschreven in kranten en op social media. Ik vergelijk het weleens met voedsel: als je eet van alle kritieken, leef je nooit je eigen leven. Vroeger vrat ik alles: het zoet van de positieve reacties en de trash van de negatieve. Van beide krijg je buikpijn. Bij mij is het nou eenmaal zo: je houdt van me of je haat me. Er lijkt niks tussenin te zitten. Jezelf daarvoor afsluiten, geeft rust. Soms krijg ik het nog wel mee, als vrienden me berichtjes sturen over wat er op tv is geroepen of zo. Voor mij hoeven die berichten niet. Ik heb genoeg trash gegeten.

Ik heb mijn kledingkeuze of haarstijl nooit aangepast aan wat anderen daarover zeiden. Doe maar normaal dan doe je al gek genoeg, dat is een Nederlandse uitdrukking. Maar wie bepaalt dan wat normaal is en wat niet? Ik ben zoals ik ben. Groepsdruk mag nooit een bepalende rol gaan spelen in je leven. Als je daaraan toegeeft, worden we allemaal hetzelfde. Ik hoop dat ik jongeren inspireer met mijn eigen stijl. Niet dat ze er hetzelfde uit hoeven te zien, helemaal niet. De kern is dat je zelf moet kunnen kiezen hoe je eruitziet. Dat je doof bent voor de commentaren die je zult krijgen. Volg je eigen pad.

Bij psv kwam op een dag Orlando Engelaar in een Bentley aanrijden. Ik vond het heel cool, het inspireerde me. Ik was blij voor hem en wilde hetzelfde bereiken. Ik keek met bewondering naar de manier waarop Orlando zijn leven leidde. Hij was zichzelf. Dat klinkt als iets wat logisch is, maar in de voetballerij is het allesbehalve logisch. Mensen die anders durven te zijn, worden vaak omringd door negativiteit. Daar verzet ik me tegen.'

Dat deed Memphis publiekelijk in het begin van 2018. In het RTL-programma *Voetbal Inside* verscheen René van der Gijp met een pruik op, nadat de Belgische tv-journalist Boudewijn van Spilbeeck bekend had gemaakt voortaan als vrouw door het leven te gaan. De volgende dag plaatste Memphis een bericht op Twitter: *'For real? En dit moet een voetbalprogramma voorstellen? Nederland je gaat mij niet vertellen dat hier je vrije tijd aan opgaat, lol. Voetbal Inside kan ik vanaf nu echt niet meer serieus nemen. Gijpie kon beter mijn hoed opzetten #smh #justsaying.'*

Joost: 'Memphis is heel scherp als mensen worden aangepakt op hun identiteit. Daar kan hij absoluut niet tegen. Die tweet kwam voort uit dat gevoel. Veel mensen spraken schande van dat tafereel op televisie, maar vanuit de voetballerij hoorde je bijna niemand. Memphis beseft dat hij zijn nek uitsteekt met een dergelijk bericht op social media en dat hij daarop extra zal worden aangepakt door de bewuste personen. Maar dat boeit hem dan niet. Hij vindt het belangrijker het op te nemen voor iemand die vanwege zijn identiteit voor schut wordt gezet.'

Memphis: 'Het verbaast me sowieso hoeveel moeite de generatie ex-voetballers heeft met de nieuwe generatie. Er is weinig inlevingsvermogen in de veranderde tijden. Terwijl er andersom heel veel respect is voor hun prestaties. Je hoort mij toch ook niet over de rare broekjes waarin ze vroeger speelden? Of over hoe ze als trainers tijdens wedstrijden sigaretten zaten te paffen in de dug-out? Dat waren andere tijden. Accepteer dan ook dat we inmiddels in nieuwe tijden zitten, met spelers die zich op een andere manier uiten dan vroeger. Het zijn ook vooral ouderen die zeuren over mijn manier van juichen. Kinderen vinden het juist prachtig. Vroeger juichte iedereen hetzelfde: met beide armen recht omhoog.

Prima. Dat was toen. Nu geven spelers er hun eigen tintje aan. *So what?* Dat is toch juist leuk? Maak het allemaal niet zo serieus. En ga niet meteen inhakken op mensen die anders durven te zijn. Ieder mens is uniek, ik vind die verscheidenheid juist mooi.'

Bij Memphis zit het afwijkende niet alleen in zijn activiteiten buiten het voetbal, ook zijn uiterlijk draagt een steentje bij. Tatoeages zijn al jaren gemeengoed in het profvoetbal, maar de leeuwenkop die zijn gehele rug bedekt, is de overtreffende trap. Memphis: 'Na het WK in Brazilië was ik op vakantie op Ibiza. Ik lag met Gigi en Kees Ploegsma op het strand en opeens kwam een vrouw op me afgestapt. Ze zat vol met tattoos. Haar dochter wilde met me op de foto. Zo raakten we in gesprek. Linda kwam uit Eindhoven en bleek met haar man een tattooshop te hebben. Hij zat ook onder de tatoeages, waaronder veel PSV-*pieces*. Echt een diehardsupporter. Eenmaal terug in Nederland heeft Gigi hen gebeld en zijn we aan de slag gegaan. Eerst op mijn rechterarm. Later is ze naar Manchester gekomen voor mijn *masterpiece*: de leeuwenkop. De leeuw is de koning van de jungle en mijn jeugd speelde zich ook af in een soort jungle, vandaar de keuze. Linda is er vierentwintig uur mee bezig geweest, verspreid over vier dagen. Ik ben er supertrots op.'

Joost: 'Memphis is altijd op zoek naar vernieuwing. Tot in zijn tattoos aan toe. Of het nou zijn uiterlijk is of zijn muziekpassie of zijn betrokkenheid bij Ghana: hij zou gek worden als hij alleen maar met voetbal bezig is. Memphis is één periode alleen maar met voetbal bezig geweest en toen ging het mis: in Manchester. De meeste profspelers zijn er juist bij gebaat als ze zich volledig focussen op hun werk, bij Memphis werkt het andersom. Zijn drang naar telkens nieuwe dingen in zijn leven heeft vele verschijningsvormen. Neem dit boek. Dat zat al heel lang in zijn hoofd, jaren geleden begon hij er al over. Ik stelde toen voor dat aan het eind van zijn carrière te doen. Toen de plannen concreet werden, heeft Kees er ook nog wat van gezegd. Die vond dat Memphis eerst maar eens een paar grote prijzen moest winnen voordat hij aan een boek ging denken. Memphis vond dat onzin. Hij is altijd al vroeg geweest met alles wat hij deed. Zijn trip naar Ghana is daar ook een voorbeeld van. Weinig voetballers houden zich op die jonge leeftijd al bezig met charitatieve projecten. Meestal komt dat in de eindfase van hun carrière of als ze gestopt zijn. Memphis startte daar al op zijn vierentwintigste mee. Als hij vindt dat zoiets moet gebeuren, gaat hij daar intensief over nadenken, tot in detail. En dan gebeurt het.'

Een dag na terugkeer uit Ghana zit Memphis opnieuw met zijn vriendengroep op Schiphol. Daarmee zijn we terug bij het paradoxale aspect in zijn leven. Na de loutering in West-Afrika komt de luxe van de Italiaanse Rivièra. De opstelling is grotendeels dezelfde als in Ghana: Gigi en Tufan gaan mee, net als Winne, Rass King en Gbolahan, plus twee nieuwe vrienden uit Colombia en Robin van Anaya Films, voor de foto's en filmpjes op social media. Later zal ook voetbalvriend Leroy Fer aanhaken.

Het gezelschap vliegt naar Genua. Dertig kilometer oostwaarts ligt in de haven een ultraluxe jacht op hen te wachten. Het contrast met Ghana had niet groter kunnen zijn. De Mary-Jean II is tweeënzestig meter lang, heeft drie verdiepingen, zestien personeelsleden, zeven suites, twee speedboten, twee jetski's, een gym, een jacuzzi en een bioscoop. Voor het lieve sommetje van driehonderdduizend euro kun je er een week op vertoeven. De reis gaat van Portofino naar Porto Cervo, in het noorden van Sardinië. Memphis: 'Het was de omgekeerde wereld. De hele entourage op de boot, de plekken waar we aan wal gingen: het was vrij extreem. Het werkt bij mij niet zo dat ik na een nederig makende ervaring, zoals in Ghana, mezelf andere dingen ga ontzeggen. We hebben een supervakantie gehad en het gaf ons de gelegenheid rustig terug te blikken op de Ghana-trip. Ik had behoefte om dezelfde groep vrienden om me heen te hebben, aan hun liefde, hun karakters.

Op dit moment ben ik degene in de groep die dit soort uitstapjes kan betalen. Nou, dan doe ik dat.

Veel rijke mensen zijn voorzichtig met hun geld. Bang om het weer kwijt te raken. Ik wil er juist van genieten en betrek mijn inner circle daarin. Wat heb ik aan een volle bankrekening op de dag dat ik sterf? Natuurlijk wil ik mijn eventuele kinderen goed achterlaten als mijn tijd is gekomen. Ik zal projecten in Ghana, en later ook in andere landen, blijven doen. Maar een deel van mijn vermogen gebruik ik om te genieten. Trouwens, ik weet zeker dat er nog veel meer geld gaat bijkomen, dus ik maak me niet druk.'

Met rapper Winne en producer Rass King aan boord is muziek nooit ver weg op het schip. Op het nieuwe album van Winne, *Oprecht Door Zee*, duikt zelfs een interlude van anderhalve minuut op. De titel is *Porto Cervo* en Memphis en Winne zijn hierop voor het eerst samen rappend te horen. Het voedt de toekomstplannen van Memphis op dat gebied. 'Tot nu toe blijven mijn muzikale activiteiten beperkt tot losse tracks, maar ooit wil ik een volledig album uitbrengen. En liveoptredens gaan doen. Waarom niet? Het lijkt me geweldig om het Philips Stadion een keer helemaal op zijn kop te zetten. Daar droom ik van. Een show geven als zanger of rapper of hoe je dat ook wilt noemen, met bevriende artiesten en een grote begeleidingsband. Gitaren, drums, blazers, percussie, alles. Ik beschouw muziek als een kunstvorm en dus stel ik hoge eisen aan alles wat ik daarmee doe. Het moet gewoon topkwaliteit zijn, op alle gebieden.

De track die ik eind 2018 dropte, *No Love*, is een heel puur nummer geworden. Het muzikale gedeelte is sterk, met een catchy beat. En ik ben ook trots op mijn vocals. Mijn vrienden die bij de opnames waren, konden voelen dat het diep vanbinnen zat bij mij. Volgens mij is dat goed overgekomen bij mensen over de hele wereld. Ik rap de helft in het Nederlands, maar ook van mensen uit verre landen kreeg ik enthousiaste reacties. Zelf houd ik vooral van de rauwere r&b en hiphop. *No Love* heeft een andere vibe: het begin is een beetje zomerachtig. Ook daarna blijft het rustig en sfeervol. Je hebt zóveel verschillende stromingen in deze muziek, je kunt er alle kanten mee op. Dat lijkt me mooi, met die verschillende stijlen van r&b en hiphop aan de gang gaan.

Ik heb nog zóveel dingen in mijn hoofd. Ook op acteergebied zou ik me willen ontwikkelen. Ik weet nog niet of ik dat kan, maar ik wil het in elk geval ooit gaan ontdekken. Volgens mij zit er in mijn leven niet alleen een boek, je zou er ook een film van kunnen maken. Met mij in de rol van de volwassen Memphis. Maar alleen als ik er talent voor heb. We doen het goed of we doen het niet.

Ik zie het leven als een ontdekkingstocht. Soms zou ik het van de daken willen schreeuwen: als je talenten hebt, wees niet bang daarop te vertrouwen. Op welk vlak dat talent ook ligt. Het is lang niet altijd makkelijk, zeker als je nog jong bent. Sommige kinderen hebben strenge ouders die strakke grenzen trekken en alles voor hun kinderen willen bepalen. Dan wordt het moeilijk. Ik heb zelf veel profijt gehad van de vrijheid die mijn moeder me heeft gegund. Daardoor heb ik me op vele vlakken kunnen ontplooien. Dat gun ik ieder kind: ouders die durven te vertrouwen op de keuzes die hun kinderen soms willen maken.

Ook in de voetbalwereld zie je vaak hoeveel druk ouders op hun kinderen uitoefenen. Het geschreeuw langs de lijn, het volledig uitstippelen van een carrièretraject. Dat werkt verstikkend. Zeker als kind sta je open voor nieuwe ervaringen. Je zit midden in de zoektocht door het leven. Soms stoot je daarin je kop, soms ontdek je juist waar je talenten blijken te liggen. Dat lukt niet als ouders overal bovenop zitten. Vrijheid leidt tot creativiteit. Druk van bovenaf leidt tot blokkades, zo zie ik het. Ik hoor de stemmen van die ouders langs de lijn nog steeds in mijn oren galmen. Tegen mij schreeuwden zelfs de ouders van andere jongens voortdurend: *Overspelen Memphis! Overspelen!* Ik trok me er weinig van aan. Bleef lekker dribbelen en mooie acties maken. Als ik al die jaren had gedaan wat er vanaf de kant werd geschreeuwd, was ik nu een dertien-in-een-dozijnvoetballer geweest. Dat is wat ik bedoel: ik wist wat mijn talent was en daar heb ik me door laten leiden. Ook dát is voor mij lifestyle. Dat begrip wordt automatisch gekoppeld aan uiterlijk vertoon. In mijn geval doe ik daar ook aardig mijn best voor. Maar serieus: de oorsprong van je lifestyle zit binnenin je. De buitenkant is de weerspiegeling daarvan.'

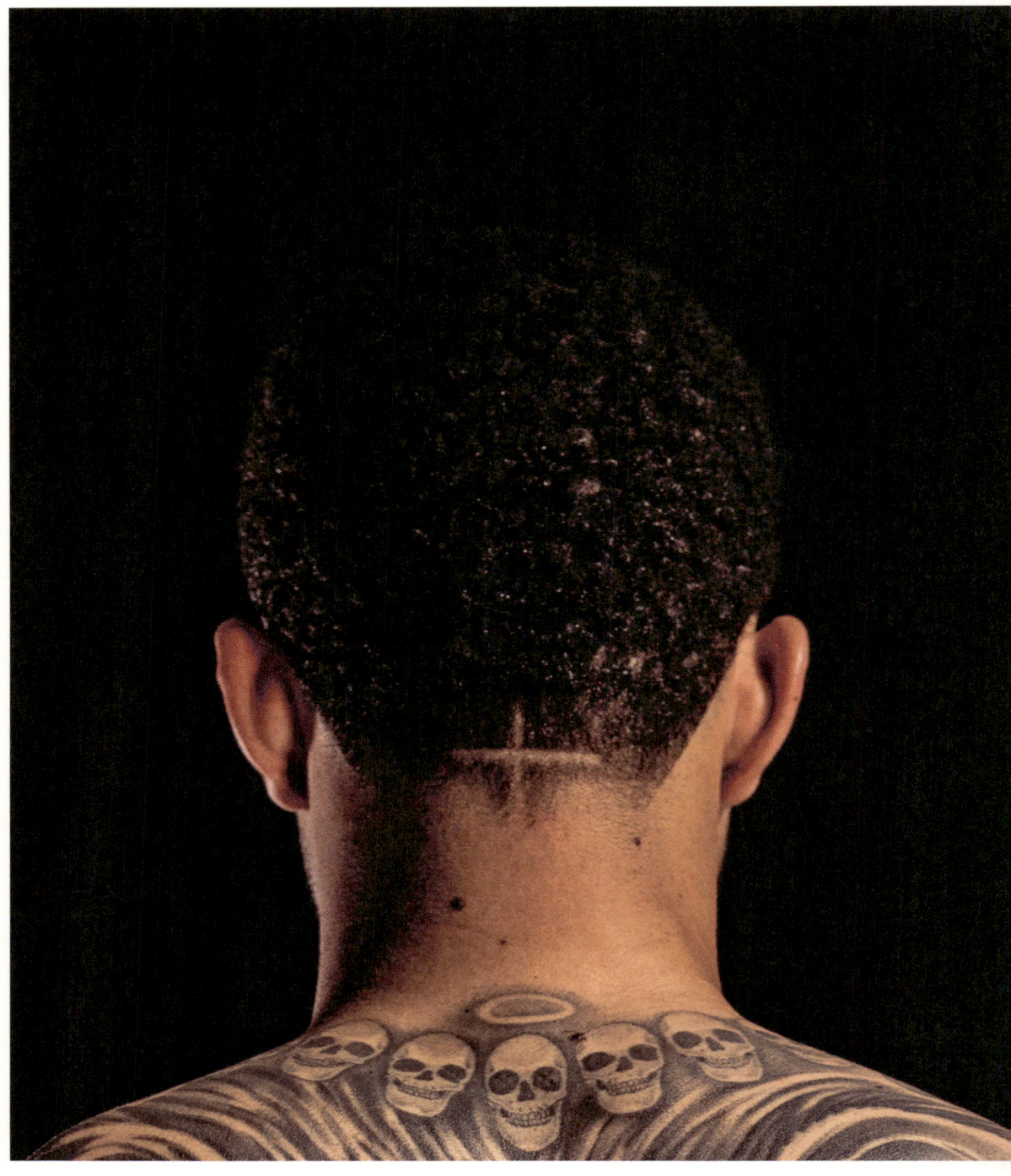

12. God in Frankrijk

Het is in de periode dat Memphis zichzelf opsluit in huis en sociaal contact mijdt, als hij zijn deur in Manchester toch een keer opendoet. Want Giels Brouwer staat op de stoep. Wellicht heeft die de sleutel naar een zonnigere voetbaltoekomst in handen. Brouwer is de oprichter van SciSports, een Nederlands databedrijf dat via computermodellen onder meer analyseert welke clubs het beste bij een speler passen. In het najaar van 2016 had Kees Ploegsma opgevangen dat Brouwer voor een congres naar Manchester zou gaan, waarna de zaakwaarnemer een ontmoeting arrangeerde. In de hoop dat Memphis de doodlopende weg in Engeland achter zich kon gaan laten.

Na een rondleiding door zijn huis gaat Memphis met Brouwer voor de televisie zitten zodat ze met een schuin oog naar een Champions League-wedstrijd tussen Borussia Dortmund en Real Madrid kunnen kijken. Ondertussen bespreken ze de zogeheten SciSkills-data van Memphis. Daarmee wordt de inbreng van een speler binnen zijn ploeg in cijfers vervat. Memphis vertelt met welk gevoel hij in het veld stond bij PSV en hoe zich dat verhoudt met Manchester United. Bij de Engelse club krijgt hij voor zijn gevoel te veel taken mee, vooral in defensief opzicht. Dat belemmert hem in hetgeen hij het beste kan: diepte zoeken, acties maken, zijn intuïtie volgen. 'Al die opdrachten dwarsbomen mijn ambitie een betere voetballer te worden,' zegt Memphis die avond. 'De béste voetballer.'

Na zijn bezoek aan Manchester gaat Brouwer aan de slag. Op basis van de wensen van Memphis en zijn statistieken wordt een dataprofiel gemaakt. Niet alleen hijzelf wordt in kaart gebracht, ook de linkeraanvallers bij andere grote Europese clubs, zodat er bekeken kan worden waar zijn kans van slagen het grootst is. Ook de tactische werkwijze van de trainers bij die clubs wordt meegewogen. De insteek is Memphis terug zien te krijgen in de rol zoals hij die bij PSV had vertolkt. In Eindhoven maakte hij beduidend meer aanvallende acties en dribbels dan bij Manchester United, waar juist zijn aantal verdedigende acties hoger lagen dan bij PSV. Uiteindelijk komen er vijf geschikte clubs uit de computer rollen: AC Milan, Valencia, Olympique Marseille, Schalke 04 en Olympique Lyon. Laatstgenoemde club en de trainer daar, Bruno Génésio, levert de beste match op. Dat treft: eerder al had Olympique Lyon bij Ploegsma interesse in Memphis kenbaar gemaakt. De optelsom is snel gemaakt. Tegen een transfersom van zeventien miljoen euro verhuist Memphis eind januari 2017 van Manchester naar Lyon.

Vlak daarvoor vindt een nog ingrijpender gebeurtenis plaats. In zijn nadagen in Engeland komt Memphis, via gemeenschappelijke vrienden, in contact met iemand die hem de weg naar een diepere band met God zal wijzen. Al is Memphis zich daarvan op dat moment nog niet bewust. In eerste instantie houdt hij de boot af. Memphis: 'Ik was argwanend. Je weet toch, er zijn zóveel mensen die iets willen van profvoetballers. Ook Gigi vertrouwde het niet. In Eindhoven heb ik eens iemand aan de deur gehad. In 2015 was dat, een dag voor onze kampioenswedstrijd belde ene John Troost opeens aan. Ik had nog nooit van die man gehoord. Hij had allemaal papieren bij zich en beweerde op spiritueel gebied van alles voor me te kunnen betekenen. Ik heb die papieren nooit gelezen. Later stond Troost opnieuw voor de deur, toen deed Gigi open, die heeft hem verteld dat hij nooit meer terug moest komen. Wat moet je met dat soort figuren? Door die ervaring was ik wantrouwend.'

De argwaan verdwijnt als Memphis en de hem onbekende Engelse man uiteindelijk toch met elkaar in contact komen. Eerst telefonisch, op 7 januari 2017, enkele uren nadat Manchester United in de FA Cup Reading met 4-0 heeft verslagen. 'Die man vertelde dat hij een droom over mij had gehad. Een visioen van God. Het speelde zich af bij mij thuis en wat hij beschreef klopte met hoe mijn huis eruitzag. Terwijl hij daar nog nooit was geweest. Dat was bizar. En hij vertelde wat God voor mij in petto had, dat er een ommekeer aanstaande was. In mijn persoonlijke leven en in mijn carrière. Hij zei dat ik een transfer zou gaan maken. Daar was op dat moment nog helemaal geen sprake van, maar het kwam uit, snel daarna al. Verder sprak hij niet specifiek over mij of over hemzelf. Het ging over God en de rol die het geloof in mijn leven kon spelen. Ik ben natuurlijk gelovig opgevoed, maar in Manchester was ik steeds verder van God verwijderd geraakt. Het was tijd terug te keren in de armen van God.'

Aanvankelijk houdt Memphis het contact voor zichzelf. 'Toen ik eenmaal in Lyon was, heb ik hem over laten komen. Niemand wist daarvan. Ik wist niet hoe het verder zou lopen en had geen zin in negatieve feedback van vrienden of wie dan ook. Kees en Joost geloven niet in God; ik wist niet of ze het zouden begrijpen. De eerste maanden heb ik dat zo gehouden. Intussen gingen mijn ogen steeds verder open. Na drie maanden heb ik het aan Gigi verteld. Sindsdien is ook hij veranderd. Gigi ging steeds vaker in de Bijbel lezen en dat doet hij nog steeds. Het geloof is helemaal terug in ons leven.'

Een krachtig moment beleeft Memphis als hij in het voorjaar van 2017 thuis in zijn woonkamer zit te bidden. Kort daarvoor heeft hij een onderscheiding gekregen voor het mooiste doelpunt van het seizoen in Frankrijk, vanaf de middenlijn gescoord, tegen Toulouse. Het bijbehorende beeldje had hij in een open kast gezet. 'Die trofee stond daar al een tijdje,' vertelt Memphis. 'Op een dag ging ik bidden en ik kreeg een boodschap door van God: dat ik het verleden moest laten rusten. Of het nou slechte of goede herinneringen betrof, ik moest niet meer achterom kijken. Alleen nog maar vooruit, naar de toekomst. Precies op het moment dat ik God bedankte voor al het moois dat voor mij nog in het verschiet ligt, valt dat beeldje uit de kast. Pats, kapot. Helemaal uit het niets. Ik zat er meters vandaan. Ik zweer het je. Het was een mirakel. Een teken. Dat beeldje stond symbool voor iets wat ik in het verleden had gepresteerd. En vlak nadat ik de boodschap had gekregen naar de toekomst te kijken, lag het in twee stukken op de grond. Het was voor mij de bevestiging dat mijn leven in het teken van God moet staan.

Ik leer steeds beter er mijn eigen invulling aan te geven. Een relatie met God heb je niet van de ene op de andere dag. Dat moet groeien. Op een manier die bij je past. Neem de manier bijvoorbeeld waarop je bidt. Ikzelf doe dat heel intens: op mijn knieën, hardop sprekend, soms zingend. Anderen doen het juist liever in stilte. Het maakt niks uit hoe je bidt. God hoort je, ook als je zwijgt. Weet dat als je fouten maakt, die je vergeven zullen worden. Als Hij binnen in jou komt wonen, doet dat iets positiefs met je hart en je ziel. Ik heb het zelf mogen ervaren en ik zie het om me heen.

Het mooie is dat je er je eigen invulling aan kunt geven. Ik hoef niet elke zondag naar de kerk om mijn band met God te bevestigen. Ik zoek dagelijks contact, thuis, op mijn knieën. Ik lees veel vaker dan vroeger in de Bijbel. Daarnaast heb ik een boek, *Jesus Calling*. Daar staat voor elke dag een tekst in. Soms verspreid ik zo'n tekst via mijn social media. Steeds vaker krijg ik reacties van mensen die meer willen weten over mijn relatie met God. Hoe die mijn leven heeft veranderd. Onbekenden vragen het via social media, sommige medespelers zijn er nieuwsgierig naar. Daar ben ik trots op. Het is niet zo dat ik de zendeling wil uithangen, maar ik gun iedereen een hechte relatie met God. Omdat ik weet hoe positief die je leven kan veranderen. Het geeft me een gevoel van verlichting.

Ik merk constant hoeveel verschil dat maakt. Alles staat met elkaar in verband. Doordat ik dagelijks de boodschappen van God tot me neem, verandert onbewust mijn gevoelsleven en mindset. Zonder dat ik daarover hoef na te denken. Het leidt tot een situatie waarin mijn lichaam en geest in balans zijn, zodat ik mijn talenten maximaal kan benutten. Op het veld, in de muziek, in mijn persoonlijke leven.

Volgens mij heb ik de balans gevonden die goed voor mij is. Dankzij mijn relatie met God ga ik nu veel rustiger om met tegenslagen. Het heeft me *peace* gebracht, in mijn hoofd en in mijn hart. De mensen in mijn omgeving moesten daar in het begin aan wennen. Toen ik een keer reserve was bij Lyon kreeg ik een woedend appje van Kees. Dat irriteerde me. Heb ik eindelijk zelf afgerekend met mijn oude frustraties over een reservebeurt, krijg ik die negatieve energie alsnog via anderen binnen. Mijn moeder en Gigi konden op dezelfde manier reageren, terwijl ik het zelf inmiddels op een heel andere manier benaderde. Rustiger. Vol vertrouwen in God. Er is een pad voor mij uitgestippeld, waarop tegenslagen een betekenis hebben.'

Dan vraagt hij een korte pauze. Zijn mond is droog van al het praten, zijn hoofd vol van alle bespiegelingen. Buiten in de tuin snuift Memphis even wat frisse lucht op, strekt zijn benen en armen en ploft daarna weer neer op de bank. We kunnen verder. Hij pakt zijn iPhone en laat een foto van zichzelf zien. Juichend op de manier die de hele wereld inmiddels van hem kent. Eerst met zijn vingers in de oren, vervolgens met zijn handen ten hemel gericht. 'Dit is voortgekomen uit waar we het nu over hebben,' zegt Memphis dan. 'Mijn zelfbeeld is te lang bepaald door wat andere mensen over me zeiden. Dat deed me geen goed. Ik ben gaan beseffen dat hoe God mij ziet het allerbelangrijkste is. Uit dat inzicht is mijn manier van juichen geboren. Dat is niet van tevoren bedacht. Opeens was het er, alsof ik gestuurd werd. Ik wist zelf niet eens wat er gebeurde toen ik voor het eerst op deze manier juichte. Een halfjaar eerder had een kennis van me een visioen over mij gehad. Dat speelde zich af in Ghana. God zond me de boodschap dat ik daar dove en blinde kinderen moest gaan helpen. Die kennis vertelde me dat en verder hebben we daar een tijdlang niet meer over gesproken. Tot ik opeens na een goal mijn vingers in mijn oren deed, mijn ogen neersloeg en mijn handen naar de hemel richtte. Op het moment zelf associeerde ik dat nog niet met het visioen over Ghana. Pas maanden later ontdekte ik wat er gaande was. Ik verbond me met de doven en blinden in Ghana door mezelf doof en blind te maken voor de wereld om hem heen.

Er is me vaak gevraagd naar de betekenis van mijn juichen. Ik kon het zelf een tijd amper onder woorden brengen, omdat het zo diep gaat en zo veelomvattend is voor mij. Het is een uiting van alles wat er in mijn leven is veranderd. Het gebaar van de vingers in mijn oren zegt dus veel meer dan alleen maar dat ik me afsluit voor invloeden van buiten. Voor mij persoonlijk is het gebaar dat ik daarna maak, met mijn handen in de lucht, belangrijker. Daarmee toon ik mijn dankbaarheid aan God. Het duurde even voordat ik in de gaten had hoe het juichen alles in mijn leven op dat moment weerspiegelde. Het is een manier om te laten zien, met een verwijzing naar mijn missie in Ghana, dat ik doof en blind ben voor alles en iedereen. Behalve voor God.

In Manchester was het tegenovergesteld. Daar was ik te veel bezig met invloeden van buitenaf, terwijl daar niet de wortel van het probleem lag. Mijn neergang in Engeland kwam puur voort uit de manier waarop ik naar mezélf keek. Met minachting, zonder liefde. Onder die omstandigheden is het onmogelijk het beste uit jezelf naar boven te halen. In de Bijbel staat dat mensen de masterpieces van God zijn, maar zo voelde ik het lange tijd niet. Ik voelde me eerder een *piece of shit*.

Daardoor kon ik in Manchester mijn talenten niet aanwenden. Ik was *lost*. In de Bijbel staat dat je eerst van jezelf moet houden. En houd van je buurman zoals je van jezelf houdt. Dát is de volgorde. Het begint allemaal bij jezelf.

In Manchester was ik te egocentrisch. Alleen maar met mezelf en sterrenstatus bezig: ikke, ikke, ikke. Zonder God de glorie te geven die Hem toekomt. Ik schaamde me dat het niet lukte mijn doelen te bereiken bij United. Ik gaf anderen daarvan de schuld. De trainers, de pers, iedereen behalve mezelf. Ik liet me in Manchester door de duivel leiden. Dat brengt je niks goeds. Ik zette mezelf 24/7 onder druk om de grote ster van Manchester United te worden. Ik dacht dat ik dat in mijn eentje voor elkaar kon krijgen. Want ik was toch Memphis? Dat grote talent? Ik vergat aan wie ik dat talent te danken heb. Ik weet zeker dat het niet nog een keer op deze manier zal gaan. Ik heb nu inzichten waardoor ik niet meer stress als het tegenzit. God heeft daar een reden voor. Het zijn lessen die ik moet leren. Nog steeds zal ik teleurgesteld zijn als een trainer me op de bank zet of wisselt, maar nu kan ik die emoties managen. Ten goede.

Ik moest terug naar de kern. Gestript van mijn eigen ego. Terug naar nul. Zodat ik vanaf dat punt van nederigheid weer kon groeien. In de spiegel kijken en jezelf geweldig vinden, dat is iets heel anders dan in de spiegel kijken en dankbaar zijn voor je gigantische potentieel. Ik zit nu in een fase waarin ik zelf de omstandigheden kan creëren om tot topprestaties te komen. Ik slaag er steeds beter in mijn zelfbeeld los te koppelen van de buitenwereld. Door die persoonlijke progressie heb ik het plezier in voetbal herontdekt. Het is voor mij weer het spelletje geworden waar ik als klein jongetje zo gek van was. Alle belangen en alle druk heb ik leren loskoppelen van het allerbelangrijkste: lol hebben op het veld. Dat is het gevoel waarmee ik het beste presteer. Volgens mij is dat de grootste winst die ik heb geboekt: ik heb in dit proces van mezelf leren houden. Omdat ik vroeger niet van mezelf hield, snakte ik naar de liefde van anderen. Maar als dat je slechte gevoel niet genoeg compenseert, stort je wereld in elkaar. Want dan heb je niks meer over. Nu ben ik gevoelsmatig niet meer afhankelijk van anderen. Ik haal de liefde uit mezelf en uit God.'

Dat proces is nog steeds gaande. 'Ik merk aan mezelf dat ik struggel zodra ik even minder aandacht besteed aan mijn relatie met God en de meningen van mensen weer te belangrijk maak. Dat is niet goed voor mij, dan voel ik me ongelukkig en ziek. Ook heeft het een negatieve impact op mijn prestaties. Het is soms moeilijk, de constante factor aanbrengen. Ook voor mij als volwassene. Moet je nagaan hoe verwarrend en moeilijk het voor jongeren kan zijn, wanneer je niet weet welke kant je op moet gaan in het leven. Ik weet uit ervaring dat de verleiding groot is om te luisteren naar de mensen om je heen. Je ouders, je vrienden. Zij zullen goedbedoelde adviezen geven. Maar je zult er pas later achter komen of dat de juiste adviezen zijn geweest, of je bij je roeping bent uitgekomen. Het begint bij het voor jezelf ontdekken wat je talenten zijn en wat je roeping is. Daarna is God er om je te helpen op dat traject. Als je jezelf voor Hem openstelt en tot Hem bidt. Voor mij is het belangrijk daaraan vast te houden, anders raak ik alsnog afgeleid door input die geen rol meer mag spelen in mijn leven. Ik wil juist de constante lijn doortrekken in alles wat ik doe: mijn potentieel benutten op het veld, in de muziek, in mijn projecten voor dove en blinde kinderen. Volgens mij geldt dat voor ieder mens, dat we op zoek zijn om datgene waar we het beste in zijn voortdurend te benutten en in te zetten. Dat is moeilijk, maar niet onmogelijk.'

Hij geeft een voorbeeld, van het spanningsveld tussen goedbedoelde adviezen en eigen inzichten. In de zomer van 2017 blikt Memphis terug op zijn eerste halfjaar bij Olympique Lyon en tevreden is hij niet. Zijn impact op de ploeg is te gering geweest, dat is hem op kritiek komen te staan en hij zoekt progressie. Na overleg met fysieke specialisten denkt hij zijn heil te kunnen vinden in het krachthonk. 'Ik wilde zo snel mogelijk naar een hoger niveau en sloeg daarin door,' zegt Memphis. 'Tijdens de voorbereiding op het nieuwe seizoen was ik elke ochtend om zeven uur op de club. Dan ging ik tot acht uur de gym in. Daarna ontbijten en terug naar de gym met de rest van de selectie, en dan gingen we trainen. Ik wilde me zó graag bewijzen in mijn eerste volledige seizoen bij Lyon. Maar het werkte averechts. Ik werkte me helemaal kapot, maar mijn spel werd er niet beter op. Integendeel. Kijk naar mijn lichaam: daar hoeven niet nóg meer spieren bij. Dat was een belangrijke les: niet elk advies hoeft goed uit te pakken. Het is belangrijker de modus te vinden die het beste bij jou past. Voor de ene is dat meer beuken in de gym, voor de ander is dat de focus leggen op waar je goed in bent. Voor mij werkt dat laatste het best.

Later heb ik bedacht waar die maniakale fysieke training vandaan kwam. Dat was het gevolg van een gedragsverandering. Ik begon weer trash te eten, uit twee prullenbakken deze keer. Ik trok me de kritiek op mijn eerste halfjaar bij Lyon aan én ik volgde een trainingsadvies dat niet bij me paste. Daardoor raakte ik uit balans. Het was een periode ook waarin ik tijdelijk minder open stond voor God, terwijl we in de periode ervoor op de goede weg waren. Zie het als een bouwwerk dat wordt gemetseld. Als het regent, kun je niet metselen. Door de trash weer toe te laten, liet ik het regenen. Dan stort de boel langzaam weer in elkaar.

Het duurde echt even voordat ik mezelf weer was. Ik weet zeker dat mijn matige start van het seizoen hiermee te maken had. Mijn stats waren niet eens verkeerd, maar ik was niet los in het veld. Mijn gevoel was niet goed. Gaandeweg die periode kwam ik weer in de modus die ik nodig heb. Het is een balans die ik moet bewaken. Als ik te veel naar anderen luister, drijf ik te ver af van wie ik ben. Dan blokkeer ik. Maar er zullen altijd mensen zijn die het beste met me voor hebben en nuttige input geven. Als die verhouding klopt, ben ik op mijn best.

Ik voel me herboren sinds ik de balans heb gevonden. Ik leer mezelf steeds beter kennen en kan ook beter met teleurstellingen omgaan. Ik merkte het verschil bijvoorbeeld toen ik begin 2018 op de bank moest zitten tegen Paris Saint-Germain. Ik baalde verschrikkelijk. Elke wedstrijd wil ik starten en bij dit soort toppers is dat gevoel extra sterk. Die ochtend kreeg ik tijdens het bidden de boodschap dat ik rustig moest blijven. Dat het goed zou komen. Ik moest klaar zijn op het moment dat mijn kans zou komen. Dat stelde me gerust. Ik was ervan overtuigd dat er iets speciaals zou gaan gebeuren. Dat gaf me rust in mijn hoofd. Ik liet me achterover vallen in de handen van God. In volledig vertrouwen.'

Halverwege de tweede helft van de topper tegen Paris Saint-Germain, bij een 1-1-tussenstand, komt het moment waarop Memphis heeft gewacht. Hij mag het veld in voor ploeggenoot Houssem Aouar en gaat op jacht. Diep in blessuretijd heeft hij beet. Net buiten het strafschopgebied, aan de linkerkant, wordt hij aangespeeld door spelmaker Nabil Fekir. Memphis bedenkt zich niet, dribbelt naar een centrale schietpositie en haalt op twintig meter van het doel verwoestend uit. Stijf in de kruising. Groupama Stadion ontploft en Memphis explodeert het hevigst. 'In de slotseconden de winnende goal scoren is sowieso geweldig. Als dat dan ook nog op deze manier gebeurt, geeft dat een extra dimensie. Maar het allermooiste voor mij was datgene wat eraan vooraf was gegaan. Het kwam allemaal naar boven in dat moment van ontlading na die goal. Ook na afloop van de wedstrijd was ik heel emotioneel. Door de boodschap die ik tijdens het bidden had ontvangen, door de manier waarop alles uitkwam. Ik kwam de kleedkamer in en heb me meteen afgezonderd in de fysioruimte. Ik ben op mijn knieën gevallen en ben gaan bidden. Ik voelde nog maar één ding: ultieme dankbaarheid.'

Twee maanden later beslist Memphis opnieuw een topwedstrijd in blessuretijd, tegen Olympique Marseille. Dat zal het startsein blijken van een reeks waarin hij in negen duels tien goals en zevens assists maakt. Niet toevallig is het dezelfde periode waarin Bruno Génésio besluit Memphis een vrijere rol in het elftal te geven. Gebaseerd op wat de Franse trainer zag toen hij als toeschouwer bij de oefeninterland tussen Portugal en Nederland aanwezig was. Génésio bekeek die wedstrijd samen met Florian Maurice, de hoofdscout van Olympique Lyon. Voor de Franse ex-international was het niet nieuw wat hij zag. Maurice vertelde Génésio die avond over een bezoek aan De Herdgang in Eindhoven, acht jaar eerder. Daar en toen had de scout de zestienjarige Memphis al aan het werk gezien, als schaduwspits in de jeugd van PSV. Na de overtuigende interland van Memphis tegen Portugal, waarin hij de score opent, weet Génésio genoeg: ook in Lyon verhuist de aanvaller van de linkerflank naar de punt van de aanval.

In de maanden die volgen zijn het niet alleen de goals en assists die het verhaal van zijn bloedvorm vertellen. Het spelplezier is terug, van elk balcontact probeert Memphis een feestje te maken. Tegen het eind van dat seizoen maakt hij aan de rand van zijn zwembad de balans op. 'Ik zit in een heel positieve vibe nu. Benader de dingen anders. Vroeger dacht ik voortdurend in termen van competitie en strijd. Als een ploeggenoot goed speelde, was ik bang dat het ten koste van mij zou kunnen gaan. Nu heb ik dat helemaal niet meer. Ik gun iedereen het beste. Ik zal een voorbeeld geven. Tijdens de voorbereiding op het seizoen zette de trainer mij bovenaan de lijst om de strafschoppen te nemen. In de allereerste wedstrijd krijgen we een penalty en Fekir pakt meteen de bal. Ik kon mijn ogen niet geloven. Ik heb hem gevraagd wat hij van plan was, maar had geen zin de discussie aan te gaan. In een vol stadion, met tv-camera's erbij: dat ziet er lelijk uit. Maar ik voelde me zwaar genaaid. Na de wedstrijd heb ik hem in de kleedkamer op zijn eigen plekje opgewacht en helemaal verrot gescholden. Later heeft hij zijn excuses aangeboden. De eerstvolgende strafschop nam ik, zoals was afgesproken met de trainer. Maar daarna stond Nabil opeens bovenaan de lijst, en mijn naam kwam niet eens meer voor op die lijst. Kennelijk is dat onderling geregeld. Als dit aan het eind van het seizoen was gebeurd, had ik minder fel gereageerd, omdat ik inmiddels meer rust in mijn kop heb. Achteraf snap ik dat Nabil geen slechte bedoelingen had. We hebben een goede band en hij is een winnaar, net als ik. Bovendien speelt hij al langer bij de club en Nabil is de captain die zijn ploeg op sleeptouw wil nemen. Nu besef ik dat, op het moment zelf nog niet. Dat is het verschil.

Wat ik wél nog steeds moeilijk vind, is gewisseld worden. In de uitwedstrijd tegen Nice, bijvoorbeeld. Ik had twee keer gescoord en was op jacht naar een hattrick. Waarom haal je me dan halverwege de tweede helft naar de kant, terwijl ik on fire ben? Waarom denk je dat Cristiano Ronaldo zo vaak hattricks scoort? Omdat hij altijd mag blijven staan, omdat hij honderd keer op doel mag schieten. Het argument van de trainer was dat ik rust kreeg, vanwege het zware programma. Daar kan ik niks mee. Rust pak ik tussen de wedstrijden door. Ik ben topsporter. Als ik aan het knallen ben, laat me dan knallen.

Tegenwoordig kan ik me op dat soort momenten beter beheersen, maar vanbinnen kookt het dan nog steeds. Tuurlijk, er zijn ook momenten waarop ik terecht word gewisseld. Maar zelfs dan zet ik er mijn vraagtekens bij. Ik kan een slechte wedstrijd spelen waarin ik tóch een beslissende actie kan maken, uit het niets. Fysiek ben ik in staat drie keer per week volle bak te gaan, tot de laatste seconde. Mij zet je niet op de reservebank. Niet in de jeugd bij Sparta, niet in Lyon, niet bij Oranje. Je kunt het arrogantie noemen, ik noem het zelfvertrouwen. De overtuiging dat ik elk moment het verschil kan maken voor een ploeg.'

Op de slotdag van zijn eerste volledige seizoen in Frankrijk onderstreept Memphis wat hij bedoelt. Olympique Lyon moet winnen van OGC Nice om een felbegeerd ticket voor de Champions League binnen te slepen. Tientallen miljoenen euro's staan er op het spel, als Lyon met een 0-1-achterstand de rust ingaat. En dan krijgt Memphis het op zijn heupen. Met een hattrick in ongeveer een halfuur tijd zet hij het Groupama Stadion in vuur en vlam. Na zijn derde goal wisselen op de tribune twee van zijn vrienden een blik van verstandhouding uit. 'Een dag voor die wedstrijd was ik met Leroy Fer bij Memphis,' vertelt Tufan. 'We liepen door

Lyon en Memphis moest wat regelen bij de bank. Toen we daar stonden, vroeg een bankmedewerkster aan hem of hij de volgende dag ging scoren. Memphis zei tegen die vrouw dat alles goed zou komen en dat hij drie keer zou scoren. Later die dag vroeg nog iemand, op straat, hoe vaak Memphis ging scoren tegen Nice. Hij stak drie vingers op. Een dag later maakte hij het waar. Ik ging helemaal uit mijn dak op de tribune.

Dat had ook te maken met iets wat eerder die week was gebeurd. Memphis had op Instagram een soort actie voor een meet-and-greet met hem. Hij pikte een van zijn volgers eruit, een jongen uit Zwitserland. Die gozer dacht dat hij Memphis even de hand kon schudden, een praatje kon maken, op de foto met hem kon en dan klaar. Maar Memphis heeft hem naar Lyon gehaald en ze zijn de hele dag samen op pad geweest. Hij heeft mooie kleding voor hem gekocht, ze zijn uit eten gegaan, samen wezen hardlopen, bij Memphis thuis geweest. Ik was erbij en die jongen kwam woorden tekort om zijn dankbaarheid te uiten. Hij had de dag van zijn leven. Een paar dagen daarna was die belangrijke wedstrijd tegen Nice, waarin Memphis drie keer scoort. Ik zie dat niet los van elkaar: hoe meer je geeft, hoe meer je terugkrijgt. Daar geloof ik in. Die drie goals waren een beloning voor Memphis. In een breder verband komt het voort uit de veranderde manier waarop hij in het leven is gaan staan. Het heeft een nieuwe fase voor hem ingeluid.'

Memphis: 'De kern is dat ik nu vrij ben in mijn hoofd en geniet van de dingen die ik doe. Zonder negatieve bijgedachten. Dat zie je terug op het veld. Wat ik nu ga zeggen lijkt tegenstrijdig, maar dat is het niet: de spelers die het vaakst scoren zijn degenen die ook de meeste missers maken. Dus de spelers met het meeste succes, falen ook het vaakst. Het gaat erom dat ze zich vrij genoeg voelen om het te blijven proberen. Dat betaalt zich uiteindelijk uit. Sinds ik minder gefocust ben op mijn statistieken, ben ik veel vaker bij goals betrokken. Dat is hoe het werkt.'

In zijn tweede volledige seizoen bij Olympique Lyon is de doelpuntenproductie minder groot. Kansen creëren doet hij dat jaar nog steeds veelvuldig, in dat klassement van de Ligue 1 scoort Memphis hoog. Maar het leidt in het seizoen 2018/19 minder vaak tot goals. Zijn zelfvertrouwen leidt er niet onder. 'Mijn prestaties zullen steeds beter worden. Dat weet ik en ik durf het uit te spreken. Omdat ik het niet zelf heb bedacht. God leert me dat ik het talent en de potentie heb om dingen te presteren die nog nooit eerder zijn vertoond. Door niemand. Als ik zeg dat ik kan uitgroeien tot de beste voetballer van de wereld, vragen mensen zich af waarop ik dat baseer. Nou, nu weet iedereen het. En ik ga het waarmaken.

Terugblikkend is 2017 het belangrijkste jaar uit mijn carrière geweest. Niet mijn kampioensjaar met PSV, niet het WK met Oranje in Brazilië. Nee, het jaar waarin ik God en daardoor mezelf heb teruggevonden: dát is voor mij het kantelpunt geweest. Ik ben niet alleen rustiger in mijn hoofd, ik sta veel vrolijker in het leven. Ik lach vaker, ik dans meer dan vroeger, ik voel de behoefte om liefde te geven.'

Joost: 'De laatste jaren zijn veel dingen op hun plaats gevallen. In de liefde met Lori is het helaas niet gegaan zoals hij hoopte, maar veel andere belangrijke dingen in zijn leven hebben een positieve wending genomen. De rust die zijn moeder heeft gevonden in het oosten van het land. Gigi die zijn eigen carrière is gaan opbouwen, ook Tufan blijft zich op een positieve manier ontwikkelen. Met Kees gaat het goed. Memphis zelf die zijn relatie met God een nieuwe dimensie heeft gegeven. Zijn sterke spel bij Olympique Lyon. Zijn betekenisvolle reis naar Ghana. Zijn belangrijke rol bij het Nederlands elftal. Daarnaast is hij bezig met de oprichting van de Memphis BV. Daarin worden de verschillende takken ondergebracht: voetbal, financiën, zijn foundation en het merk Memphis. Allemaal volgens het DNA dat bij hem past, zodat al zijn activiteiten gestructureerd worden en zijn eigen stijl behouden blijft. Het geeft allemaal geen garantie dat Memphis blijvende rust in zijn hoofd heeft. Het gaat later ongetwijfeld weer onrustig worden. En daaraan gaat hij ook zelf weer zijn bijdrage leveren. Maar de basis die hij voor zichzelf en voor anderen opbouwt, wordt steeds steviger. Dat zeker.'

Memphis: 'Die stevigheid vind je ook terug in een bijnaam die iemand me heeft gegeven: Ivory. Dat staat voor sterk en robuust. Net als mijn lichaam en mijn geest. Olifanten gebruiken hun ivoren slagtanden om aan te vallen of zichzelf te beschermen. Dat herken ik. En ivoor is onverwoestbaar. Dat is de grootste parallel. Ik heb in mijn jeugd meer meegemaakt dan menig mens in zijn hele leven. En toch heeft niets of niemand me weten te breken. Door de rust die ik tegenwoordig in mijn hoofd heb, is de vroegere behoefte om de aanval te zoeken trouwens verdwenen. Het is zó lekker dat de agressie uit mijn kop en lijf weg is. Ik zal nog steeds van me afbijten als het nodig is. Maar veel problemen kun je voorkomen door je niet uit de tent te laten lokken. Laatst nog had ik zo'n moment. Ik reed in mijn auto door Rotterdam, rond middernacht. Winne zat naast me, Gigi en Tufan op de achterbank. In mijn achteruitkijkspiegel zag ik dat ik werd gevolgd door een BMW. Bij een stoplicht ging die auto naast me staan. Ik heb geblindeerde ramen in mijn Rolls-Royce en die gozer gebaart dat ik mijn raampje naar beneden moet doen. Zijn auto zat vol met gasten. Hij herkende me niet en begon me uit te dagen. Ik voelde meteen dat oude gevoel opkomen; dat ik mezelf moest verdedigen. De adrenaline ging rondpompen, maar ik bleef rustig. Na wat woorden over en weer heb ik mijn raampje weer omhoog gedaan en ben weggereden.

Winne vond dat ik ook die woordenwisseling had moeten voorkomen. Daar had hij gelijk in. Maar toch, enkele jaren geleden was dit zeker geëscaleerd. Nu niet. Dat gaf een goed gevoel. In de Bijbel staat dat je mensen moet behandelen zoals je zelf behandeld wilt worden. Ik weet hoe het is als mensen vooroordelen over je hebben. Andersom wil ik mensen dat gevoel niet geven. Toen we wegreden heb ik de hoop uitgesproken dat God het beste voorheeft heeft met deze jongens. Dat is een heel andere benadering dan hoe de Memphis van vroeger het had gedaan. Dit is beter.

Ik ben met andere ogen naar het leven en naar mensen gaan kijken. Daardoor maak ik bijzondere dingen mee. Laatst was ik met Winne uit eten in Rotterdam. Door het raam van het restaurant zagen we buiten een Antilliaanse jongen rondscharrelen. Aan alles kon je zien dat het niet goed met hem ging. Negatieve vibes. Die gozer was een paar keer voorbijgelopen, toen we besloten hem naar binnen te halen. De blik in zijn ogen zal ik nooit vergeten. Hij was emotioneel verdoofd. Er zat geen enkel leven meer in die ogen. We zijn met hem in gesprek gegaan en hebben samen gebeden. Hij begon over zichzelf te vertellen en voelde zich gehoord. Langzaam zag je de emotie weer terugkomen in zijn gezicht. Dat was mooi om mee te maken.

Nadat die jongen was vertrokken, werd ik emotioneel. Hij deed me aan mijn broer denken. Ik begon te huilen. In stilte. Winne had het pas in de gaten toen mijn tranen op tafel vielen. Toen hebben we een tijd gesproken over mijn broer en voor hem gebeden. Dat zijn momenten waarop ik denk dat alles wat ik heb meegemaakt misschien wel dieper zit dan ik zelf in de gaten heb. Ik weet het niet. Wat ik wél weet: het heeft me gevormd en gesterkt. Ik zou niks uit mijn leven willen wegpoetsen, zelfs niet als dat zou kunnen. Dit is hoe het is gegaan. Het jongetje dat zich verschool onder zijn schooltafeltje is nu een krachtig persoon. Zonder angst, vol zelfvertrouwen. Met een leeuwenhart. Kijk op mijn rug en je ziet wie ik ben.'

Epiloog

Hoog in de lucht, ergens tussen Rotterdam en Lyon, rekt Memphis zich uit. Het is inderdaad prettig reizen in een privéjet. Vier riante leunstoelen, mandjes vol versnaperingen en alle rust voor een goed gesprek. Maar eerst pakt Memphis zijn iPhone. We kijken samen naar de documentaire over de reis naar Ghana. Ook de videoclip met Winne komt voorbij. Op de muziek van hun track *Akwaaba*, het Ghanese woord voor welkom, herbeleven we de trip naar het land van zijn Afrikaanse roots. Ter plekke had Memphis nog geen woorden voor de impact die de reis op hem had. Hij wilde het eerst ervaren, daarna laten bezinken. Inmiddels heeft hij de woorden gevonden. 'Wat me meteen aangreep, was het gevoel van thuiskomen. De eerste keer dat we op pad gingen, zag ik het landschap voorbij-glijden. De mensen op straat, de markten en de huisjes: ik voelde me thuis. Dat was een krachtig gevoel. Een plaspauze op weg van Accra naar Cape Coast was de eerste confrontatie met het dagelijks leven. Op een terrasje bij een tankstation wemelde het van de bedrijvigheid. Hele gezinnen zaten daar, ik kreeg meteen een baby in mijn handen gedrukt, iedereen was vrolijk en ontspannen. Ik voelde liefde. Van onbekende mensen. Zo was het overal waar we kwamen.

Het contrast tussen rijk en arm raakte me diep. Je weet dat het zo is, maar als je er direct mee wordt geconfronteerd is dat heftig. Op een paar minuten van ons prachtige hotel liep je door de getto's. De krotjes zonder elektriciteit of stromend water. De naakte kinderen die op een stenen ondergrond lagen te slapen. De stank van afval in de hitte. Het is goed dat we alle kanten van Ghana hebben gezien. Het was een realitycheck voor ons allen. Iedereen besefte dat we onze handen mogen dichtknijpen met de plek waar wíj zijn geboren.

Waar ik nog steeds geen woorden voor heb, is het bezoek aan Elmina Castle. Dat raakte me zó diep in mijn ziel. Oké, dit zijn dan toch woorden, maar ze dekken de lading niet. Mensen die daar zelf zijn geweest, zullen het begrijpen. Het valt niet uit te leggen wat er door je heen gaat als je in de ruimtes staat waar al die honderdduizenden slaven zo enorm hebben geleden. Zeker niet als je roots in dat land liggen. Ik kreeg het benauwd, het greep me letterlijk bij mijn strot. De spirit van al die ontberingen leek daar nog steeds te hangen. Onze gids geeft al jaren rondleidingen in Elmina Castle en hij wordt nog steeds emotioneel als hij de verhalen vertelt. Het gaat mijn voorstellingsvermogen te boven wat daar is gebeurd. Terwijl we daar rondliepen vroeg ik me af hoe het nou toch mogelijk is dat er zoveel jaren later nog steeds racisme bestaat. Al die indrukken en gedachten maakten het zwaar. Heel zwaar.

Bij *the door of no return* keek ik naar buiten, daar zag ik kinderen vrolijk voetballen op het strand. Dat gaf me een positieve impuls. Hun voorvaderen hebben gevochten en geleden, maar godzijdank is het niet voor niets geweest. Hun nazaten in Ghana leven nu in vrijheid. Dat vond ik heel bijzonder. Ook op die duistere en verstikkende plek voelde ik de spirit van Jezus. Hij wil dat mensen van elkaar houden en liefdevol met elkaar omgaan. Daarom wilde ik zo graag samen bidden op het dak van Elmina Castle. Beneden hoorde ik spelende kinderen lachen en mensen waren aan het zingen. Het donkere verleden en de hoopvolle toekomst kwamen samen op dat moment.

We zijn zes dagen in Ghana geweest, maar het voelde als zes weken. De droom die ik had, is uitgekomen. Het begin van die droom althans. Ik heb zin om terug te gaan. Ik wil al die prachtige mensen weer zien en een vervolg geven aan de dingen die we hebben gedaan. Ik wil mooie zwembaden en goede voetbalvelden laten aanleggen zodat al die dove en blinde kinderen ook op lange termijn hun sportieve talenten kunnen ontplooien. Ik denk dat we vreugde hebben gebracht in de ziel van de mensen in Ghana. Niet alleen bij de dove en blinde kinderen, ook bij de volwassenen die we zijn tegengekomen. Voor onszelf is het net zo waardevol geweest. Het heeft het leven van mij en mijn vrienden veranderd. Die wisselwerking maakte de impact zo groot.

Inmiddels weet ik waar mijn vader vandaan komt. Hij is van de Ashanti-regio, in het zuidelijke deel van centraal Ghana. Het was niet zo dat ik op zoek was naar antwoorden over zijn vroegere leven, maar misschien dat ik een volgende keer die kant op ga. Tijdens *The Genesis* wilde ik vooral het land van mijn roots ervaren en daar iets nieuws opzetten. Dat is gelukt. Inmiddels zijn de vervolgprojecten in gang gezet. Mijn moeder is trots op wat ik in Ghana doe, ook dat is heel belangrijk voor mij.

Dat ik dit als jongen van vierentwintig jaar heb kunnen doen, en als je weet hoe mijn leven er vroeger uitzag, dan is dit een blessing. Ik hoop dat ik een voorbeeld kan zijn voor andere mensen die het zich kunnen veroorloven minderbedeelden te helpen. Op grote en op kleine schaal, het gaat om de intentie. Dankzij mijn voetbaltalent en doorzettingsvermogen heb ik veel geld. Maar *The Genesis* heeft me een veel grotere rijkdom in mijn geest opgeleverd. Dat is voor mij de belangrijkste les geweest.'

Terwijl de piloot de landing inzet, snijdt Memphis een zwaar onderwerp aan. Opeens gaat het over de dood. 'Soms kan ik somber worden van het leven op aarde. Van wat mensen elkaar allemaal aandoen. De oneerlijke verdeling van geluk en ongeluk. We maken er een zooitje van, terwijl God heel andere bedoelingen heeft. Daarom ben ik niet bang voor de dood. Hierna wacht iets veel beters en mooiers dan het leven op aarde. Als mijn tijd is gekomen, mag ik naar Hem toe. Zo zie ik het. Wanneer ik zelf ooit kom te overlijden, wil ik niet dat mensen sip zijn. Ik wil dat ze mijn leven gaan vieren. Ik hoop dat mijn naasten vrolijk en gelukkig zullen zijn als ze na mijn dood aan mij terugdenken. Ik wil mooie her-inneringen achterlaten. Mijn leven staat nu in het teken van andere dingen dan vroeger. Nu wil ik goed doen en jongeren inspireren. Ik wil laten zien hoe je met doorzettingsvermogen en zelfvertrouwen, op je eigen manier, van donker naar licht kunt gaan in het leven. Hopelijk helpt dit boek daarbij.

Er gaan nog vele nieuwe hoofdstukken volgen. Ik ben nog niet eens op de helft van wat ik wil bereiken. Dat is een heel rijtje. Bij Real Madrid spelen. De Champions League winnen. De Gouden Bal pakken als beste voetballer van de wereld. Honderd miljoen euro op mijn bankrekening hebben staan aan het eind van mijn carrière. Vlammen in de muziek, in de filmwereld en in de mode. Een gezin stichten. Goed werk verrichten in Ghana en andere landen. Ik ga bergen bedwingen waarvan ik nu nog niet eens de hoogte ken. De potentie is er en ik geloof heilig dat ik die toppen ga bereiken. Allemaal.'

Dan gaat Memphis rechtop in zijn stoel zitten en kijkt uit het vliegtuigraampje naar buiten. Hij zegt: 'Ik dank God voor alles wat ik nu heb in mijn leven. Ik dank Hem óók voor alle pijn die ik heb geleden. Dat heeft me gemaakt tot de persoon die ik nu ben. Ik ben trots op mezelf. Eindelijk.'

Dankwoord

Dit boek had niet tot stand kunnen komen zonder de medewerking van Cora Schensema, Joost Leenders, Gigi Vitale, Tufan Özbozkurt, Winne, Rass King, Gbolahan Adarabioyo, Raymond Koerkamp, Kees Ploegsma jr., Eline Heeremans, Robin Goudsmit, Raoul Heertje, The Fame Game, Leonie Hallers, International Sports Alliance, Joost van den Ossenblok, Ellen van Veenendaal, Mads Bruijne-steijn, Nienke Wieldraaijer, Victoria Houwen, Voetbal International, Peter Wek-king en Wanda Jansen.

We danken jullie hartelijk voor de betrokkenheid en openhartigheid.

Memphis Depay en Simon Zwartkruis